스토리
세계사

4

중세편 · I

■ 일러두기

– 본문에 나오는 인명과 지명 등의 표기는 원칙적으로 국립국어원이 정한 외래어 표기법을 따랐으나, 저자의 요청이 있거나 관례로 굳어진 몇몇 경우는 예외로 했습니다.

– 고대편과 중세편은 각 장의 미주를 책 마지막 부분에 장별로 구분하여 함께 실었습니다. 근대편과 현대편은 미주를 따로 싣지 않고 책의 뒤쪽에 참고자료로 정리했습니다.

– 책 이름은 『 』, 잡지나 신문명은 《 》, 개별 작품은 「 」으로, 영화나 연극, 미술작품 등의 제목은 〈 〉로 감싸서 표기했으며, 미주에서는 각 장별로 처음 나오는 책은 저자 등의 서지 정보를 다 수록했으며, 이후부터는 책 이름 이외의 서지 정보를 생략했습니다.

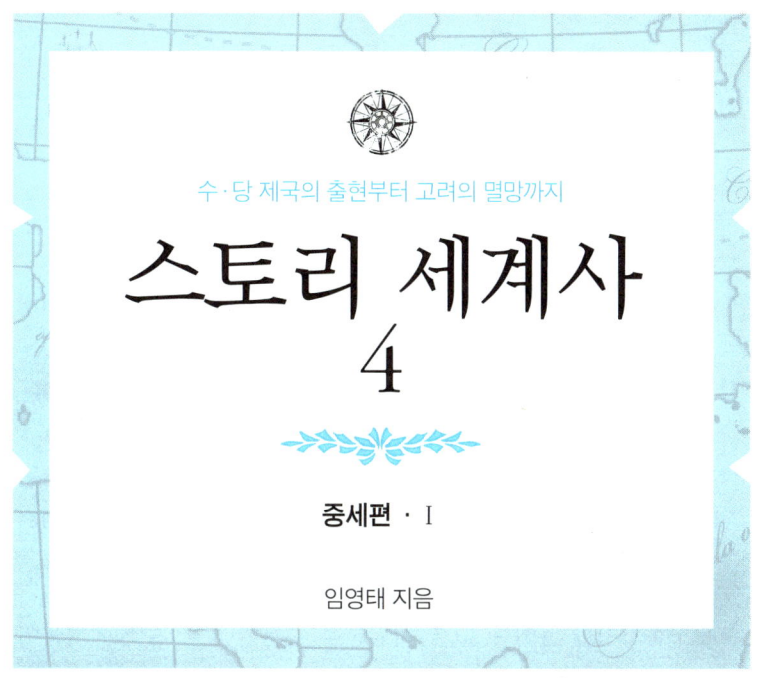

수·당 제국의 출현부터 고려의 멸망까지

스토리 세계사
4

중세편 · I

임영태 지음

21세기북스

역사의 삭은 과일에서 희망의 술을 뜨자

이어령

역사의 수레바퀴는 뒤로 돌리지 못한다. 그러나 역사의 녹화 테이프는 뒤로 돌릴 수 있다. 미래를 준비하기 위해 역사를 되돌아보는 일은 필수불가결한 일이다. 요즘 사람들은 과거의 일을 쳐다볼 겨를이 없다. 앞만 보고 달려가기에도 바쁜 탓이라 말한다.

그러나 역사를 되돌아보지 않고 앞만 보고 달려나가다 보면 사달이 나게 마련이다. '세월호' 사건이 그렇고 인사 난맥이 그렇고 우리의 경제가 그렇다. 과거에 이미 해답이 다 있는데도 불구하고 그 해답을 굳이 찾아보지 않은 채 앞으로 내달리기만 하기 때문에 큰일이 벌어지는 것이다.

앞만 보고 달리는 일을 잠시 멈추고 숨을 고르는 시간이 필요하다. 역사책을 읽는다는 것은 그런 의미에서 큰 가치가 있다. 그러나 요즘은 역사책마저도 요약본이 대세다. 몇 년도에 어떤 일이 있었고 누구누구는 몇 년도에 태어나서 몇 년도에 세상을 떠났다는 것만 아는 것은 역사를 제대로 이해한 것이 아니다.

역사에는 원인과 결과가 있다. 역사는 누구에게 어떻게 영향을 미쳤는지 분석하고 판단하는 총체적인 과정을 거쳐야 비로소 우리에게 필요한 길잡이가 되는 것이다. 역사를 아는 사람과 모르는 사람은 아주 큰 차이가 있다. 역사에 세상살이의 이치가 녹아있기 때문이다.

따라서 이번에 출간되는『스토리 세계사』는 가뭄 끝의 단비와 같다. 역사를 겉핥기식이 아니라 속속들이 깨물어 먹게끔 해주기 때문이다. 처음부터 편안하게 읽어나가기만 하면 재미와 함께 세계사의 장면 장면들이 오롯이 떠오르기 때문이다. 또한 행간마다 녹아있는 저자 특유의 분석력은 각 사건이면 사건, 인물이면 인물들의 인과관계를 일목요연하게 보여주면서 역사의 인과관계를 조감도로 그려낸다.

기존의 역사책들, 우리가 교과서를 통해 배우고 책을 통해 알던 역사는 그리스에서 시작된 서양식 역사관에 의해 만들어진 것이다. 예를 들어 동양과 서양이 전쟁을 벌인 장면도 서양식으로 쓴 역사는 '동양의 누가 서양의 아무개 나라를 침입했다'는 식의 설명이 고작이다. 전쟁의 원인을 제공한 것이 서양 쪽의 '아무개'라면 더더욱 그렇다.

『스토리 세계사』는 이제까지 서양인의 시각으로 본 세계의 역사를 동양인, 그것도 극동아시아의 작은 나라인 한국 역사학자의 시각으로 쓴 것이다. 그렇다고 해서 이 책이 국수주의적으로 쓰인 것은 아니다.

다만 세계 역사 속에서 한국인이 서야 할 정당한 자리를 차지하고, 보다 중립적인 시각으로 보편적인 인류의 삶을 이야기하고자 하는 것이다.

『스토리 세계사』는 인류 역사의 시작인 오스트랄로피테쿠스부터 2011년 12월 말 미국 오바마 행정부가 이라크 주둔 미군을 철수하고 아프가니스탄에 증파했던 일에 이르기까지 방대한 역사를 다루고 있다. 이것은 기존에 우리가 익히 알고 있던 반 룬이나 곰브리치의 역사서와 확연히 다른 점이다. 인류가 과거 천 년 동안 생산해낸 정보가 근래의 십 년 동안 생산해낸 것보다 적다고 한다. 시간은 빛의 속도로 흘러가는데 우리는 근 백 년쯤 전에 나온, 그것도 서양인의 시각으로 본 세계사의 늪에 빠져있었던 것이다.

『스토리 세계사』는 이밖에도 또 하나의 미덕을 갖추고 있다. 세계사 자체의 기술을 사건, 혁명, 인물, 테마 등으로 잘게 분류하여 하나의 사건이라도 입체적으로 바라볼 수 있게 도와준다는 것이다. 시간의 흐름에 따라 평면적으로 서술된 것이 아니라, 어떤 사건이나 특정한 인물이 어떤 경위로 역사에 등장하게 되었고, 어떤 영향을 끼쳤는지를 균형 잡힌 시각으로 보여준다. 따라서 인류의 과거와 현재를 바로 볼 수 있고, 앞으로 우리 삶이 어떻게 흘러갈 것인지에 대한 안목을 기를 수 있다.

역사, 그것은 나와 같으면서도 다른 사람들이 동시대를 살아가는 수평적인 기록들을 수직적으로 바라본 작업의 결과물이다. 씨줄과 날줄로 엮여있는 삶의 궤적들을 엄정한 눈으로 잘라내고 그 의미를 찾아내려고 노력한 『스토리 세계사』가 여러분에게도 많은 통찰을 안겨줄 수 있었으면 한다.

역사가 내포하고 있는 역설은, 행동으로 역사를 만들어가는데 그것을 말로 기술한다는 데에 있다. 저자는 비록 글로써 『스토리 세계사』를 서술했지만 그의 삶 자체가 양심과 함께 부단한 실천으로 일관된 것이었기에 이 책이 더욱 믿음을 준다는 점을 강조하고자 한다.

이제 우리는 『스토리 세계사』를 통해 역사의 삭은 과일에서 희망의 술을 떠야 할 시간이다.

| 목차 |

추천사: 역사의 삭은 과일에서 희망의 술을 뜨자 • 4

1. 수 · 당 제국 | 중국의 재통일과 세계 제국의 위용

수 왕조, 중국을 다시 통일하다 • 14

수의 멸망과 당의 건국 • 19

당 태종과 '정관의 치' • 23

고종과 무측천의 시대 • 29

중국 역사상 유일한 여황제 • 32

개원의 치와 양귀비 • 34

안사의 난과 당의 쇠퇴 • 39

황소의 난과 당의 멸망 • 43

2. 송 나라 | 전통 중국에서 최고의 물질 문명을 이루다

송 태조 조광윤의 무혈 창업 • 47

황제권 강화와 중앙집권화 • 51

중앙집권이 낳은 관료주의의 병폐 • 55

전연의 맹약과 왕안석의 신법 • 59

정강의 수치와 남송 건립 • 66

악비와 진회, 충신과 간신의 한 전형 • 70

남송의 멸망 그리고 사상과 경제 발전 • 74

3. 돌궐 제국, 거란, 여진 | 동아시아 북방민족들의 흥기와 쇠퇴

투르크계로 넘어간 초원의 패권 • 80

돌궐의 분열과 당의 이민족 정책 • 83

돌궐의 부흥과 멸망 • 87

중국의 역사 인식과 동북아시아 역사 • 91

만주 유목민족의 변천과 거란의 흥기 • 96

여진족 금 나라의 흥기와 쇠망 • 100

4. 칭기즈칸 | 몽골 초원을 제패하고 세계 제국의 문을 열다

칭기즈칸의 이미지를 만든 창작물들 • 106

칭기즈칸 이전 유목 사회의 정세 • 110

'초원의 늑대' 테무친, 몽골 초원을 제패하다 • 113

내부를 다지고 밖으로 눈을 돌리다 • 118

칭키즈칸의 약탈과 응징을 위한 전쟁 • 121

조직의 천재 칭기즈칸과 몽골 군대의 위력 • 127

몽골 제국과 세계사의 탄생 • 130

5. 몽골 제국과 원 | 칭기즈칸의 후계자와 그들의 제국

칭기즈칸의 후계자와 후예들 • 135

후계 분쟁과 쿠빌라이 대칸 등극 • 139

몽골 세계 제국의 느슨한 연합체제 • 143

칭기즈칸은 원 왕조의 태조인가? • 146

원의 패퇴와 몽골 제국의 붕괴 • 152

몽골족의 원이 중국에 남긴 것 • 158

'몽골의 평화'가 의미하는 것 • 164

6. 칸의 후예국들 | 칭기즈칸의 후예들이 세운 여러 칸국의 운명

원의 멸망과 몽골 제국의 운명 • 170

차가타이 칸국의 부침과 성쇠 • 173

오고타이 칸국과 일 칸국의 운명 • 179

몽골군의 서방정벌과 킵차크 칸국 • 187

7. 티무르 제국 | 칭기즈칸의 후예를 자처한 초원의 강자가 세운 제국

한 시대의 영웅 티무르의 등장 • 196

칭기즈칸의 후예를 자처하다 • 199

마지막 꿈을 실현하지 못하고 떠나다 • 203

풍부한 일화를 남긴 풍운아 티무르 • 207

행정체계가 취약했던 제국의 운명 • 211

8. 중세 일본 | 귀족의 지배에서 무사가 지배하는 시대로

고대 일본의 천황 국가 확립 • 215

헤이안 시대의 섭관정치와 국풍화 • 218

일본의 상징 사무라이 • 223

무사와 장원공령제 • 227

섭관정치의 몰락과 원정의 등장 • 231

가마쿠라 막부 정권의 등장 • 234

무로마치 막부와 전국 시대 • 240

9. 고구려, 백제, 신라, 발해 | 만주와 한반도 여러 국가의 발흥과 쇠퇴

삼국 시대인가 오국 시대인가 • 245

만주와 한반도 북부에서 발전한 고구려 • 249

백제의 성립과 발전 • 256

신라의 늦은 출발과 발전 • 260

고구려와 수·당의 전쟁 • 263

신라·당 연합과 백제, 고구려 멸망 • 270

토번과 당의 관계가 미친 영향 • 277

발해의 건국과 성쇠 • 281

10. 고려 | 세계에 코리아의 존재를 알린 다원적인 통합 국가

국제적이며 다원적인 통합 왕조 • 287

왕건의 통합 정책과 훈요십조 • 292

고려 초기의 통치체제 정비 • 295

문벌귀족 사회와 이자겸·묘청의 난 • 298

무신의 난과 최 씨 일가의 장기집권 • 302

대몽골 항쟁과 그 결과 • 308

몽골과 권문세가들의 횡포 • 313

공민 왕의 개혁 정책과 고려의 종언 • 318

주석 • 324

I 중세편 목차 I

5권 I 중세편 · II

1. 중세 유럽 I 중세 유럽은 어떻게 시작되었나?

2. 서유럽 봉건제 I 중세 서유럽에서 봉건제가 성립하다

3. 농업 혁명과 도시 혁명 I 중세 서유럽 문명의 기반이 마련되다

4. 신성 로마 제국 I 중세 유럽의 상위공동체로 존재한 느슨한 영방국가

5. 교황군주 국가 I 중세 유럽 교황 권력과 교회국가를 위한 투쟁의 결정체

6. 십자군 전쟁 I 서유럽 식민주의의 첫 장을 열다

7. 백년 전쟁과 잔 다르크 I 근대 국가의 국민의식 형성에 기여하다

8. 비잔틴 제국 I 동서의 교차점에서 기적의 역사를 열어간 천 년 제국

9. 무함마드 I '신에게 승복하는 삶'을 가르친 인류의 위대한 스승

10. 이슬람 제국 I 아라비아 반도에서 시작해 세계 제국으로 발전하다

11. 오스만 제국 I 중세에서 현대까지 존속하며 영욕을 동시에 보여주다

주석

중세편 참고 자료

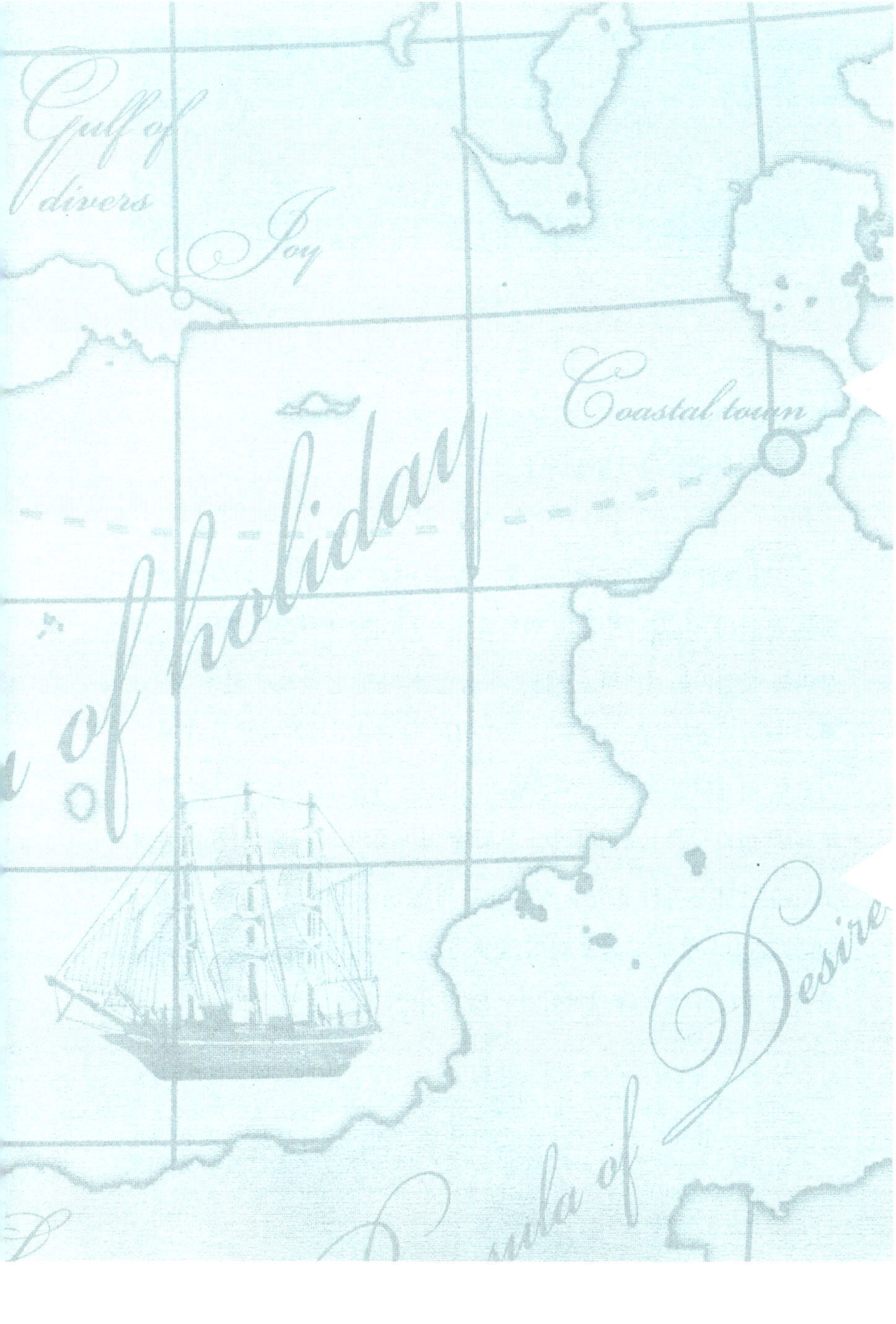
Gulf of divers
Joy
Coastal town
of holiday
Desire
ula of

1. 수·당 제국

중국의 재통일과 세계 제국의 위용

수 왕조, 중국을 다시 통일하다

220년 동한東漢이 멸망한 뒤 중국은 수 세기 동안 여러 나라가 난립하는 분열의 시대를 거쳤다. 위진남북조 시대魏晉南北朝時代, 220~589년*로 불리는 분열기는 수隋의 문제文帝가 중국을 다시 통일하게 되는 589년까지 계속되었다. 중국을 통일하기 위한 노력은 6세기 중반부터 본격적으로 전개되었다. 중국 재통일의 시동을 처음 건 것은 북주의 황제 무제武帝였다. 그는 숙적이었던 북위를 멸망시킨 뒤 남쪽의 진을 공략하기에 앞서 북쪽의 돌궐을 정벌하기 위한 준비를 하던 중 576년 병사했다. 그러나 무제의 뒤를 이어 중국 통일의 위업을 달성한 것은 북위 황제가 아니라 황실의 외척이었던 양견이었다.

---

* 중국 역사에서 위진 시대와 남북조 시대를 통틀어 일컫는 말이다. 위진 시대(魏晉時代, 220~420년)는 삼국 시대의 위 나라(220~265년)로부터 서진(265~317년)을 거쳐 동진(317~420년) 말기에 이르기까지의 약 2백 년간의 시기를 말한다. 남북조 시대(南北朝時代, 439~589년)는 한족이 세운 남조와 북방 유목민족이 세운 북조가 대립하다 수 나라가 통일할 때까지의 시기를 말한다. 남조는 '동진-송-제-양-진'으로 이어졌고, 북조의 경우는 5호16국-북위를 거쳐 동위·서위-북제·북주-북주로 이어졌다.

양견楊堅의 부친 양충은 북위가 서위後에 북주, 동위後에 북제로 분열될 때 우문태宇文泰를 따라 서위를 건국하는 데 공헌하여 대장군이 되었고, 수국공隨国公의 지위를 얻었다. 568년 양충이 죽자, 양견이 대장군-수국공의 지위를 물려받았다. 북주의 무제가 죽자 그 뒤를 이은 것은 선제였다. 그에게는 5명의 황후가 있었는데, 그 중 한 명이 양견의 장녀인 여화였다. 여화는 우문천宇文闡을 낳았는데, 바로 후의 정제였다. 그런데 선제는 재위 8개월 만에 퇴위하여 정제에게 자리를 물려주고, 스스로 천원황제天元皇帝를 칭하며 정무를 내팽개쳤다. 그 때문에 정제의 뒤를 보살피던 양견의 신망은 높아졌다.[1]

580년 선제가 죽자 양견은 섭정으로서 전권을 장악하게 되었다. 이에 반발한 군벌 실력자들이 반란을 일으켰다. 한때 양견이 장악한 관중 지역 이외 모든 곳에서 반란이 일어날 정도로 소요는 심각했으나, 양견은 이를 교묘하게 각개격파함으로써 북주에서 패권을 확고히 다졌다. 그해 말 양견은 수국공에서 수 왕隋王의 자리에 올랐으며, 다음 해 정제로부터 선양을 받아 황제가 되어 수 나라를 건국했다. 바로 수 문제文帝이다. 589년 문제는 남조의 마지막 왕조인 진 나라를 공격하여 멸망시키고 중국을 다시 통일했다.[2]

수 나라를 창건한 문제는 적극적인 제도 개혁과 민생대책을 실시했다. 재정지출을 축소하고 통일을 위한 자금을 마련했으며, 선비 문화를 회복하려 했던 북주의 정책을 버리고 북제의 제도를 참고하여 법령을 정비했다. 581년 문제는 새로운 율령인 개황율령開皇律令을 반포했는데, 이는 가혹한 형벌을 폐지하고 법을 알기 쉽게 고쳤다. 나중에 당의 율령도 이 개황율령을 그대로 답습했다. 또한, 문제는 관료조직도 개편하여 최고기관으로서 상서성, 문하성, 내서성의 3성을 설치하고, 상서성 아래에 행정기관으로 6부를 두었다.[3]

문제는 또한 지방통치 제도도 개혁하여 그때까지의 주州·군郡·현縣의 3단계를 주·현의 2단계로 재편했다. 3세기 진 왕조 이후 격동기를 거치면서 주의 수가 급격히 늘어났다. 그 바람에 주는 과거 군과 큰 차이가 나지 않게 되었다. 그 때문에 지방관 숫자만 늘어났고, 지방관제 혼란이 생겼을 뿐만 아니라 백성에 대한 가렴주구와 수탈만 늘려주는 꼴이 되고 말았다.

문제는 또한 북방의 돌궐을 의식하여 만리장성을 복구하고 방어를 강화했으며, 회하와 양자강의 운하를 정비하여 보급로를 확보했다. 그는 이러한 정지 작업을 바탕으로 588년 마침내 남조의 진에 대한 공격에 나섰다. 그리하여 다음 589년 진의 수도 건강建康, 지금의 남경을 함락함으로써 중국을 다시 통일하는 위업을 이루었다. 문제의 가장 큰 치적은 중국을 다시 통일했다는 점이지만 관리제도의 새로운 시행 또한 빼놓을 수 없는 중요한 업적이다.

남북조 시대의 관리임용은 구품관인법九品官人法** 에 따랐는데, 이러

---

* 개황(開皇)은 수 나라 문제 때의 연호이다. 개황율령은 문제가 발표한 율령법령이다.

** 중국 위진남북조 시대, 그러니까 삼국 시대 위(魏) 때부터 수隋 초기까지(220~583년) 행해 졌던 관리등용법. 나중에 9품중정제도(九品中正制度)라고도 했다. 후한(後漢) 말기 위(魏) 왕의 상서(尙書)였던 진군(進軍)의 건의에 따라 제정·시행되었으며, 그 뒤에도 계속해서 관리등용방법으로 이용되었다. 우선 중앙정부에 1~9품까지의 품계에 의한 9품관제를 두었는데 이를 관품(官品)이라고 했다. 이것은 한대(漢代)에 시행되던 녹봉에 의한 등급을 대신한 것이다. 또한, 지방의 군(郡)에는 중정(中正)이라는 관직을 두고 그 지방 출신자의 자격심사를 위임하는 한편, 그 군 출신의 현직관리나 관리지망자의 재능과 덕행을 조사하여 그에 따라 1~9품까지 나누어 정부에 보고하게 했다. 이를 향품(鄕品)이라

한 체제 아래서는 관리임명권이 사실상 지방호족과 귀족 세력의 손에 있는 것이나 마찬가지였다. 문제는 이러한 폐단을 없애기 귀해 과거제도의 초기 형태라 할 수 있는 공거貢擧*를 시행했다. 과거제도처럼 시험을 통해 관리를 뽑게 되면 호족이나 귀족이 관직을 세습하거나 독점하는 것을 막고 황제가 원하는 인재를 뽑을 수 있게 된다.[4] 이는 관리 임명에서 혁명적인 의미를 갖는 것이었다. 과거제도는 당 나라에 와서 더욱 정비되는데, 이를 통해 황제는 자신이 원하는 인재와 관료를 뽑게 됨으로써 문벌 귀족과 호족들을 견제할 수 있었다.[5] 서양에서 시험제도가 시행되는 것은 19세기 후반이 되어서라는 점을 생각하면 이것이 얼마나 놀라운 일인지 쉽게 짐작할 수 있을 것이다.

물론 과거제도의 시행이 가져다준 문제점도 없지는 않았다. 그것은 선비와 사대부들이 입신양명과 출세를 위한 관리 임용 시험 공부에 매달림으로써 순수한 학문의 발전에 소홀하게 되었으며, 시험을 통해 관직에 오른 관리들이 국가의 정치와 행정을 장악함으로써 국가기관이 관료화, 경직화하는 현상이 발생했다는 사실이다. 세상이 평안할 때는 안정적인 통치가 가능하지만, 혼란스러운 시기에는 대응능력이 떨어지고 국가 정치와 행정, 군사 등이 관료적인 탁상공론에 휘말릴 가

고 하며, 정부는 향품의 등급에 따라 적당한 관품 직에 등용했다. 이 제도의 원래 취지는 재능과 인품에 따라 인재를 등용하는 것이었지만, 지방호족이 점차 세력을 얻어 특권 귀족계급을 형성해가면서 그 취지가 점차 퇴색했다. 즉 중정 직에 임명된 사람은 그 지방의 유력자였으며, 향품을 정할 때에도 동료나 중앙의 고관과 공모하여 유력자의 자제를 우대했다. 진대(晋代)에는 세습적으로 향품 2품 이하로는 내려가지 않는 가문이 성립되었으며 이를 문지 2품(門地二品)이라고 했다. 남조(南朝)의 송(宋)·제(齊) 때에 귀족의 전성기가 된 것은 9품관인법이 귀족층에 유리하게 운용된 결과이기도 했다. (다음 사전 참고)

* 고대 중국에서, 각 지방의 인재를 추천받아 고시(考試)를 통해 등용하는 제도를 이르던 말. (다음 국어사전 참고)

능성이 생길 수 있다는 것을 의미한다. 그러한 문제점은 문치주의가 최고조에 이른 중국 송·명 왕조와 우리나라의 조선 왕조에서 가장 잘 드러나게 된다.

수 문제는 그 자신이 항상 검소하게 생활했으며, 관리의 비행 사실에 대해서는 단호하고 엄격한 조치를 취했다. 문제의 이 같은 선정이 20여 년간 지속되면서 사회가 안정되고 경제가 번성하며 서민들의 생활도 풍족해졌다. 592년 재정 담당 관리는 다음과 같이 보고했다. "창고라는 창고는 모두 꽉 차 곡식과 피륙을 쌓을 곳이 없어 부득이 복도와 처마 밑에 쌓을 수밖에 없는 형편에 이르렀습니다." 문제는 조서를 내려 새로운 창고를 짓도록 했다. 그러나 창고를 지었지만 다시 쌓을 곳이 없다는 보고가 올라왔다. 이에 문제는 "각 군현에 고지해서 금년 조세를 면제하도록 하라."고 명령했다고 한다.[6]

문제 시대는 이 같은 치세 덕분에 '개황의 치開皇之治'로 불리게 되었다. 문제의 뛰어난 치세 덕분에 사회가 안정되고 경제가 발전하면서 인구도 급격히 늘어났다. 수 나라 초기 북조의 인구는 약 360만 호, 남조는 약 50만여 호로 모두 4백여만 호에 지나지 않았으나 그로부터 20년 뒤에는 전국의 호수가 890여만 호, 4천 6백여만 명의 인구를 자랑하게 되었다. 역사가들은 이러한 번영은 한 나라 시대 '문경의 치' 이후 처음 있는 일이라고 기록했다.[7]

수의 멸망과 당의 건국

수 문제는 뛰어난 통치자였지만 인간적으로는 적지 않은 문제를 안고 있었다. 『자치통감』에서는 그의 업적을 높이 평가하면서도 그의 문제점도 다음과 같이 지적하고 있다. "사람들을 의심하여 까다롭게 감시하고, 참소하는 말을 곧이곧대로 믿어 공신과 옛 친구들의 생명을 끝까지 보전하게 한 사람이 한 사람도 없었다. 그리고 자신의 자식들과는 모두 원수처럼 지냈다." 그는 창업 공신들을 모두 숙청했으며, 북주의 황족들도 씨를 말리다시피 했다. 문제의 잔인성은 그의 뒤를 이은 양제에게 고스란히 대물림되었다. 그는 또한 국가를 다스리는 데는 능했으나 가정은 제대로 통제하지 못했다. 이런 일들은 흔히 벌어지는 현상이다. 뛰어난 인간들도 가정적으로 많은 문제를 야기하는 경우가 적지 않은 것이 세상의 일이며 역사이기도 하다.

604년 문제가 세상을 떠났다. 그가 죽기 2년 전 질투심이 강했던 황후 독고 씨가 세상을 먼저 떠났다. 문제는 그를 압박하던 황후가 사라지자 여색에 빠졌다. 그 바람에 그의 생명이 단축되었다는 이야기가 떠돌 정도였다. 문제의 죽음과 관련해서는 둘째 아들 양광이 암살했다는 이야기도 있었다. 문제에게는 큰아들 양용楊勇이 있었으나 놀기 좋아하고 여색을 즐기는 성향 때문에 독고 황후의 미움을 받아 황태자 자리에서 밀려났다. 세자 자리는 둘째 양광楊廣에게 돌아갔다. 문제가 죽은 뒤 제위에 오른 왕광은 형과 아우들까지 온갖 명목을 붙여 살해했다. 문제의 뒤를 이어 제위에 오른 양광이 곧 수 양제煬帝*이다.

양제는 아버지 문제와는 달리 매우 화려한 것을 좋아하고 사치를 즐겼다. 그가 한 가장 중요한 일은 수도를 옮긴 것과 대운하 사업을 시행한 것이었다. 그는 먼저 수도를 시안西安에서 동쪽의 뤄양洛陽으로 옮기겠다고 했다. 뤄양은 동쪽 수도라는 뜻의 '동도東都'라고 불렀다. 동도 건설은 605년 3월 시작되어 다음 해 1월에 완성되었는데, 여기에는 2백만 명의 백성이 동원되었다. 또한, 양제는 대운하 사업을 진행했다. 대운하 사업은 본래 양제가 시행하려고 했지만 백성들이 반발하자 이를 중단했었다. 하지만 양제는 선황제의 유업을 잇는다는 평계로 이 사업을 밀어붙였다. 605년에 시작한 대공사는 6년이나 걸렸다. 북쪽 허베이河北에서 남쪽 항저우杭州까지 2천 킬로미터의 거리를 운하로 연결하는 사업에 동원된 백성의 수는 연인원 1억 명에 이르렀다. 그의 대운하 사업은 결과적으로 보면 중국 발전에 큰 도움이 되었다. 그전에는 남에서 북으로 가려면 강을 건넜다가 뭍으로 이동한 뒤 다시 강을 건너야 했지만, 운하가 연결되면서 한 번에 갈 수 있었고, 그에 따라 남북의 물류수송과 통합에 지대한 역할을 했다. 하지만 그와 같은 대규모 토목사업으로 백성의 고통은 이루 말할 수 없었다.[8]

그뿐만 아니었다. 양제는 당시 세력을 확장하고 있던 동북아의 강국 고구려를 정벌하기 위한 대규모 원정을 벌인다. 612년, 1차 원정이 있었다. 기록에 따르면 이때 동원된 수의 군대는 113만이었으며, 강

＊　본래 수 나라에서 제시한 묘호는 세조(世祖)이다. 그러나 시호는 명(明)이나, 당(唐)나라에서 비하하는 의미로 올린 양(煬)자를 대신 붙여 주로 양제(煬帝)로 불린다. 양(煬)은 '쬐다. 쬐어 말리다. 불을 쬐다. 볕에 바래다. 비추다. 불을 때다. 밥을 지음. 쇠를 녹이다'의 뜻을 갖는 한자이다. 그러니까 양제의 양(煬)의 한자는 "하늘을 거역하고, 백성을 학대한다."라는 의미가 있다고 한다. 양제를 조롱하고 비꼬는 말인 셈이다. (위키 백과 참고)

감찬이 이끄는 살수대첩에서 고구려군에게 30만 명이 죽었다고 한다. 아마도 숫자는 모두 과장되었을 것이지만 어쨌든 엄청난 군사들이 동원되었으며, 고구려와의 전쟁에서 수많은 군사가 죽은 것은 분명하다. 1차 정벌이 실패로 끝났으면 물러설 줄 알아야 할 텐데 양제는 너무 무모했다. 다음 해 다시 2차 정벌에 나섰다. 하지만 수의 군대는 고구려와 싸우기도 전에 되돌아가야 했다. 본국에서 반란이 일어났던 것이다.

613년 제2차 고구려 원정 도중에 발생한 양현감楊玄感의 반란은 2개월 만에 진압되었다. 그러나 그 뒤 곳곳에서 계속해서 반란이 일어났다. 중국을 통일한 지 얼마 되지 않는 상황에서 벌인 대규모의 토목공사는 백성을 고통의 나락으로 빠뜨렸다. 특히 고구려 공격의 전진기지가 되었던 산둥 지방 백성의 고통이 극심했다. 이곳은 옛 동위와 북제, 북주로 이어지는 나라의 터전이 되었던 곳이다. 북주를 멸망시킨 수나라에 대한 정서적 반감까지 겹치면서 이 지역에서 가장 많은 반란이 일어났다.[9]

614년 양현감의 반란은 진압되었으나 아직도 국내 상황은 혼란스러웠다. 그럼에도 양제는 다시 고구려 원정에 나섰다. 하지만 병력도 제대로 모으지 못한 상태에서 강행된 정벌은 별다른 성과를 거두지 못하고 말았다. 고구려는 사자를 보내 화해할 것을 청하고 망명해 있던 곡사정을 송환했다. 곡사정은 원래 수 나라 병부시랑국방차관이었으나 양현감의 반란 소식을 듣자 그 길로 고구려로 망명했다. 그는 양현감과 내통한 혐의를 받고 있었기 때문이다. 양제는 체면치레를 하자 그냥 회군하고 말았다. 그런데 양제는 돌아오던 길에 양공경이라는 수괴가 거느리는 8천 명의 도적 무리의 습격을 받아 42마리의 명마 중의 명마로 손꼽히는 말들을 날치기 당했다. 수 나라의 존립이 얼마 남지 않았음을 상징적으로 보여주는 사건이었다.[10]

이때부터 수 나라 곳곳에서 반란이 일어났으며, 수도인 뤄양조차도 마음 놓고 거처하기 어려운 곳이 되었다. 그러자 양제는 뤄양을 떠나 장두江都로 갔다. 양제는 그런 와중에도 사치와 향락에 빠져 정신을 차리지 못했다. 반란이 전국 각지에서 빈발하면서 양제는 장두에 고립되었다. 태원 태수였던 이연李淵 또한 반란을 일으켰다. 그는 617년 11월 시안을 장악했고, 그곳에 있던 양제의 손자 양유를 옹립했다. 618년 양제는 화급한 상황에서도 술에 빠져 있다가 근위부대의 우문화급에게 살해당하고 말았다. 우문화급은 진 왕 양호를 황제로 옹립했다. 이로써 수 나라는 3대 38년 만에 멸망했다.

양제의 죽음과 함께 곳곳의 반란군들은 황제를 칭하며 일어섰다. 618년 이연과 이세민李世民 부자도 당唐을 세우고 황제가 되었다. 이세민은 셋째 아들이었지만, 군사적 지휘능력과 지도력이 출중했다. 이세민은 당의 건국 뒤 수의 멸망 과정에서 반란을 일으킨 여러 호족과 귀족들을 차례로 격파하며 뛰어난 무훈을 세웠다. 그는 이들과의 싸움에서 단 한 번도 패하지 않고 당을 건국하는 데 결정적인 역할을 했다. 그는 건국 과정에서 뛰어난 활약으로 당의 고조가 된 아버지 이연으로부터 천책상장天策上將*이란 칭호를 받았다. 이후 이세민은 장자인 이건성과 경쟁관계에 놓이게 되었다. 그런데 건국 과정에서 이세민의 공로가 더 컸지만, 황태자 자리는 이건성에게 돌아갔다.[11]

---

* 하늘이 내린 장수라는 뜻이다.

626년 7월 2일, 이세민은 황제인 아버지 이연에게 형제들이 자신을 죽이려고 음모를 꾸미고 있다고 말한다. 이에 황제는 황태자 이건성과 넷째 이원길을 궁궐로 불러들였다. 그들이 궁궐로 들어서는 순간, 현무문玄武門에 매복한 이세민의 군사들이 화살을 날리며 공격했다. 황태자 이건성은 그 자리에서 죽었고, 이원길은 간신히 탈출했으나 얼마 못 가 살해당했다. '현무문의 변變'이라고 부르는 사건이다. 이 사건 3일 후 이연은 이세민을 황태자로 삼았고, 2개월 뒤에는 황제 자리를 양위했다. 그렇게 해서 이세민이 당 2대 황제 태종으로 등극했다. 그의 연호는 정관貞觀으로 정했다.

당 태종 이세민의 등극 과정은 조선 시대 3대 태종 임금의 등극 과정과 종종 비교되곤 한다. 두 사람 모두 왕조의 기반을 다진 인물들이지만 형제간의 피를 본 사람들이다. 아버지와 형을 겁박해서 제위를 빼앗은 것도 유사하다. 또한, 그들은 정치적인 측면에서는 한 나라의 기틀을 다지고 안정시키는 데 결정적인 역할을 수행했다는 점에서도 유사한 측면이 있다. 통치자의 경우, 어떤 측면을 주요하게 보아야 할까? 통치 능력인가, 인간적인 측면인가? 항상 역사에서 고민되는 부분이다.

당 태종과 '정관의 치'

당태종은 중국 역사에서 가장 뛰어난 황제 중 한 명으로 평가받는다. 역사가들은 그의 치세를 '정관의 치'라고 부른다. 그의 시대는 23년

627~649년간이나 지속되었다. 그의 연호 정관은 『주역周易』「계사전繫辭傳」에서 유래되었다. '정貞'은 바르다正는 뜻이고, '관觀'은 보여준다는 뜻이다. 결국, 정관이란 '옳은 것을 보여준다'는 의미이다. 이를 보편적인 의미로 말한다면 '광명정대함'이라는 뜻이다. 연호는 단순히 자신의 치세 기간을 뜻하는 것이 아니라 자신이 구현하고자 하는 강한 정치적 의지를 내포하고 있다.[12]

태종의 연호에서 우리는 그가 광명정대한 통치를 원했다는 점을 알 수 있다. 세상에서 말과 행동이 일치하는 사람들은 많지 않다. 그런 점에서 본다면 당 태종 또한 그의 연호가 이렇게 좋은 의미를 지녔다고 할지라도 반드시 그렇게 행동했을 것이라고 단정하기는 어렵다. 하지만 다수의 중국 역사가들의 평가로는 그는 자기 연호의 의미에 걸맞게 나라와 백성을 통치한 인물이다. 물론 당 태종에 비판적인 사람들도 없는 것은 아니지만, 대부분의 평가는 호의적이다. 그는 왜 이처럼 좋은 역사의 평가를 받게 된 것일까?

당태종은 먼저 권력을 잡은 뒤 화합 정책을 도모하며 민심을 얻고자 했다. 이세민은 두 친형제를 죽였을 뿐만 아니라 아버지까지 무력으로 감금하면서 황제 자리를 힘으로 탈취했으니 민심이 좋을 리 없었다. 반대 세력도 그냥 사라질 리 없었다. 그러나 그는 황태자 이건성에 대해서는 강하게 단죄했지만, 나머지 사람들에 대해서는 적극적인 포용과 화합 정책을 폈다. 대표적으로 이건성 편에 가담했던 위징을 중용하여 그의 말을 경청한 점을 들 수 있다. 또 그는 불교와 도교에 대한 압박 정책을 풀었고, 관리들에게 자신들의 정책 의견을 상소하도록 기회를 마련해 주었다. 아버지 이연과의 차별성을 위해서 공물헌납제

도를 폐지하였으며, 3천여 명의 궁녀들도 자유로이 풀어주었다.[13]

　다음으로 이세민은 패도覇道 정치가 아니라 왕도王道 정치를 추구했다. 중국의 역사학자들이 그의 시대를 '정관의 치'로 높이 평가하는 가장 중요한 이유는 태종의 위민爲民 정치이다. 그가 황제가 되었을 때는 오랜 전란으로 백성들이 많은 고통을 받았으며, 인구수도 절정기의 8백만 호의 절반에도 못 미치는 3백만 호로 줄었다고 한다. 그는 이러한 백성들의 어려움을 살펴서 정부 규모를 줄이고 지출을 줄였다. 이를 위해 주와 현을 합치는 행정 개혁과 함께 나라 전체를 10개의 도로 재편했으며, 주·현의 관리 수를 줄이고 조직을 간소화했다. 또한, 백성의 부담을 줄이기 위해 세금을 감면하고, 흉년과 빈민 구휼을 위한 의창제도를 시행했다.『구당서』「식화지」에는 다음과 같은 기록이 있다. "전국의 모든 주현에서 의창이 시행되었다. 매번 기근이 들 때마다 창고를 열어 이를 구제한 것이다. 이때부터 고종, 무측천에 이르는 수십 년 동안 의창의 잡용雜用은 허용되지 않았다."[14]

　태종의 가장 큰 장점 중 하나로 많은 사람이 신하의 직언 경청을 들고 있다. 일반적으로 권력자가 직언을 받아들이기는 쉽지 않다. 이것은 어느 사회나 마찬가지다. 현대 사회에서는 정치 권력자뿐만 아니라 경제 권력자도 직언을 경청하는 데 소홀한 경우가 많다. 누가 재벌 회장이나 사장에게 쉽게 직언할 수 있겠는가. 하물며 봉건 시대 절대권력을 가진 황제에게 직언은 하기도 어렵고, 이를 받아들이는 황제도 드물었다. 신하의 직언을 받아들이는 것을 납간納諫이라고 하는데, 황제의 납간은 여간 어려운 일이 아니었다. 황제는 절대권력자이지만 동시에 인간적인 약점을 그대로 갖고 있다는 점에서는 일반인과 똑같다.

누가 자기한테 싫은 소리를 듣고 싶어 할 것인가. 그러나 태종은 이런 점에서 뛰어난 인물이었다.

태종이 신하들의 직언을 경청한 것은 그의 약점과도 관련이 있었는지도 모른다. 그는 합법적인 방법으로 황제가 된 것이 아니라 형제를 죽이고 아버지를 겁박해서 권력을 탈취했다. 더욱이 그의 아버지는 두 눈 시퍼렇게 뜨고 살아 있었다. 그런 상황에서 정치를 제대로 펴지 못하면 그는 언제든지 추락할 수 있었다. 그는 많은 사람의 지혜를 필요로 했다. 또한, 그는 수 나라가 망하는 걸 똑똑히 본 사람이었다. 신하들의 간언을 무시했던 수 양제의 전철을 밟지 않기 위해서는 신하들과 의견을 허심탄회하게 교환하는 노력이 필요했다. 그래서 당 태종은 신하들에게 이렇게 말했다.

군신은 함께 난을 다스리고 위기를 극복해야 한다. 군주가 충언을 받아들이면 신하는 거리낌 없이 간언할 수 있고 이로써 군신이 화합할 수 있다. 예부터 이는 매우 중요한 일이었다. 하지만 군주가 자만하면 신하는 목숨을 보전하기 위해 군주의 잘못을 바로잡으려 하지 않게 된다. 군주가 나라를 잃으면 신하 역시 살아남을 수 없었다. 수 양제가 폭정을 해도 신하들은 모두 입을 다물고 그의 잘못에 간섭하지 않으려 했기에 나라는 망했으며 우세기虞世基 등도 모두 죽임을 당했다. 바로 얼마 전에도 일어난 일이니 짐과 경들 모두 조심하며 후대 사람들의 비난을 받지 않도록 해야 할 것이다.[15]

또한, 그는 무공으로 출세한 인물이었고, 수많은 전쟁을 통해 탁월한 군사지도자가 되었다. 전장에서 군사 지휘권은 불가침의 영역이지만, 전략을 수립할 때는 여러 사람의 의견을 충분히 듣고 수렴해야 한다. 그런 점에서 그의 경험은 황제 즉위 후 통치에서도 도움이 되었다. 그가 열린 마음을 갖고 있었기 때문에 신하들도 직언할 수 있었다. 또한, 그는 우수한 인재를 등용할 때 파벌을 따지지 않았다. 그 대표적인 경우가 황태자 이건성의 참모였던 위징의 기용이다. 위징은 당 태종 치세에 재상의 자리까지 올랐다.[16]

태종은 과거제도를 정착시킴으로써 관리임용에서 능력 중심으로 뽑을 수 있는 기반을 마련했다. 이를 통해 황제에 충성하는 관료들을 확보함으로써 중앙집권적인 통치체제를 구축할 수도 있었다. 그 밖에도 태종은 세금제도에도 손을 댔다. 균전제均田制를 시행한 것이다. 즉, 농민들에게 일정한 넓이의 토지를 나누어주고 그 대가로 조租·용庸·조調를 거두었다. 조租는 토지에 대한 세금이고, 용庸은 노동력이며, 조調는 지역 특산물을 거두는 것이다. 이것은 그만큼 사회가 안정되었다는 의미이기도 했다. 정확히 기준에 따라 세금을 매겼으므로 관리들이 중간에서 농간을 부릴 수가 없었던 것이다.

사회가 혼란스러우면 국가가 백성의 안정된 생활을 보장하지 못한다. 당연히 세금을 거두는 대상인 백성의 상황을 제대로 파악하기도 어렵다. 그러나 균전제를 시행하면 백성은 국가로부터 땅을 받기 위해 관에 등록하지 않을 수 없다. 국가는 이를 통해 호구를 정확히 파악할 수 있고, 백성에게 토지를 주는 혜택만큼 의무도 부과할 수 있다.[17]

당 태종은 대외관계에서도 큰 업적을 남겼다. 당 나라가 건국할 무렵에는 돌궐의 군사력이 막강했으므로 그들의 요구를 들어주지 않을 수 없었다. 그러나 얼마 뒤 돌궐은 내분에 휩싸이면서 당과의 관계가 역전되었다. 태종은 돌궐의 분열을 촉진하는 정책을 폈고, 마침내 그를 바탕으로 630년 동돌궐을 정벌하여 멸망시켰다. 그리하여 당 태종은 북방민족들로부터 '천가한天可汗', 즉 '가한 중 가한'이라는 칭호를 얻었다. 태종 치세 아래 당 나라는 서방의 토혼욕을 정복하고 멀리 서역의 고창, 구자까지 정복했다. 이 과정에서 비단길실크로드을 장악하고 중앙아시아를 정복하여 당의 영토를 수 왕조에 비해 2배로 넓혔다.[18]

수백 년 동안 북방민족의 침입에 시달리던 중원의 한족 왕조는 당 태종 때에 와서 비로소 공세적으로 나서게 되었고, 이를 계기로 당 나라를 세계 제국의 반열에 올려놓을 수 있었다. 그러나 당 태종은 644년 10월, 고구려 정벌을 명령하고 이듬해 직접 침략에 나섰다가 실패해 씻을 수 없는 오점을 남기고 말았다. 태종이 고구려 정벌에 나선 이유는 고구려의 연개소문이 당의 허락을 받지 않고 왕을 바꿨다는 것이었다. 조공-책봉체제를 거부했다는 것이 첫째 이유였던 것이다. 하지만 고구려는 이를 전면적으로 부인한 것은 아니었다. 다만 고구려는 중원의 바깥에서 돌궐처럼 당 제국의 통제 아래서 움직이지 않고 있었던 것이다. 또 다른 이유는 신라와의 관계를 고구려가 방해하고 있다는 것이었다. 이는 신라의 외교 전략에 당이 호응한 것이기도 했다. 당은 즉, 신라가 바치는 공물을 고구려가 중간에서 가로막는다는 구실을 폈던 것이다. 하지만 당 태종은 대군을 동원해서 고구려 친정에 나섰으나 안시성을 비롯한 여러 성의 고구려군과 백성의 필사적인 항전으로 뜻을 이루지 못했다.

고종과 무측천의 시대

아무리 뛰어난 군주도 약점을 갖고 있기 마련이다. 당 태종 또한 고구려 원정에 실패하고 말았다. 그 뒤 그는 얼마 지나지 않아 병을 얻었고, 결국 649년에 사망하고 말았다. 그런데 당 태종은 병석에 눕게 되면서 결국 후계자 선정에서 적지 않은 문제를 남기고 말았다. 원래 맏아들 이승건이 황태자 자리에 올랐지만, 역모를 꾀했다는 이유로 쫓겨났던 것이다. 태종은 평소 아끼던 넷째 아들 이태에게 태자 자리를 물려주려 했으나 공신들의 반대로 실패했다. 결국, 황태자 자리는 아홉째 아들 이치李治에게 돌아갔다. 이와 관련해서는 해석이 엇갈리고 있다. 먼저 원로들이 이태보다 재능이 부족한 이치를 민 것은 어린 황제의 뒤에서 국정을 농단하려는 속셈 때문이었다는 주장이 있다. 이와 달리 이승건과 이태의 사이가 나빠서, 이태가 황제가 되면 이승건 등이 목숨을 부지할 수 없을 것이라고 보았기 때문이라는 시각도 있다.[19]

당 태종의 치적 가운데 하나는 역사서를 편찬하는 작업을 국가적 차원에서 진행하는 관행을 마련했다는 점이다. 그때까지 중국의 정사는 사마천의 『사기』, 반고의 『한서』, 진수의 『삼국지』처럼 개인이 편찬하는 것이 기본이었다. 그러나 당 태종은 학문 연구기관인 홍문관에서 『북제서』, 『주서』, 『수서』 등 여덟 종류의 과거 왕조 역사서를 편찬하게 해서 역사의 기록 주체를 국가로 바꾸었다. 그 결과 풍부한 자료를 활용하고 특정 개인의 사상에 치우치지 않는 역사책이 나오게 되었지만, 한편으로는 역사가 권력에 봉사하는 경향도 나타나게 되었다. 사마천은 자신을 처벌한 한 무제의 비리와 약점을 역사에 적었지만, 국가가 편찬한 역사서에서 사관들은 이런 비판을 하기 어려웠다. 그러다 보니 당의 개국 명분을 살리려고 수의 잘못을 과장하거나 당 태종을 미화하기 위해 '현무문의 변' 같은 사건 기록을 변조하는 왜곡마저 벌어졌다.[20]

당의 3대 황제 고종 시대 후반기의 실권을 장악한 것은 무측천武則天[*]이었다. 그녀는 여성으로서는 유일하게 황제가 되었던 인물이다. 그녀는 본래 당 태종의 후궁이었다.[**] 그러다가 649년 당 태종이 죽자 황실의 관습에 따라 감업사로 보내져 승려가 되었으나, 고종이 그를 다시 불러 궁으로 들어왔다. 그녀는 고종과의 사이에 4남 2녀를 낳았으며, 655년에는 황후 왕 씨와 숙비 소 씨 등을 내쫓고 황후가 되었다. 황후가 된 무후는 건강이 나빴던 고종을 대신해서 정무를 맡아보면서 태종의 신하들인 장손무기, 저수량, 우지령 등의 대신들을 몰아내고 신진 세력을 등용하며 권력을 장악했다. 고종 때 무후가 수렴청정을 편 것은 650년부터 660년까지 10년간이었다. 이 기간에 고종은 지금으로 치면 고혈압을 앓아서 시력장애를 겪었던 것으로 추정되고 있다. 그래서 무후에 의지하여 서신을 판단하고, 그녀로 하여금 수렴청정을 펴게 했던 것이다. 중국 역사학자 레이황은 일반적인 주장과는 달리

---

[*] 그녀는 고종의 황후였으므로 '측천무후(則天武后)'로 불리기도 한다. 그러나 나중에 스스로 황제가 되어 15년간이나 중국을 통치했으므로 '무측천(武則天)'으로 부르는 것이 적합하다는 주장이 많다.

[**] 무측천의 아버지 무사확(武士彠)은 수 나라 말기에 당 나라 고조 이연을 따라 난을 일으켜 공부상서와 형주 도독을 지낸 인물이었다. 그러므로 일부에서 주장하듯이 무측천은 결코 보잘것없는 집안이 아니었다. 그녀는 명문가 출신이었던 것이다. 그녀는 13~14세 사이에 입궁하여 태종의 재인(才人)이 되었다. 재인이란 반쯤은 시녀이고, 반쯤은 실제적인 명분이 없는 황궁의 희첩(姬妾)이었다. (레이황 지음, 『허드슨 강변에서 중국사를 이야기하다』, 푸른 역사, 249쪽 참고)

이 시기 말고 고종이 '허수아비 황제 노릇'을 했다는 증거는 없다고 말한다.[21]

고종은 34년간 재위하면서 신하들 앞에서 무후가 바로 자신의 분신임을 공표하고 자신들을 천황天皇과 천후天后로 부르게 했다. 그래서 당시 사람들은 두 사람을 '두 성인二聖'이라고 했다. 그러니까 고종은 이미 살아 있을 때 무측천을 위한 합법적인 지위를 마련해 놓았던 것이다. 그가 '세상을 떠나면서 남긴 조서遺詔'에는 태자가 즉위한 뒤 "군국에 관한 큰일 가운데 결정하지 못할 일이 있으면 천후의 뜻을 받아들여서 결정하라."고 되어 있었다. 이런 점을 생각할 때 당시에 이미 무측천은 황제와 같은 권한을 사실상 갖고 있었다고 봐야 할 것이다.[22]

그러나 고종이 사라진 마당에서 무측천의 입지가 계속되기는 어려운 일이었다. 당연히 조정의 신하들 사이에 권력 쟁투가 벌어질 수밖에 없었다. 무측천 역시 이미 오랫동안 권력을 휘둘렀고, 조정 내의 암투에 관여했다. 따라서 그녀 또한 고종이 없는 상태에서 조정 암투에 대응하기 위해서는 특단의 조치가 필요했다. 무측천은 자신의 비위를 거스른 큰아들 이홍을 독살하고, 고종 사후 황제에 오른 이현도 폐위시키는 어미로서의 비정한 행위를 저질렀다. 황제가 된 이현은 불과 2달 만에 무측천에 의해 황제 자리에서 쫓겨난 뒤 노릉 왕으로 강등되어 귀양보내졌다.* 무측천은 이현을 폐위시킨 다음, 그의 동생 이단을 황제로 삼았다. 당의 5대 황제인 예종이다.

---

* 이현은 당 나라 제4대 황제 중종으로 무측천이 실권한 뒤, 705년에 다시 황제로 복위되어 710년까지 재위하게 된다.

중국 역사상 유일한 여황제

　무측천이 권력을 장악하고 전권을 휘두르자 이 씨 황족들이 연합하여 반란을 일으켰으나 무측천은 이를 40일 만에 진압했다. 688년에는 태종의 아들인 월 왕 이정이 아들 이충과 함께 박주와 예주에서 무후에 반대하는 군사를 일으켰지만 이 역시 곧 진압당했으며, 이와 관련된 인물들 또한 철저히 보복당해 살해되었다. 무후는 내준신, 색원래, 주흥 등을 동원해 반대파에 대한 공포정치와 정보정치를 펴며 자신의 권력을 공고히 했다. 이렇게 해서 자신의 권력기반이 공고해지자 무측천은 690년 예종을 폐위하고 자신이 직접 황제가 되었다. 그녀는 나라 이름을 '대주大周'라고 바꾸고 수도 또한 장안 시안에서 신도新都라고 불렀던 뤄양洛陽으로 옮겼다. 역사가들은 이를 고대의 주周 나라와 구분하여 무주武周라고 부른다. 그 뒤 그녀는 15년간이나 황제로 있으면서 나라를 다스렸다.

　무측천은 정보정치와 공포정치를 시행한 무자비한 독재자였다. 그녀는 길욱에게 말馬을 제압하는 것으로 세 가지 물건이 있다고 말했다. 첫째는 쇠 채찍이고, 둘째는 쇠몽둥이이며, 셋째는 비수라고 했던 것이다. 채찍으로 때려도 복종하지 않으면, 그 머리를 몽둥이로 때리고, 몽둥이로도 복종하지 않으면 비수로 숨통을 끊어버린다는 뜻이다. 무측천은 그녀의 말처럼 고분고분하지 않은 조정의 신하들을 이러한 무자비한 공포통치로써 제압했다. 하지만 그녀는 권력의 화신, 무자비한 공포정치 등의 비난에도 불구하고 정치적인 측면에서는 상당히 혁신적인 내용도 많이 시행했다. 고종은 모반에 연루된 사람들을 청산하면서 자신의 친족들도 가만두지 않았다. 무측천 역시 황제의 후예들과 대신들까지 잔인하게 죽였다. 이러한 그녀의 행위는 당시의 귀족 세력에게 커다란 타격이 되었다. 이와 관련된 집안이 수백에 이른다는 연구가 있을 지경이니 무후가 권력을 장악했던 50년간 지배계층 상층부에 대단한 변화가 있었을 것은 불문가지이다.[23]

무측천은 무자비한 숙청과 함께 과거제도를 이용해서 신분에 구애되지 않고 인재를 관리로 등용했다. 이를 통해 적인걸, 요숭, 송경 등의 인재들을 발굴했으며 행정체계를 대대적으로 정비했다. 무측천은 강력한 추진력으로 많은 관료를 주살하거나 유배시켰으며, 그를 통해 신진관료들을 대거 등용했다. 또한 그녀는 중앙정치에서는 공포정치를 시행했지만, 상대적으로는 백성의 생활을 안정시키는 정치를 폈다. 그녀의 통치기는 태종이 통치하던 '정관의 치'에 버금가는 '무주의 치'라고 불리며, 후에 당의 전성기인 현종 때의 '개원開元의 치治'의 기초를 마련했다고 평가받기도 한다.[24]

705년 무측천도 나이가 들어 더 이상 절대권력을 휘두를 수 없는 상황이 되었다. 그러자 재상 장간지가 군대를 이끌고 무측천의 궁으로 갔고, 무측천은 귀양 갔던 중종을 황제로 복위시키는 데 동의하고야 말았다. 그 얼마 뒤 무측천은 세상을 떠났다. 82세 또는 83세의 나이였다. 중국 최초의 여황제의 시대는 이렇게 끝났다. 측천이 고종과 함께 통치하던 668년 당 나라는 신라와 연합하여 고구려를 침공했고 결국 멸망하고 말았다. 이처럼 무측천의 시대는 당 나라뿐만 아니라 한반도 역사에도 큰 영향을 미친 시기였다.

무측천에 대해서는 동양의 전통적 사고 방식에서 보면 비판할 요소들이 많지만, 여성이 아니라 한 인간으로서, 그것도 정치권력을 추구한 권력자로서 바라본다면 다르게 볼 요소들도 많다. 그녀는 인간적으로 냉혹하고 비정했다. 자신의 친자식을 살해하거나 권좌에서 몰아냈으며, 신하들을 숱하게 죽이거나 유배 보내는 등 관료들을 수시로 숙청했다. 하지만 그를 여성이 아니라 일반적인 권력자로서, 그것도 한 시대를 강력하게 장악하고 좌우한 절대 권력자라는 관점에서 본다면, 역사에서 그와 비견될 수 있는 인물은 얼마든지 있다. 또한, 그녀를 통치의 관점에서 보게 되면 권력 상층의 피의 숙청과는 달리 백성에게 안정과 풍요를 가져다준 통치자였다고 평가할 수도 있다. 레이황은 이와 관련하여 다음과 같이 말했다.

만약 당 고종 이치와 무후의 안배가 없었다면, 당 왕조는 계속 중하급 관료를 광대한 지역으로 파견할 수 없었을 것이라는 주장을 증명할 방법은 없다. 다만 당의 관료들이 동한 시대의 선비들과 마찬가지로 편협한 도덕관념을 사회질서의 근본으로 삼으려 하고, 개인적인 뜻과 기분으로 법률을 집행했다면, 당나라 조직은 훨씬 전에 와해됐으리라는 점만은 확실하다.[25]

개원의 치와 양귀비

712년 9월 8일, 당 제6대 황제 현종이 즉위했다. 그는 예종의 셋째 아들 이융기였다. 중종은 무측천에게서 양위를 받아 황제에 복위했지만 실권을 되찾지 못했다. 무측천은 죽었어도 그 시기 권력을 휘두르던 집단은 그대로 남아 있었다. 게다가 황후 위 씨가 권력을 휘둘렀으며, 황후는 안락공주와 합세하여 중종을 독살하기에 이르렀다. 위후는 무측천을 꿈꾸고 있었다. 그녀는 무측천처럼 새로운 나라를 세우고 여황제가 되어 권력을 장악하려 했다. 그러나 이때 이를 가로막고 나선 인물이 있었으니 바로 예종의 셋째 아들 이융기였다. 이융기는 거사를 일으켜 위후와 안락공주 등을 죽이고 아버지 예종을 복위시켰다. 이융기는 평 왕에 책봉되었다가 큰형의 양보로 황태자가 되었으며, 예종 또한 27세의 황태자에게 자리를 물려주고 물러났다. 하지만 무측천의 딸이자 현종의 고모인 태평공주는 여전히 막강한 세력을 갖고 황위를 노리고 있었다. 태평공주는 여러 차례 현종을 독살하려 했으나 실패했고, 713년 7월 현종이 태평공주 일당을 모두 처리함으로써 권력 기반을 강화할 수 있었다.[26]

714년 현종은 연호를 개원開元으로 바꾸고 본격적인 개혁에 착수했다. 그는 무측천이 등용했던 요숭姚崇을 재상으로 삼았다. 요숭은 문무를 겸비한 유능한 재상으로 '구시재상救時宰相'이라고 불렸다. 요숭은 백성의 가난을 퇴치하기 위한 정책을 비롯하여 10가지의 개혁방안을 제시하였으며 현종은 이를 모두 받아들였다. 요숭 외에도 현종 치세에서는 송경, 한휴, 장구령, 소숭 등의 뛰어난 인물들이 기용되었다. 현종은 인물을 알아보는 안목이 있었고, 이들 뛰어난 인재의 등용이 그의 정

※   세상을 구원하는 유능한 재상이란 뜻이다. 이와 반대로 자리만 차지하고 있는 무능한 재상을 '반식(伴食) 재상'이라고 부른다. 당 현종 시절, 요숭과 함께 재상으로 기용된 노회신 같은 인물이 '반식 재상'으로서 비교되었다.

치를 성공적으로 이끄는 한 가지 요인이 되었다. 그의 인재 등용에 대해서는 사서에도 기록될 정도로 유명했다.

현종은 재상 한휴와 정치 문제를 두고 논쟁을 벌이는 일이 많았다. 어느 날 피로에 지친 기색으로 쉬고 있는 현종을 보고 환관 한 사람이 말했다. "한휴가 재상에 오른 뒤부터 폐하의 용체가 많이 야윈 듯합니다. 사사건건 폐하에게 따지고 드니 한휴를 파직시키는 것이 어떻겠습니까?" 그러나 현종은 이렇게 대답했다. "짐은 약간 야위었는지 모르겠지만, 천하의 백성은 살찌고 있다. 소숭과 정사를 논할 때는 모두 짐의 뜻에 따랐다. 그러나 소숭이 돌아간 후 짐의 마음은 항상 상쾌하지 않았다. 걱정되는 일이 있었기 때문이다. 그러나 한휴는 다르다. 정무를 논할 때마다 자주 짐과 논쟁을 벌이지만, 한휴가 돌아간 후 짐의 마음은 언제나 상쾌했다. 일이 원만히 해결되었기 때문이다. 재상을 뽑는 것은 나라를 위해서 하는 일이지 짐을 위해서 하는 일은 아니지 않은가?"[27]

기본적으로 백성을 사랑하고 훌륭한 신하를 알아보는 눈을 가졌던 현종은 정치를 성공적으로 이끌 수 있었다. 현종은 중앙의 유능한 관리를 지방에 도독이나 자사로 파견했으며, 자질이 떨어지는 관리는 교체했다. 나라에 가뭄이 들자 황궁의 곡식을 배고픈 백성에게 나누어주는 어진 정치를 폈다. 인척과 환관의 정치 관여를 차단함으로써 정치가 문란해질 위험성을 제거하고자 했다. 현종은 안으로 민생안정과 더불어 동돌궐, 토번, 거란 등 북방민족의 침입에도 대비하여 태평성세를 이루었다. 그래서 사람들은 태종 때의 성세에 버금가는 치세를 이루었다고 해서 당시의 연호를 따서 '개원의 치'라고 불렀다.

이렇게 정치적 안정과 경제적 번영이 이루어지면서 중국의 인구도 급속히 늘어났다. 당 개국 초기 3백만 호에 불과했던 것이 이 무렵에는 9백만 호, 5천 3백만의 인구로 늘어났다. 또한, 당 나라의 수도 장안은 동아시아 주변 나라들뿐만 아니라 중앙아시아와 멀리 페르시아, 사라센 등지에서도 수많은 외교 사절과 상인들이 몰려드는 국제적인 도시가 되었다. 당은 상업 중심지였을 뿐만 아니라 정치 중심지 역할을 함에 따라 세계적인 제국으로서의 위용을 뽐낼 수 있었다. 정치, 경제, 상업, 무역의 번성은 곧 과학과 문화의 발전에도 중요한 밑거름이 되었다. 개원의 치세 동안 두보, 이백과 같은 뛰어난 시인을 비롯하여 화가, 역사학자, 음악가, 천문학자 등이 쏟아져 나와 세계에 그 이름을 떨친 당의 문화를 창조했다.[28]

그러나 이때 역사를 바꿀 새로운 인물이 등장한다. 바로 양귀비다. 양귀비와 현종의 사랑. 우리 모두가 너무 잘 아는 이야기다. 양귀비는 본래 자신의 친아들인 수 왕壽王의 비였다. 그러니까 현종의 며느리인 셈이다. 그런데 그 며느리를 어쩌다 좋아해서 나중에는 자신의 귀빈으로 삼았다. 양귀비의 이름은 양옥환楊玉環이다. 그녀는 17, 18세쯤에 수 왕 이모李瑁와 부부가 되었고, 그 뒤 현종을 만난다. 그들이 처음 만났을 때 현종의 나이는 53세, 양귀비는 19세 정도였을 것으로 추정되고 있다. 양옥환이 바로 현종의 귀비가 된 것은 아니었다. 처음에는 여도사, 그리고 태진비라는 이름으로 현종과 최소한 7~8년 애매한 관계를 유지하다가 745년 비로소 정식 후궁인 귀비가 되었다.[29]

역사의 많은 기록과 후대 사람들의 이야기는 뛰어난 치세가였던 당 현종이 양귀비를 만나는 바람에 망했다는 것으로 모아지고 있다. 과연 얼마나 타당한 이야기일까?

　당 현종은 712년부터 756년까지 무려 45년간이나 황제의 제위에 있었다. 그는 '개원의 치'로 평가될 만큼 정치적인 안정과 통치에서 많은 성공을 거두었다. 하지만 현종의 치세는 천보天寶 연간부터 문제가 발생하기 시작했으며, '안녹산安祿山의 난'으로 결정적으로 몰락하게 된다. 755년천보 14년 절도사 안녹산이 반란을 일으켜 낙양을 공격, 점령하고, 이듬해 수도 장안마저 빼앗자 현종은 촉으로 도망치게 된다. 이때 마외역에서 현종을 호위하던 어림군의 용무장군과 병사들이 '양귀비를 죽이라'고 들고 일어선다. 양귀비 때문에 현종의 생활이 무너져서 정치를 보살피지 않다가 피난까지 가는 지경에 이르렀다는 것이다. 결국, 양귀비는 목매달아 죽임을 당하게 된다.

　이를 두고 볼 때 당시의 많은 사람이 현종이 양귀비 때문에 정치를 멀리하고 안일에 빠졌다고 보고 있었다는 것을 알 수 있다. 당대의 기록과 여러 정황을 놓고 볼 때 뛰어난 군주였던 현종이 몰락하는 데 양귀비가 중요한 역할을 한 것은 사실이었다. 물론 그 책임은 양귀비가 아니라 당 현종 이융기에게 돌아가야 할 것이지만 말이다. 양귀비를 적정한 선에서 관리하지 못하고 거기에 빠져 헤어나지 못한 것은 전적으로 현종의 잘못이다. 아마도 그는 오랫동안의 정치로 후기에는 정치에 염증을 느꼈던 것 같고, 거기에 양귀비가 일조했다고 보는 것이 타당할 것이다.

＊　당 현종은 연호를 세 번 바꾸었다. 선천(先天, 712년), 개원(開元, 713~741년), 천보(天寶, 742~756년)이다. 그는 '개원의 치'를 통해 태평성세를 구가했으나 천보 연간에 들어서면서 문제가 발생했다.

안사의 난으로 피난길에 오른 현종 | 명 나라 때의 화가 Qiu Ying이 명주에 그린 그림의 일부 Washington D.C의 Freer and Sackler Galleries 소장

안사의 난과 당의 쇠퇴

안녹산의 난은 당 현종의 치세를 끝장냈을 뿐만 아니라 당 나라가 융성의 시대에서 쇠락의 시대로 넘어가는 분수령이 되었다. 시기적으로 보면 이 사건은 당 나라가 수 나라를 대신한 618년부터 겨우 135년 뒤에 일어난 일이다. 당 나라의 운명이 끝나는 906년까지는 아직도 151년이나 남아 있었다. 그래서 당의 '쇠락'이라는 표현은 성급하다고 말하는 역사학자들도 있다. 하지만 당 나라의 경우, 번성하기까지의 기간과 쇠락하는 데 소요된 기간이 대체로 비슷하다는 주장을 펴는 학

자들도 많다. 그것은 안녹산의 난 이후 당 나라가 사실상 중앙 조정의 통제력이 지방에 미치지 못하면서 통일된 제국으로서의 위용을 제대로 보여주지 못하기 때문이다. 번진藩鎮을 다스리는 절도사들이 사실상 독립된 왕으로 행세했던 것이다.

그러면 이 같은 당 나라 역사의 분수령이 되는 안녹산의 난이 발생하게 된 원인은 무엇일까? 많은 사람은 양귀비의 사촌오빠 양국충楊國忠이 문제의 핵심 원인이라고 말한다. 현종이 귀비에 빠지면서 양국충을 등용했고, 그로 인해 안녹산의 문제가 발생했으며, 이후 수습할 수 없는 지경이 되었다는 것이다. 서역 출신의 하급무장이었던 안녹산은 양귀비의 총애로 현종과 이임보 등에게 신임을 받아 유주, 평로, 하동 3개 번진의 절도사를 겸임할 정도로 막강한 권한을 손에 넣었다. 그런데 양귀비의 사촌오빠인 양국충이 재정을 장악한 실권자가 되면서 안녹산과 갈등관계에 놓이게 되었다. 그러자 양국충이 안녹산을 제거하려고 했고, 이에 안녹산이 '양국충 제거'를 명분으로 반란을 일으켰던 것이다.

그러나 안녹산의 난과 관련 저명한 중국사학자 레이황은 "이 문제는 당 나라 시대의 국방 문제와 관련이 있으며, 이와 관련된 기타 요인들이 많다."고 말한다. 그것은 간단히 말하면 '문관과 무관 불협화음의 결과'라고도 말할 수 있다. 현종은 당 나라의 고민거리였던 북방문제를 안녹산과 같은 절도사를 통해 해결하려 했으나 나중에는 이를 대

---

*　(1) 중국에서 변방을 평정하기 위하여 군대를 주둔시키던 곳. (2) 중국 당 나라 때, 변방에 설치하여 군대를 거느리고 그 지방을 다스리던 관아. 또는 그 으뜸 벼슬. (다음 국어사전 참고)

체할 방법을 찾지 못했으며, 그 과정에서 무관조직과 문관조직 사이에 충돌이 일어났다는 것이다. 그러니까 측천무후 시대부터 현종 시대까지 완성된 문관조직과 국방의 실제를 담당한 무관조직은 서로 융합하지 못했으며, 두 조직이 공존할 수 없는 상황이 되면서 안사의 난이 일어난 것이라는 이야기다. 이는 달리 말하면 '양귀비와 양국충의 문제라기보다는 당시의 국가 조직이 안고 있는 문제였다.'는 것이다.[30] 레이황의 이야기를 한 번 들어보자.

평상시에는 낙양과 장안에서 쓰는 물자를 변방에 제공하지 않았고, 전쟁 시에만 그 출납을 강화할 뿐 평소에는 별도의 주의를 기울이지 않았다는 사실을 알 수 있다. …… 그러므로 변방사령관인 절도사는 민정을 관장하는 한편, 자신의 기지와 통솔능력 정도에 따라 말을 사들이고 병사를 모았으며, 양식을 저장하고 병기를 만들었다. …… 사정이 이러하니 안녹산처럼 '여섯 개의 번족 언어를 이해하고, 호시에서 흥정꾼 노릇'을 할 수 있는 사람은 지방 사정을 훤히 꿰뚫고, 인력과 물자가 있는 곳과 그것을 끌어모으는 방법을 다 알고 있었다. 현종도 바보는 아니어서, 안녹산이 혼자서 동북지역의 군사를 능히 감당해낼 만한 사람임을 알았다. 다만 갈수록 그의 공로가 높아져서 쉽게 다른 사람으로 대체하지 못했던 것이다. 그리하여 안녹산을 대우해주니, 다른 사람들 눈에는 반드시 반란을 일으킬 인물로 비쳤다.

이러한 사정은 국방조직과 문관 관료조직이 서로 용납하지 못하는 상황을 만들어냈다. 변방에서는 실제적인 사정을 중시했다. …… 다시 말해서 사령관이 조직의 중심에 서서, 신속하고 확실한 효과를 발휘하는

구조가 필요했던 것이다. 그러나 당시 전국의 관료조직은 먼저 인의仁
義 도덕이라는 입장에서 행정 논리를 만들어내고, 이 논리로 대체를 보
존하고 국부적인 것을 희생시키려 했다. …… 즉, 안녹산이 반란을 일으
키기 전에 이미 국방과 문관조직은 서로 공존할 수 없는 형세였다. ……
변방에서 두각을 나타낸 사람들이 장안에 와보니 자신들은 깎아내려져
있고, …… 오히려 남방 토벌에서 대패한 선우중통이 양국충의 농간으
로 전공이 있다고 알려져 있었다. 관료조직에서 안녹산의 전략에 반발
한 것도 군사 부서들이 가졌던 정치적 필요성 때문이었다. 그러므로 안
사의 난은 이 두 체계가 충돌하여 일어난 변란이라고 볼 수 있다.[31]

안녹산의 거병에 직접적인 동기가 된 것은 양국충과의 갈등이라
고 볼 수 있지만, 그 바탕에는 당 나라가 안고 있는 국가조직의 문제,
즉 관료조직과 군사조직과의 갈등이라는 구조적인 문제가 자리잡고
있었다는 이야기이다. 이러한 국가조직상의 문제는 결국 '안사의 난'*
이후 번진의 '사실상의 독립적 활거'라는 모습으로 표출된다.

---

* 안녹산의 난과 안녹산의 부하였던 사사명의 난을 합쳐서 부르는 말이다. 755년 안녹산은
20만 명의 대군을 이끌고 장안까지 점령했으나 757년 아들 안경서에게 살해되었다. 후에
사사명은 안경서를 죽이고 난을 일으켜 스스로 황제 자리에 올랐다. 하지만 그 또한 761년
그의 아들 사조의에게 피살되었다. 756년 황태자 이형이 현종을 태상황으로 물러나게 하
고 황제에 오르면서 안사의 난에 대한 진압이 본격화되었다. 난이 거의 평정되어가던 762
년 현종과 숙종이 연속적으로 사망했으며, 그 뒤를 이은 대종이 위구르군의 도움을 받아
낙양을 수복했다. 그 과정에서 사조의 또한 동북 방면으로 달아났다가 이듬해 초 범양절
도사 이회선에게 쫓기다가 자살함으로써 안사의 난은 종결된다.

황소의 난과 당의 멸망

번진藩鎭은 때로는 도道와 혼용하여 불렸는데, 5~6개에서 많게는 10개 주를 통괄했다. 그 면적은 오늘날 중국의 성省의 1/3 정도 되었다. 이 진의 우두머리가 바로 절도사였고, 이들은 군사상의 수장이면서 세금을 거두고 민간 통치를 겸했다. 안사의 난이 평정된 뒤 중앙 조정은 조직을 정비할 힘을 잃어버렸다. 그래서 일부 항복 장수들로 하여금 이들 지역을 통솔하게 했는데, 이들 지위가 모두 세습되었다. 각 절도사는 직접 자기 지역 안에 있는 주·현의 관리를 파견했으며, 병사를 뽑고 세금을 거두는 일도 직접 처리했다.

그런데 이들 번진의 군사들이 스스로 지도자를 뽑아 수장으로 세우는 일이 종종 일어났지만, 당 나라 황실은 이를 사후에 추인해줄 뿐 진압할 능력을 갖추지 못했다. 이렇게 독립하고 분화하는 일이 산둥, 허난, 안후이 변경, 나아가 양자강 이남의 저장과 쓰촨까지 확산되었다. 조정에서 이를 진압하려 했으나 이들은 서로 합종연횡하며 조정에 대응했다. 그렇게 해서 8세기 후반부터 9세기 초반에는 이들 번진이 사실상 독립적으로 군사, 행정을 꾸려가게 된다. 그러한 세력 가운데 대표적인 세력이 이정기 세력이었다. 고구려 유민 출신의 이정기李正己 가문은 20년 이상 산둥 반도 일대를 장악하고 사실상 독립 왕국으로 존속했다.

당 나라는 번진 세력들을 통제하기 위해 많은 노력을 기울였다. 9세기 초, 당 조정은 허베이河北 3진을 제외한 대부분의 절도사를 중앙정부에서 문신 출신으로 임명한다. 이들은 대체로 중앙정부에 순종하는 존재들이었지만 또 다른 문제를 야기했다. 9세기 중엽 이후 중앙정부에서 파견한 절도사에 저항하는 반란이 빈번히 일어나기 시작했다. 이러한 반란은 곧 진압되었지만 875년 전국적인 기근이 발생하면서 사회불안도 커져 새로운 상황이 전개되었다.

874년 소금 밀매업자였던 왕선지王仙芝가 난을 일으켰고, 얼마 후 황소黃巢가 가세했다. 재해가 들어 기근이 생겨도 지방관리들은 이러한 실정을 중앙 조정에 알리지 않기 일쑤였다. 사정을 알리고 중앙에 보내는 세금을 줄이면 자신들이 문책당할 수 있기 때문이었다. 중앙정부 또한 실정을 파악해서 세금을 감면하기보다 재해 속에서도 백성들의 고혈을 짜내는 데만 관심을 둘 뿐이었다. 당연히 농민들이 파산하고 유민들이 늘어났다. 유랑민들은 도적 떼가 되기 일쑤였고, 일부는 반란 세력에 가담했다. 왕선지와 황소는 이들을 흡수하여 세력을 키워갔다.[32]

반란군은 이동하며 농민들을 흡수해 관군과 싸우며 세력을 키웠다. 관군과의 전투 도중에 왕선지가 사망하면서 황소가 반란군 지도자가 되었다. 880년 대규모로 성장한 황소의 반란군은 낙양에 이어 장안까지 함락시켰다. 황제 희종은 쓰촨으로 달아났다. 장안을 2년 반 동안 점령한 황소는 이때 스스로 '대제황제大齊皇帝'라고 칭했다. 그러나 이는 오히려 그의 함정이 되었다. 황소는 나라를 세우면서 고위직을 제외한 중·하급 관리는 그대로 두었다. 이는 부패한 관료조직에 반기를 든 사람들의 입장에서 보면 실망스러운 일이 아닐 수 없었다. 황소는 백성과의 관계도 좋지 않았고, 정벌을 계속할 계획도 갖지 못했다. 스스로의 역동성을 멈춰버린 결과 도성 안에 갇혀 심각한 보급 난에 시달렸다.

881년 황소의 난을 진압하기 위해서 출격한 고변의 군대에 신라 출신의 최치원이 종군했다. 그는 이때 '토황소격문討黃巢檄文'을 지었다. 즉, 황소를 토벌하는 격문이라는 뜻이다. 이 글은 최치원의 문집인 『계원필경桂苑筆耕』에 실려 전해지는데, 황소가 이 격문을 보다가 저도 모르게 침상에서 내려앉았다는 일화가 전할 만큼 뛰어난 명문으로 평가되고 있다. 격문은 이런 식이다. "옛날 동탁처럼 배를 불태울 그때가 되어서는, 사슴처럼 배꼽을 물어뜯는 후회가 있을지라도 시기는 이미 늦을 것이니, 너는 모름지기 진퇴를 참작하고 옳고 그른 것을 분별하라. 배반하다가 멸망하기보다 어찌 귀순하여 영화롭게 되는 것이 낫지 않겠느냐. 다만, 너의 소망은 반드시 이루게 될 것이니, 장부의 할 일을 택하여 표범처럼 변하기를 기할 것이요, 못난이의 소견所見을 고집하여 여우처럼 의심만 품지 말라." 당 나라 과거시험에 합격해 관리가 될 정도로 재주가 있었던 최치원은 그 뒤 신라로 돌아와서 자신의 꿈을 펼쳐보려 했으나 골품제라는 신분제도와 신라 말기의 혼돈·부패 속에서 자신의 이상을 펴보지도 못하고 해인사로 숨어들었다고 한다.[33]

882년 황소 편에 있던 주전충朱全忠이 당 나라에 항복했다. 883년 당 조정은 사타족沙陀族[*]의 흑의군을 당 나라 황실을 지키는 근당왕사로 불러들여 장안을 회복했다. 황소는 장안을 포기하고 동쪽으로 도망쳤다. 그는 1년 이상 싸웠으나 이극용 등의 토벌군에게 패배를 거듭했다. 884년 여름 황소는 산동에서 패한 뒤 자살함으로써 그의 난은 끝났다. 황소의 난 이후에도 당 나라는 23년간 더 존속했다. 하지만 그것

---

[*] 돌궐족의 한 부족이었다. 당말, 후한 말기의 군웅할거를 연상시키는 혼란에 빠져들었다. 후당, 후진, 후한의 3대는 돌궐계인 사타족이 세운 나라였다. (신화위키 참고)

은 명맥뿐이었고, 각지의 번진들은 중앙정부에서 벗어나 자립적인 왕국으로 존재하기 시작했다. 당 조정을 장악한 주전충은 황제를 꼭두각시로 만들고, 907년 당 애종哀宗으로부터 선양을 받아 양梁 나라를 세운다. 이로써 당 나라는 멸망하고 5대10국으로 불리는 혼란의 시대가 시작된다.

＊　　주전충은 국호를 양(梁)이라고 했지만, 후대 사가들은 앞의 남북조 시대의 '양(梁)' 나라와 구분하기 위해 일반적으로 '후량(後梁)'이라고 부른다.

2. 송 나라

전통 중국에서 최고의 물질 문명을 이루다

송 태조 조광윤의 무혈 창업

960년, 후주後周의 근위대장군 조광윤趙匡胤은 남침해오는 요 나라 군사에 맞서 싸우기 위해 북방으로 출정했다가 카이펑開封 부근의 진교역陳橋驛에서 부하들의 옹립을 받아 황제가 되었다. 바로 송宋 나라다. 흔히들 후에 금의 공격에 밀려 남쪽에서 재건한 남송과 구분하여 북송이라고도 부른다. 907년, 애종이 후량의 주전충에게 선양함으로써 당 나라는 완전히 멸망했다. 당 나라가 창건한 것이 618년이었으니 당 왕조는 3백 년을 채 못 갔지만, 중국 왕조 중에서는 짧은 기간이 아니다.*

---

* 　중국의 역대 왕조들의 존속 기간을 개략적으로 살펴보면 다음과 같다.

　　하 왕조 : 기원전 21세기경~17세기경.

　　은(상) 왕조 : 기원전 1600년경~1066년경.

　　주 왕조 : 기원전 1066~256년 (서주 : 기원전 1066~771년, 동주 : 기원전 771~256년).

　　시황제의 진 왕조 : 기원전 221년~206년.

　　한 왕조 : 기원전 206~기원후 220년(전한 : 기원전 206~기원후 25년, 후한 : 기원후 25~220년).

　　위진남북조 시대 : 220~581년.

당이 멸망한 뒤 중국은 5대10국五代十國時代, 907~960년[*]으로 불리는 여러 나라가 난립하는 시기를 거쳐야 했다. 53년에 걸친 이 시대는 수·당에서 송으로 이어지는 중국의 제2제국 시대의 징검다리 역할을 했다. 송 태조 조광윤은 5대의 마지막인 후주의 제위를 평화적으로 넘겨받음으로써 새 왕조를 개국할 수 있었다.

중국 역사에서 각 왕조는 각기 다른 특성이 있지만, 조광윤이 세운 송 왕조는 특히 현격한 차이가 있다. 일반적으로 각 왕조의 창업 군주는 막강한 군사 역량에 의지해서 천하를 장악하는 것이 일반적이지만 조광윤만은 직업군인 출신이었다. 그와 달리 한 고조는 병사 대여섯 명 정도를 거느린 지방치안 담당자인 정장亭長이었고, 당 고조와 수 문제는 귀족이었다. 또 원 태조와 청 태조는 소수민족의 지도자였으며, 명 태조는 농민이었다. 일반적으로 이들은 새로운 왕조를 창업하고 황제로 등극할 때 대단한 기세로 먼저 적을 위압하는 모습을 보였다. 반면, 송 태조 조광윤은 군사적인 공로로 가문을 일으켜 세운 뒤, 왕조를 창업하는 그날까지도 현역 고위 장군에 머물러 있었다.[1]

수 왕조 : 581~618년.
당 왕조 : 618~907년.
송 왕조 : 907~1279년(북송 : 907~1127년, 남송 : 1127~1279년).
원 나라 : 1271~1370년.
명 왕조 : 1368~1644년.
청 왕조 : 1616~1911년.

[*] 중국 역사에서 당 나라가 멸망한 907년부터, 송 나라가 건립된 960년까지, 황하 유역을 중심으로 화북을 통치했던 5개의 왕조(오대)와 화중·화남과 화북 일부를 지배했던 여러 지방정권(십국)이 흥망을 거듭한 정치적 격변기를 가리킨다. 오대십국의 오대는 후량, 후당, 후진, 후한, 후주를 뜻하며, 십국은 오월, 민, 형남, 초, 오, 남당, 남한, 북한, 전촉, 후촉을 말한다.

조광윤은 하북성에서 군관 집안의 아들로 태어났다. 그의 아버지는 후주의 금군을 지휘하며 여러 군벌과 맞서 싸우면서 공적을 세운 고위급 지휘관이었고, 조광윤 역시 당시 후주 태조 곽위의 양아들인 시영의 수하로 들어가 군관으로 활약했다. 시영세종이 954년 제위에 오르자 영토 확장 의지를 천명했고, 조광윤은 군 지휘관으로서 남벌에 참여해 큰 공적을 세웠다. 또한, 그는 당시 거란족의 도움을 받아 후주를 위협하던 군벌들을 모조리 제압했다. 조광윤이 탁월한 지휘능력을 발휘하여 후주에 수많은 승리를 선사하자 세종은 금군 총사령관직을 내려 후주의 모든 병력을 지휘할 수 있는 권한을 부여했다.

조광윤은 세종이 제위에 오르기 전부터 수하로 있었던 인물이었고 강한 충성심을 보인 인물이었기에 세종으로부터 상당한 총애를 받았다. 아이러니하게도 세종 시영은 죽기 전에 금군 총사령관에 있던 자신의 처남을 해임하고 조광윤을 그 자리에 앉혔다. 그는 아마도 "내가 죽으면 처남이 내 어린 아들을 죽이고 황제에 오를 것이다. 그러니 연줄이 없고, 충성스러운 조광윤을 앉혀놓아야 안심이 된다."라고 생각했던 것 같다. 결과는 예상을 벗어나고 말았다. 사실 시영 자신도 직계 혈통이 아닌 고모부의 양자로 황제가 되었기 때문에 외척을 경계할 수밖에 없었다.[2]

959년 세종이 승하하고 그 뒤를 이어 시종훈이 공제로 즉위했다. 즉위 당시 공제의 나이는 7세의 어린애에 불과했다. 그 때문에 후주를 공략하기 좋은 시기라고 판단한 거란과 여러 군벌은 서로 결탁하여 후주를 압박하였다. 이 난국을 타개하기 위해 조광윤이 나섰다. 하지만 부하들은 "이런 위기가 모두 어린 황제 때문"이라는 생각을 하게 되었다. 이 무렵 조광윤의 군공과 명성, 후주에서의 위치를 감안하면 충분히 황제가 될 능력을 갖추고 있었지만, 조광윤은 제위에 대한 욕심을 보이지 않았다. 그래서 결국 부하들이 조광윤을 옹립하기로 하고 행동에 나섰다.

조광윤은 술자리에서 떡이 되어 실신할 때까지 마시는 버릇이 있었다. 부하들은 조광윤에게 술을 계속 권하였고 결국 그는 만취 상태가 되었다. 조광윤이 술에 취해 정신을 잃은 사이 부하들은 그에게 황포를 입혔다. 그리고 술에서 깬 조광윤에게 이렇게 말했다. "우리는 만장일치로 당신을 황제로 모시기로 했습니다. 이제 어린 황제로부터 양위를 받으시는 것이 좋겠습니다." 갑작스러운 상황에 난감해하던 조광윤은 황실과 신하들, 백성에게 해를 입히지 않겠다는 조건과 절대복종의 맹세를 받아내고서야 그 요청을 수락했다. 조광윤은 병력을 이끌고 개봉에 입성해 공제의 선양을 받아 제위에 올라 북송을 건국했다.

5대10국 시기에는 선양으로 제위에 오르는 경우가 많았다. 그럴 경우 대부분 전임 황제는 몰래 암살당했다. 하지만 조광윤은 전임 황제 시종훈을 우대했으며, 특별히 황명을 내려 시 씨 문중을 보호하도록 조치했다. 북송이 금 나라에 쫓겨 남쪽으로 내려갈 때도 송 나라 황실은 시 씨 문중을 함께 데리고 갔으며, 남송이 멸망할 때까지 4백 년간 보호를 받으며 잘 지냈다. 또한, 선양한 공제 시종훈이 죽었을 때에는 황제에 준하는 예우로 장사까지 지냈다. 이 같은 후한 대우는 송 나라 내내 이어졌다.[3]

송 태조 조광윤은 후주 황실뿐만 아니라 5대10국의 군주나 장수들도 죽이지 않고 관용을 베풀었고 정복한 지역의 백성에 대한 약탈을 엄금했기 때문에 높은 평가를 받았다. 조광윤이 황제가 된 후 보여준 지력이나 덕행이 특별히 뛰어났다고 말할 수는 없지만, 그는 새 왕조를 세우면서도 거의 피를 보지 않고 평화적으로 일을 처리했다. 그는 성스럽고 현명한 군주의 관념을 만들고, 그것에 기대어서 실제로 사람과 일에 대해서 진가를 발휘했다. 그는 "여러 왕조의 제왕들 가운데 가장 현실적이면서 지혜로운 방법으로 새 왕조의 기틀을 다졌다."고 평가받는다.

황제권 강화와 중앙집권화

송 태조는 한 태조나 명 태조처럼 권모술수를 사용해서 공신들을 도살하지 않고도 평화롭게 통치의 기반을 강화할 수 있었다. 그는 통일을 이뤄나가는 과정에서도 자신이 정복한 정부의 수장들로부터 우대를 받았고, 역대 왕조의 창업자들처럼 신하를 의심하고 시기해서 살육하는 일은 벌이지 않았다. 전해지는 이야기로는 그는 일찍이 대신과 황제에게 간언하는 언사관言事官을 죽이지 않겠다는 서약을 한 일이 있다고 한다. 이는 자신의 아량을 보여주려는 행동일 수도 있지만, 자신감의 표현일 수도 있었다.[4]

조광윤은 자신의 제위를 아들이 아니라 동생인 조광의趙匡義에게 물려주었다. 어머니의 청에 따른 것이었다. 어머니는 제위를 '조광윤-첫째 동생-둘째 동생-조광윤의 큰아들'로 물려주라고 부탁했지만, 송 태종 조광의는 다음 제위를 자신의 아들에게 물려주었다. 그럼에도 송

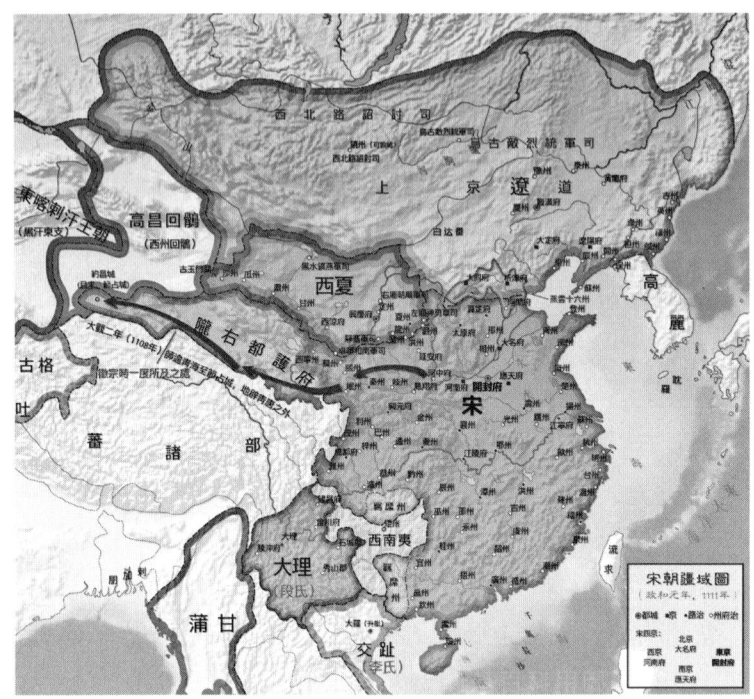
제8대 휘종 정화 원년(1111년)의 북송 통치 지역

왕조는 다른 왕조에 비해 궁궐 내의 분쟁이 비교적 많지 않았다. 송 왕
조가 존속한 319년 동안 태후가 정치를 주관한 때도 있었지만 그래도
'여성으로 인한 우환女患'은 없었고, 환관이 정치를 좌우한 일도 없었
다. 송 왕조 시대에는 황제가 공포정치를 기본으로 업무를 보지는 않
았다고 평가할 수 있을 것이다.

이것은 왕조를 창업한 조광윤 개인의 성격이 미친 영향도 있지만,
그보다는 송 왕조가 처한 역사적 상황의 영향이 더 컸다고 봐야 할 것
이다. 송 나라가 존속한 3백여 년 동안, 중국에는 단일한 국가적 목표

가 있었다. 송 나라 조정은 다른 나라 조정과 경쟁하는 관계에 놓여 있었다. 즉, 요 나라와 금 나라, 후에는 몽골까지 모두 송 나라의 경쟁자였다. 이러한 상황에서 황제는 음모를 꾸미거나 다른 곳에 신경을 쓸 필요가 없었다. 오로지 이들 경쟁자와 싸워서 이길 방도를 찾아야 했던 것이다. 그 때문에 송의 조정은 다른 왕조에 비해 합리적인 조정이 되었다.

송 태조는 960년 후주 공제의 명령을 받아 거란을 토벌하기 위해 나섰다가 회군하여 송 왕조를 연 뒤에는 거란 정벌 계획을 실행에 옮기지 못했다. 그 대신 그는 중점을 남방에 두었다. 그는 17년의 재위 동안 남방에 있던 독립 또는 반독립 상태의 여러 국가를 평정했다. 조광윤이 멸망시킨 나라는 10국의 형남, 호남, 촉, 남한, 남당 등이었다. 전숙이 장악한 오월 등의 양자강 이남은 태종 시대에 이르러서야 비로소 완전히 평정할 수 있었다.

조광윤은 부분적인 통일을 완성한 뒤 관원을 각지에 파견하여 민간의 농지를 조사했으나 이를 새로 분배하지는 않았다. 또한 균부세均賦稅를 명령했으나 부분적인 조정을 했을 뿐 대규모 개조는 하지 않았다. 그는 징병제 대신 모병제를 채택했다. 또한, 역의 부과에서도 최대한 민간에 부과하는 것을 피하고, 가급적 각 주의 상비군인 상군廂軍을 동원하도록 했다. 조광윤은 형벌도 전 시대에 비해 비교적 온화하게 시행했다. 그러나 관리의 부정과 부패에 대해서는 단호했다. 그는 관원들의 봉록을 높여 부패를 줄이려고 노력했다.[5]

조광윤은 경제력을 중시했다. 경제적인 부를 바탕으로 주변의 이민족을 제압할 수 있다는 생각도 했다. 그러면서도 그는 중앙집권을 무엇보다 중요하게 생각했다. 황제에 의한 통일적인 지배와 통치가 중요하다고 보았던 것이다. 그의 중앙 집권에 대한 사고는 특히 군사와 재정 부분에서 강하게 드러났다.

또한, 송 태조 조광윤은 석수신 등 부하 장군들로부터 군권을 모두 회수하여 군벌 세력을 없앴으며, 이를 바탕으로 중앙집권체제를 구축하는 데 많은 노력을 기울였다. 조광윤은 제위에 오른 다음 자신의 부하들에게 '솔직하게' 병권을 내놓으라고 이야기했다. 역대 왕조들의 경우 창업 과정에서 공신들은 대부분 비참한 최후를 맞았다. 조광윤은 그런 방법이 아니라 부하들을 설득함으로써 피를 보지 않기를 바랐던 것이다. 그래서 그는 술자리를 열고 참석자들이 모두 만취 상태에 이르자 이렇게 말했다.

인생은 백마가 문틈으로 지나가는 것을 보는 것과 같다. 따라서 부귀를 좋아하는 것은 금전을 많이 쌓아두고 스스로 넉넉하게 즐기며 자손들로 하여금 빈궁하고 결핍되지 않도록 하는 것에 불과하다. 그대들은 어찌해서 병권을 놓지 않고 번진으로 나아가 지키면서, 좋은 토지와 주택을 사서 자손들을 위하여 영원히 움직일 수 없는 업을 만들고, 노래하는 아이나 무녀들을 많이 데려다 놓고 밤낮으로 술을 마시면서 서로 즐기면서 일생을 보내려고 하는가? 짐은 경들과 혼인을 약속하여, 군신 사이에 양쪽이 모두 시기와 의심을 없애고 상하가 모두 편안하게 지내려 하니 이것이 좋지 않은가?[6]

다음날 술에서 깨어난 부하들은 중병을 핑계로 모두 군사에서 손을 떼고 군에 대한 지휘권을 모두 황제에게 넘겼다. 또한, 조광윤은 중앙의 권력이 한 사람의 재상에게 집중되는 것을 방지하기 위해 군사는 추밀원樞密院에서, 세무와 재정은 삼사三司에서 관장하도록 했다. 더불어 중요한 문제들은 황제가 직접 처리할 수 있도록 조치함으로써 황제를 중심으로 한 권력체제를 강화했다.[7]

그리고 주州의 군사에 관한 업무를 문관이 담당하도록 했다. 아울러 당 나라 말기 이래로 지방수장들이 현급의 관원들을 파견하던 관계를 깨뜨리고, 중앙에서 주와 현의 관원을 새롭게 임명했다. 이러다 보니 관리의 선발이 중시되었고, 그에 따라 송은 3년에 한 번씩 정기적으로 과거시험을 치러 관리를 뽑았다. 이러한 과거제도는 정규화되었다. 고려에서도 송의 영향을 받아 과거제도가 정규화되기에 이른다.

이렇게 해서 송 왕조에서는 지방의 군사력은 도태되었고 행정권에도 많은 제약이 가해졌다. 이에 따라 재정과 사법의 권한도 중앙의 통제 아래 놓이게 되었으며, 지방 세력이 약화하면서 중앙집권적인 권력체제가 구축되었다. 이러한 조치를 통해 당 나라 말기부터 오랫동안 되풀이된 번진의 할거와 무장의 정치개입을 막을 수 있었으며, 정치적인 안정도 꾀할 수 있었다.[8]

중앙집권이 낳은 관료주의의 병폐

한편으로는 이러한 중앙집권적인 조치들은 관료들의 권한을 확대함으로써 송 왕조 전체가 관료주의의 폐단에서 벗어나지 못하게 만들었다. 또한, 병권에 대한 문관들의 개입 등에서 알 수 있듯이 문치주의가 강화되었다. 이는 한편으로 보면 북방민족의 공격에 효과적으로 대응할 수 있는 군사적 능력을 약화하는 계기가 되었다. 송대에는 북방민족들의 힘이 강성하여 중원에까지 영향력을 확대했으며, 송, 특히 남송의 경우 역대 한족 왕조 가운데 가장 작은 영역을 통치하게 된다. 그러나 송이 군사적으로 북방민족에게 밀렸던 것은 반드시 문치주의 때문이라기보다는 오히려 관료주의의 병폐로 인한 요인이 더 컸다고 보는 것이 더욱 적절할 것이다.

북송의 인구는 1억 명이나 되었으며, 국가 상비군 또한 11세기 중기 이후로는 항상 1백만 명을 유지했다. 그럼에도 중국에서는 북방 금 나라의 공세에 밀려 '정강의 변靖康之變'을 당해야 했다. 이 무렵, 변경을 포위한 금 나라 군사의 수는 6만 명에 불과했다. 남송 후기에 등장해 남송을 멸망시키는 몽골의 인구는 불과 1백만 명에서 2백만 명 사이에 불과했다. 여진金이 중국 북부를 장악하고 개봉으로 천도한 뒤의 인구는, 장부상으로 인구가 가장 많았을 때에도 4천 5백만이었다. 이를 남송과 비교해보면, 금 나라의 인구는 당연히 남송보다 적었고, 게다가 금 나라 인구의 절대다수가 한족이었다.[9]

여기에 문화수준이나 경제력을 갖고 이야기하면 소수민족은 송에 비교가 되지 않았다. 12, 13세기 중국은 남방의 수리사업이나 생사와 차, 도자기와 칠기 등의 생산이 세계 최고 수준이었고, 개봉북송의 수도과

---

* 1126년 송 나라가 여진족의 금 나라에 패하고, 중국사상 정치적 중심지였던 화북을 잃어버리고, 황제 휘종과 흠종이 금 나라에 사로잡힌 사건을 말한다. 정강(靖康)은 당시 북송의 연호이다.

임안^{남송의 수도}의 일반적인 생활 수준도 세계 어느 곳과 비교해서 손색이 없었다. 오늘날 서방이나 일본의 학자들이 송 나라 시대를 중국의 '문예 부흥기', '상업 혁명기'라고 평가하는 것도 이런 이유 때문이다.

그러나 송 나라는 인구와 물자를 효과적으로 동원할 수 없었다. 그러다 보니 군사와 외교에서 한번 넘어진 이후로 다시는 일어나지 못하고 중원에서 밀려났으며, 종국에는 몽골에게 멸망하는 비극을 남기고 말았다. 중국사학자 레이황은 송대의 조직적인 동원체계가 가동되지 못한 원인을 관료주의의 병폐에서 찾았다. 관료주의는 문제의 처방을 객관적으로 마련할 수 없게 만들었고, 모든 책임을 아랫사람에게 돌리는 방식으로 처리했다. 이런 분위기 속에서 신료들은 사실을 사실대로 보고할 수 없었다. 그러다 보니 "일반적으로 군사 정책을 담당한 기구에 병력이 적다고 보고해서 자신의 책임을 경감시키고, 재정을 담당한 기구에는 병사가 많다고 보고하여 더 많은 군량미를 지급받고, 열병할 때는 젊은 고용인들로 대체하는 등의 병폐가 나타났다."[10]

관료주의뿐만 아니라 중앙집권적인 통제체제 또한 문제가 되었다. 송대의 중국은 화폐경제와 상업이 왕성하게 발전하던 시기였는데, 이러한 조건에 맞는 시스템이 마련되지 않았던 것이다. 상업과 화폐 경제의 발전은 개인의 소유권 의식의 발전과 깊은 관련이 있지만, 송대의 중국은 이런 점에서 전혀 준비되어 있지 않았다. 사실 이 같은 사적 소유권 개념과 그것을 뒷받침하는 민법적인 사고 방식은 이보다 거의 1천 년 뒤에 등장하는 자본주의 시대가 되면서 서구에서 처음으로 나타난다. 그러나 그처럼 시대를 뛰어넘는 혁명적 사고와 노력을 송 나라에서 기대한다는 것은 불가능한 일이었다.

송대는 중국에서 어느 시대보다 문화적으로 발전하고 경제적인 측면에서도 물질적 풍요를 누렸지만, 중원의 제국으로서의 위용은 가장 떨어진 시대였다. 때문에 중국인들 가운데는 세계 제국으로서의 위용을 떨친 당 나라와 비교하여 송 나라는 위축된 시대이며, 심지어 '치욕적인 시대'였다고 생각하는 사람들도 있다. 중국 역사에서는 진, 한, 당과 더불어 송 또한 중국의 통일 왕조로 간주하지만, 실제는 그렇지 않았다. 송 나라는 그 당시 국제 사회의 일원이었을 뿐 동아시아 세계의 중심이었던 당 나라와는 비교할 수 없다. 송 나라가 건국될 때 연운 16주를 거란에 빼앗긴 상태에서 지금의 하북 성 중부와 산서 성 동북부 지역으로 국경선이 밀렸다. 거란이 세운 요 나라는 다시 여진족^{금 나라}에 밀렸고, 금 나라는 또다시 몽골족^{후에는 원 나라}으로 대체되었다. 이 과정에서 송 나라의 북방 경계선은 계속해서 남쪽으로 밀려서 황하까지 후퇴했다. 몽골족이 발흥하고 여진족이 아직 망하지 않았을 때 중국은 북쪽에서 남쪽 방향으로 몽골, 금 나라, 송 나라 이렇게 세 나라가 대치했다.[11] 그리고 결국은 몽골이 세운 원 나라에 멸망하고 만다.

상황이 이랬으니 천하 국가, 동아시아의 중심, 세계의 중심을 자부하는 중국인들로서는 송대의 역사가 자존심 상하는 일이 아닐 수 없을 것이다. 그러나 이 시대 중국이 반드시 형편없었던 것은 아니었다. 5대10국 시대나 북방민족이 한 부분을 차지했던 남북조 시대와는 당연히 비교할 바가 아니다. 진·한 시대나 수·당 시대와 비교하더라도 대외적인 힘에서는 많이 약화되었지만, 내실이라는 측면에서는 오히려 가장 발전한 시기였다. 과학 기술과 문화, 경제력 등에서 중국 어느 시대에도 뒤지지 않았던 것이다.

모든 사물이 그렇듯이 역사 또한 밝은 면이 있으면 어두운 면도 있는 법이다. 반대로 어둡다고 보이지만 밝은 면도 있다. 어떤 면이 주된 측면인가는 보는 시각에 따라서 다를 수도 있다. 송대를 중국인 특유의 '천하 국가'라는 관점에서 보게 되면 위축된 시대로 볼 수 있지만, 다른 관점에서 보게 되면 가장 발전된 시대로 볼 수도 있다. 중국이 중원의 강력한 통일국가를 바탕으로 동아시아의 확고한 중심으로 존재할 때, 중국인들의 자존심은 높아질지 모르지만, 주변 국가들의 처지는 전혀 다른 상황이 된다. 한이 강력할 때 고조선이 멸망했고, 당이 세계 제국의 위용을 자랑할 때 고구려가 멸망했다. 몽골이 세계를 정복할 때 고려가 고통받았지만, 송대 고려는 대외적인 측면에서 어느 시기보다도 상대적인 자주성을 확보할 수 있었다. 역사는 어떤 위치에서 보느냐에 따라 전혀 다른 모습을 볼 수 있다.

전연의 맹약과 왕안석의 신법

송 나라 초기 태조와 태종의 치세 30여 년간은 송 왕조의 창업기에 해당한다. 이 기간에 북쪽의 거란족이 세운 요遼, 916~1125년는 내분으로 혼란에 빠져 남쪽의 송에 대한 압력을 가할 여유가 없었다. 송으로서는 여간 다행스러운 일이 아니었다. 하지만 내분을 수습하고 안정을 되찾은 요는 1004년 20만 대군이 황하 북쪽까지 남하하여 송 나라를 위협했다. 이 사실을 보고받은 송의 진종은 결단을 내리지 못한 채 우왕좌왕했다. 일부에서는 수도를 남쪽으로 옮겨야 한다고 주장하고, 한편에서는 일전불사를 외치며 강경책을 주장했다. 결국 그해 10월, 황제 진종은 군대를 이끌고 친히 수도 카이펑에서 북상했다.

첫 전투에서 송 나라가 승리를 거뒀다. 하지만 송 나라 군대는 이들을 추격하지 않았다. 양측 군대가 대치한 상태가 계속되었다. 요 나라도 진퇴양난의 입장에 빠졌다. 공격해서 송을 압도할 형편도 아니었다. 그렇다고 회군하다가는 뒤통수를 맞을 수도 있었다. 결국 요 나라가 먼저 강화를 제안했다. 요 나라는 938년 후진의 황제 석경당이 거란요 나라에 넘겨준 연운 16주를 반환할 것을 요구했다. 그러나 송으로서는 이러한 조건을 받아들일 수 없었다. 한동안 교섭을 벌인 끝에 송과 요는 화의를 맺었다. 이른바 '전연의 맹약澶淵之盟'으로 불리는 화약이다. 그 주요 내용은 송과 요는 형제관계를 맺고, 송이 매년 비단 20만 필과 은 10만 냥을 요에 보낸다는 것이었다.[12] 이후 양국은 사신이 왕래하며 120여 년간 평화를 유지했다. 어찌 보면 송은 돈으로 평화를 산 셈이었다.

그러나 이 사건은 "중국 사상계와 중국역사 전체에 커다란 영향을 끼쳤다." 전통적인 화이 사상에 젖은 많은 중국인은 이민족의 침입에

---

* 　중국 5대10국 시기 후진의 황제 석경당이 후당을 멸망시킬 때 거란(契丹, 遼)으로부터 군사원조를 받았는데, 원조에 대한 대가로 거란에게 할양해 준 지역을 말한다. 지금의 베이징(北京)과 다퉁(大同)을 중심으로 한 지역으로, 하북 성에 속한 유(幽), 계(薊), 탁(涿), 단(檀), 순(順), 영(瀛), 막(莫), 신(新), 규(嬀), 유(儒), 무(武), 울(蔚)의 12개 주와 산서 성에 속한 운(雲), 환(寰), 응(應), 삭(朔)의 4개 주를 합한 16개의 주를 통칭하여 부르는 명칭이다. 요는 연운십육주를 획득한 후, 유주와 운주에 각각 남경과 서경을 설치하여 이 지역을 실질적으로 통치했다. 5대의 후주와 통일 왕조 송에서 여러 번 이 지역을 탈환하려 시도했으나 성공하지 못했다. 송은 여진족의 금(金)과 연합하여 이 지역의 일부를 겨우 회복했지만, 1127년에는 금의 공격을 피해 수도를 남쪽인 임안으로 옮김으로써 이 지역은 금의 지배하에 들어가게 된다.

단호하게 대처하지 못하고 협상을 통해 화의를 체결했다면서 굴욕적인 것으로 보았던 것이다. 하지만 어떻게 보면 이는 현실을 무시한 명분론에 젖은 사람들의 사고라고 할 수 있다. 송의 입장에서 보면 비단 20만 필과 은 10만 냥은 대단한 것이 아닐 수도 있었다. 설령 전쟁에서 승리했다고 하더라고 그 피해는 그것보다는 훨씬 컸을 것이다. 만일 전쟁을 계속해서 패배했다면 그 피해는 상상하기 어려울 정도였을 것이다. 그러나 송은 이때 영토를 내주지도 않으면서 실리를 취할 수 있었다. 사실 화의 조건 중에는 치욕스런 내용도 없었으며 굳이 따지자면 손해 본 것도 없었다.[13]

송이 요와 전연의 맹약을 맺고 거란족의 남침 위협에서 벗어날 즈음, 새로운 대외 문제가 발생했다. 탕구르족이 세운 서하가 황제를 칭하며 독립한 것이다. 송 왕조는 이에 대해 전면적인 무력 응징을 추구했다. 무려 1백만에 가까운 군대가 서하 전선에 투입되었다. 송은 국가 예산의 60퍼센트를 쏟아 부을 정도로 엄청난 국력을 기울였다. 하지만 전황은 결코 송에 유리하지 않았다. 1040년부터 1041년 사이에 주요 전투에서 송은 참패를 거듭했다. 하지만 서하도 송과의 교류가 단절되면서 극심한 물자 부족 상태에 빠졌다. 송 역시 전쟁으로 막대한 재원을 들여야 했으며, 민중의 부담이 가중되면서 각지에서 반란이 발생했다. 결국, 두 나라는 1044년 강화 조약을 체결했다. 서하가 송에 복속하는 대신, 송은 매년 비단 13만 필, 은 5만 냥, 차 2만 근을 서하에 주기로 했다.[14]

서하와의 전쟁은 이렇게 끝났으나 이 때문에 송 왕조는 심각한 문제에 직면했다. 군사비가 격증하면서 국가 재정이 파탄 날 지경에 이르렀다. 재정 위기와 함께 농민들의 동요가 심각한 상태에 달했다. 이러한 정황을 두고 일부 관료들은 "반란 세력이 천하에 가득 차려 하고 있다. 이를 생각하면 춥지 않은 데도 두려워 떨린다."라고까지 말했다. 수호지水滸志의 시대 배경이 이 무렵보다 대략 50여 년 뒤인 11세기 말에서 12세기 초였다는 걸 생각하면 대략 이때의 상황을 어느 정도는 짐작할 수 있을 것이다. 11세기 중엽 송에서는 시급한 개혁과 국면 전환의 목소리가 긴박하게 분출되고 있었다. 여기에 답한 것이 바로 왕안석의 개혁이다.[15]

1060년대 말 20세의 청년 황제 신종에게 발탁되기 전까지 왕안석은 지방관을 전전했지만, 그의 명성은 이미 중국 전체에 알려져 있었다. 지방관으로 재임하면서 올린 탁월한 치적과 높은 식견 때문이었다. 그는 일찍부터 여러 경로를 통해 대대적인 개혁과 국정 쇄신을 주장했다. 특히 신종의 발탁이 있기 10여 년 전에 작성한 「만언서萬言書」는 자신의 개혁 이념을 포괄적으로 제시한 글로써 유명했다. 신종의 신임 속에 왕안석은 국정 주도권을 장악한 뒤, 전면적인 개혁에 착수했다. 그는 개혁을 위해 '제치삼사조례사除置三司條例司'라는 기구를 설치했다. 그는 이곳에 패기 넘치는 신진 관료들을 불러 모아 개혁을 입안하고 심의하는 업무를 주도했다.

왕안석의 개혁 정책은 재정과 정치, 사회, 군사 등 국정의 전 부분을 포괄했다. 그 가운데서도 저리로 농민들에게 곡식을 대여해주었다가 추수 후 약간의 이자를 붙여 상환하게 하는 청묘법, 노역을 면제해 주고 그 대신 농민들로부터 돈을 징수하는 제도인 면역법, 전국에 걸쳐 조직적으로 수리 시설을 건설하여 농토를 확충하는 농전수리법, 민간에 연좌제와 방범 조직을 구성해 이들을 궁극적으로 민병대로 발전시키려 했던 보갑법, 상품의 유통을 국가 중심으로 재편함으로써 대상인의 농간을 배제하는 한편 재정도 확충하려 했던 균수법, 중소 상공인에 대한 저리의 융자제도인 시역법 등이 대표적인 정책이었다. 개혁은 이밖에도 무수히 많았다. 이러한 전면적인 개혁을 '왕안석의 신법新法'이라고 부른다.[16]

왕안석의 신법은 기본적으로 재정 구조를 효율화하는 데 초점을 맞춘 것이었다. 이를 위해 새로운 재원을 창출하고 시장 경제의 원리를 도입하였으며, 농업과 상업 등의 민간 경제에 국가 권력이 개입하여 재정을 확보하려 했다. 또한, 부농과 대상인의 압박으로부터 중소 농민과 상인들을 보호하려 했다. 이것은 절약과 재정 지출의 억제를 통해 재정 적자에서 벗어나야 한다고 주장하는 구법당舊法黨과 근본적인 발상에서부터 차이가 났다.

왕안석의 신법 개혁이 단행되자 조정에서는 격렬한 논쟁이 벌어졌다. 특히 충분한 의견 수렴과 내부 조정 과정도 없이 개혁이 급속히 시행되면서 문제가 심각해졌다. 왕안석의 독선적인 성격도 반발을 야기한 중요한 요인이 되었다. 시간이 흐르면서 왕안석의 개혁에 동의하는 인사들은 줄어들었고, 중진 관료들은 거의 대부분 반대파가 되었다. 한기와 문언박, 구양수, 사마광, 소식, 소철, 정호, 정이 등 명망 있는 관료들이 모두 왕안석의 신법에 강력히 반대했다. 반대파의 중심은 사마광이었고, 이들은 신법 이전으로 복귀할 것을 주장했으므로 구법당이라고 불렸다. 하지만 왕안석은 개혁파를 중심으로 신법당을 형성하고, 흔들림 없이 개혁을 밀어붙였다. 신종은 재위 동안 왕안석에 대한 두

터운 신임을 나타냈다.[17]

그러나 1074년 큰 가뭄이 들고 이것이 모두 왕안석의 잘못이라는 상소가 빗발치자 신종은 일시적으로 왕안석을 지방관으로 자천시킨다. 하지만 구법당은 반대만 했을 뿐 대안을 제시하지 못했고, 결국 이듬해 1075년 왕안석이 다시 기용되었다. 그러나 재상이 된 왕안석은 전과 같은 패기를 보이지 못했다. 신법당 내부에서도 분열이 일어나면서 개혁의 추진력이 약화되었다. 거기다가 왕안석의 아들 왕방이 젊은 나이에 죽고, 동생도 사망하는 등 가정사의 비극이 일어나자 왕안석은 1076년 사의를 표명하고 말았다. 물론 왕안석의 퇴진에도 불구하고 그의 개혁 정책은 계속 추진되었다.

하지만 1085년 신종이 죽고 10세의 철종이 즉위하면서 신법의 운명도 끝난다. 철종의 수렴청정을 한 태황태후가 사마광을 재상으로 기용하면서 왕안석의 개혁 조치들은 모두 물거품이 되고 말았다. 신법은 모조리 폐지되었고, 신법당의 관리들도 대부분 좌천되었다. 사마광의 조치들은 대주주와 대상인들로부터 지지를 받았으며, 그는 '만가萬家의 생불生佛'이라고까지 칭송되었다. 그는 신법 폐지를 필생의 사업이라고 생각해 중병으로 앓아누워서도 "신법을 뿌리 뽑기 전에 내가 죽어서는 안 된다."고 말했다고 한다. 1086년 4월, 왕안석은 신법이 사실상 모두 폐지되었다는 소식을 비통한 마음으로 듣고 병사했다.[18]

왕안석의 개혁은 중앙 조정을 사실상 양분시키며 중대한 정치적 논쟁과 갈등, 대립을 일으켰지만, 그 재정적 효과는 매우 성공적이었다. 이전까지 만성적인 적자 상태를 보이고 있던 재정은 흑자로 돌아섰고, 막대한 잉여를 축적할 수 있게 되었다. 강력한 수리 시설 건설 정책으로 농토도 대폭 증가했으며, 재정 수입을 증대시켰다. 하지만 이러한 성과에도 구법당 측에서는 민간의 재원을 정부가 쓸어가 피폐하게 만든다며 공박했다. 구법당은 청묘법이나 면역법, 시역법의 경우도 민간의 부담만 가중시킬 뿐이라고 주장했다.

왕안석의 개혁은 사마광을 중심으로 한 구법당 세력에 의해 폐기됨으로써 결국 실패로 끝나고 말았다. 오늘날 학자들은 왕안석의 개혁이 "시대를 너무 앞서 간" 때문에 실패했다고 보고 있다. 레이황은 왕안석의 신법은 "한마디로 재정상의 조세 수입을 대규모로 상업화하는 것이었다."고 말했다. 왕안석은 사마광과 논쟁할 때 세금을 더 부과하지 않고도 국가의 재정을 풍족하게 할 수 있다고 주장했는데, "그 구체적인 방법은 관용자본을 이용하여 상품의 생산과 유통을 촉진하자는 것이었다."고 한다. 이렇게 해서 경제적 수치가 확대되면, 세율을 변화시키지 않고도 국고의 총수입을 증가시킬 수 있다는 것이다. 이는 지금의 현대국가에서 재정 담당자들이 모두 따르는 원칙 가운데 하나이다. 결국, 11세기라는 아직 준비되지 못한 북송 시기에 이러한 원칙을 집행하려 했기 때문에 현실에 부합하지 못했던 것이다.[19]

그러나 레이황은 만일 왕안석이 전면적으로가 아니라 신법의 일부 항목을 각 지방의 특수성에 근거하여 선택적으로 신중하게 시행했다면, 결과가 달랐을 수도 있었을 것이라고 평가했다. 중요한 것은 왕안석의 개혁이 실패함으로써 중국의 역사 발전에 커다란 악영향을 미쳤다는 점이다. 그것은 비단 송대뿐만 아니라 장기적으로 명대에까지 악영향을 미쳤다. 왕안석의 개혁에 대한 반감은 중국에서 상업의 발전과 개방적인 재정 조치, 자본주의 발전을 가로막는 하나의 장애요인이 되었다고까지 말할 수 있을 지경이다. 900년 전 중국이 현대적인 성격의 개혁을 기도했을 때, 유럽은 중세기의 어둠 속에 정체해 있었다. 이는 20세기 동양과 서양의 격차를 비교해 볼 때 너무나 다른 모습이 아닐 수 없다. 역사적으로 볼 때 중국의 정치체제는 수많은 농민을 통제하고, 산림 지역이나 초원지대의 소수민족들과 대치하느라 수적인 면에 치중하다 보니까 효율성을 높이는 것은 불가능했다. 그렇다고 이러한 농경중심체제를 뜯어고쳐서 상업적인 성격의 조직으로 만들기도 쉽지 않았다.[20]

정강의 수치와 남송 건립

11세기 초 만주 일대에서 새로운 민족이 발흥하면서 동아시아 전역을 격변으로 몰아넣었다. 그 주역은 바로 여진족이었다. 여진족은 오랜 역사를 가진 민족으로서 선진 시대에는 숙신, 수·당 시대에는 말갈로 불렸으며, 5대10국 시대에는 여진이라고 불리며 요 나라^{거란}에 복속되어 있었다. 여진족은 농경과 수렵을 병행하는 민족으로서, 발해가 건국되자 그 중심을 형성했다가, 10세기 초 거란족이 동북아 일대의 패권을 장악한 뒤에는 그 지배를 받았다. 여진족은 거란에 복속되면서 매년 인삼, 금, 모피, 말, 진주, 해동청海東靑이라고 불리는 매 등을 연공으로 요의 왕실에 바쳤다.

그러나 여진족 전체가 거란족에 복속된 것은 아니었다. 그 귀속 정도에 따라 북쪽의 생여진生女眞과 남쪽의 숙여진熟女眞으로 구분되었다.

생여진은 북만주 일대에 거주하면서 전래의 생활을 유지하고 있었으나 숙여진은 요의 지배에 복속된 채 점차 농경생활에 적응해 가고 있었다. 여진족 발흥의 중심이 된 것은 생여진의 완안부였다. 1113년 완안 아구타完顏阿骨打가 부족 연맹의 장이 되었고, 그는 요의 지배를 거부하고 부족을 통합한 뒤 1115년 금을 건국했다.[21]

여진족 사회에는 전통적으로 맹안猛安과 모극謀克이라는 씨족 구조가 있었다. 완안 아구타는 이를 군사조직으로 탈바꿈시켜 3백 가구를 모극이라고 하고, 10모극을 맹안으로 편제했다. 그리고 1모극에서 1백 명의 병사를, 그리고 1맹안에서 1천 명의 병사를 차출했다. 이렇게 되어 맹안과 모극은 군사 집단의 명칭이자 동시에 부족의 수령 겸 군사지도자를 지칭하게 되었다. 맹안모극제는 정치와 사회, 군사가 일치된 조직으로 변모되었던 것이다. 여진족은 평소에는 모극과 맹안이란 사회 조직에 따라 생업에 종사하다가 유사시에는 그대로 군사 조직으로 편제되었다.[22]

처음 여진족이 요와 맞붙었을 때의 병사는 2천 5백여 명에 불과했다. 하지만 그로부터 2개월 후 그 수는 1만 명으로 늘어났다. 그들은 흑룡강성 서쪽 출하점이란 곳에서 요의 10만 대군과 맞붙어 격파했다. 다음 해에는 수십만에 이르는 요의 전 병력이 여진을 정벌하기 위해 출정했다. 이때 여진의 병력은 2만여 명에 불과했다. 하지만 여진족은 요를 격파하고 연전연승했다. 이 과정에서 여진족은 발해의 잔당들까지 모두 끌어들였다. 결국, 1115년 1월 1일 황제에 오른 아구타는 나라 이름을 대금大金이라 칭했다. 그것은 금이 영원히 녹슬지 않고 빛을 내며, 여진족이 금이란 뜻의 '안출호按出虎' 강가에 살고 있다고 해서

붙인 것이라고 한다.

송 나라도 만주 일대에서 금이 발흥해서 요를 북으로부터 압박하고 있다는 정보를 들었다. 송은 이 기회에 신흥 세력과 연대함으로써 연운16주를 차지하고 있는 요를 물리칠 수 있을 것이라고 판단했다. 그래서 송은 금에 사신을 보내 동맹을 맺었다. '해상海上의 맹약'이라고 불리는 일이다. 육지에 있는 거란을 피해 바다로 사신을 주고받으며 체결한 동맹이란 뜻이다. 이때 맺은 조약의 핵심 내용은 세 가지였다. 첫째, 금 나라는 중경요녕성 능원 서쪽을 공략하고 송 나라는 연경북경을 공격하기로 한다. 둘째, 요를 멸망시킨 후 금 나라와 송 나라는 만리장성을 경계선으로 국경을 정하기로 하고 연운16주를 송 나라에 반환한다. 셋째, 송 나라는 지금까지 요 나라에 보냈던 세공을 고스란히 그대로 금 나라에 보내기로 한다. 이 맹약은 1120년에 체결했다.[23]

맹약 직후 송과 금은 요에 대한 협공에 들어갔다. 그런데 금 나라는 진공 작전을 차질 없이 진행했지만, 송 나라는 내부에서 벌어진 방랍의 난* 때문에 진격에 차질을 빚었다. 내부의 반란을 진압한 뒤 비로소 송의 군대는 요를 공격하러 나섰으나 거듭 참패하고 말았다. 이에 송은 금에 전쟁의 대가를 지불하기로 하고 그 원조를 받아 요를 멸망시켰다. 1125년의 일이었다. 요 나라가 멸망한 뒤 송은 금 나라에 전쟁 배상금을 지불하기는커녕 온갖 방법으로 금을 견제하고 도발했다. 이렇게 되면서 양측 사이의 신뢰가 무너졌고, 금은 대군을 파견하여 송

---

* 송의 군대는 요를 치기 위해 출정하려 했으나 '방랍의 난'이 일어나는 바람에 이쪽으로 군대를 돌려야 했다. 이 무렵 송강(松江) 등은 양산박(梁山泊)에 모여 산동, 하남 일대에 출몰하면서 관군을 괴롭혔다. 이 이야기는 108명의 영웅호걸을 다룬 장회 소설 『수호지』의 배경이 되었다.

의 수도인 카이펑을 향해 파죽지세로 밀고 들어갔다.

금의 공격 앞에 송의 군대는 전투다운 전투 한번 제대로 하지 못하고 무너지고 말았다. 더욱이 금의 공격에 두려움을 느낀 휘종은 급하게 황제 자리를 아들인 흠종에게 넘겨주고 강남 지방으로 도망가버렸다. 금 나라는 카이펑開封을 포위한 채, 배상금의 증액과 일부 북방 영토의 할양을 요구했다. 송은 어쩔 수 없이 그 요구 조건을 받아들였고, 이에 금의 군대는 북방으로 철수했다. 하지만 금이 철수하자 조정 내부에서는 다시 강경파가 득세하여 금과 약속을 파기하고 전면적인 대항을 결의하기에 이르렀다. 이때 강경론을 편 인물 가운데 하나가 바로 진회였다. 송은 전열을 가다듬기 위해 강남으로 도망간 휘종을 다시 수도 개봉으로 불러들였다.[24]

송의 태도 변화는 금을 격분시켰다. 1126년 금은 다시 남하하여 개봉을 포위하고 공격을 감행하여 40일 만에 함락시켰다. 그리고 흠종과 휘종을 비롯한 황족과 관료, 궁녀 등 수천 명을 포로로 잡아 북방으로 끌고 갔다. 이 가운데에는 진회도 있었다. 수도 개봉은 철저히 약탈당하였다. 이렇게 해서 북송은 960년 태조 조광윤이 나라를 세운 지약 170년 만에 멸망하고 말았다. 이를 두고 보통 '정강의 변'이라고 한다. 사실상 송 나라가 망한 것이지만 송 나라의 황족이 남쪽으로 도망가 남송을 세웠기에 이런 표현을 쓰는 것이다.

송이 멸망하자 흠종의 아우인 강 왕 조구가 남쪽 지방에서 황제로 즉위하여 송을 부흥시켰다. 그가 바로 남송南宋의 첫 번째 황제인 고종高宗이다. 새로 세워진 남송과 구분하기 위해 이전까지의 송을 북송北宋이라고 한다. 금에 멸망되기 전의 북송은 화북 지방인 개봉에 위치했으나 화북과 강남을 포함한 중원 전역을 지배했다. 하지만 고종 이후의 남송은 남중국만을 지배했으며 수도를 항조우杭州에 두었다. 북송이 멸망하고 남송이 건립될 즈음 화북지방에는 일찍이 볼 수 없는 대혼란이 발생했다. 이민족 군대인 여진족의 행태는 중국인들에게 커다란 공포감을 불러일으켰다. 금의 위협에 화북 사람들은 대거 강남으로 이주했다. 이러한 인구의 대량 이동은 화북 지방의 앞선 문화가 남방으로 전파되는 데 크게 기여했다.[25]

금은 개봉을 함락함으로써 중국 전역을 점령했다고 생각했다. 그런데 고종이 즉위하여 남송을 건립하자 금은 재차 대군을 파견하여 남송 정권을 완전히 함락시키려 했다. 남송 조정은 금의 위협 앞에 무기력하게도 남으로 도망을 계속했다. 1128년 2월, 금의 급습으로 양저우楊州를 탈출할 때는 너무나 다급한 나머지 황제 고종의 주변에는 불과 몇 사람만이 지킬 뿐이었다. 1129년 고종은 천신만고 끝에 항저우에 도착했다. 하지만 금의 계속되는 공격으로 해상으로 탈출하여 1130년 정월에는 멀리 원저우溫州까지 피신해야 했다. 고종이 되돌아와 항저우를 수도로 결정한 것은 남송이 세워진 지 5년이 지난 1132년의 일이었다.

악비와 진회, 충신과 간신의 한 전형

이러한 풍전등화의 위기에서 남송 정권을 보위해낸 것은 악비와 한세충 등의 장군들이었다. 악비는 중소지주 가문 출신으로서 남송을 대표하는 장군으로 출세하는 입지전적인 인물이다. 그는 처음 최말단 병사로 시작했다. 하급 장교도 아니었다. 그런 인물이 최고의 무장으로 성장한 사례는 수천 년 중국 역사에서도 극히 희귀한 사례에 속한다. 그가 이런 처지에서 놀라운 출세를 이룰 수 있었던 것은 탁월한 군사적 재능과 더불어 남다른 성실성, 그리고 문무를 겸비했기 때문이다. 그는 휘하 장병에게 절대적인 신뢰를 받았다. 그는 일반 병사들과 똑같이 숙식을 했다는 기록도 전해진다. 이처럼 병사들을 인간적으로 대우한 덕분에 악비의 군단은 놀라운 전투력을 보여주었다. 그러니 조정에서 권력을 쥐고 있던 진회 같은 인물들에게는 악비가 위험스런 존재일 수밖에 없었다.

남송 초기 금의 침공을 저지하는 데 큰 공을 세운 무장에는 네 사람이 있었다. 악비와 한세충, 장준, 유광세가 그들이다. 이들 네 사람을 두고 전통 시대의 지식인들은 '중흥의 4장군'이라고 불렀다. 이들을 비롯한 무장들이 금의 공격을 힘겹게 막아내고 있던 1130년 10월 북송이 망한 다음 포로로 끌려갔던 진회가 돌아왔다. 그는 끌려가던 도중 탈출해서 남송으로 돌아온 것이다. 하지만 그의 탈출은 여러 가지로 석연치 않은 점이 많았다. 삼엄한 경비를 뚫고 탈출한 것도 그랬고, 돌아온 뒤 그의 태도도 강경한 주전론자에서 온건한 강화론자로 바뀌어 있었다.[26]

남송으로 돌아온 진회는 파격적인 발탁으로 승승장구했다. 진회는 재상직까지 승진했다가 좌천되고 다시 1170년 부재상으로 복귀했다. 그 사이 악비는 각지에 파견되어 여러 반란을 진압했다. 또한, 그 사이 악비는 금과의 전투에서 큰 승리를 거두며 양양襄陽 일대를 수복했다.

양양은 삼국지에 자주 등장하는 형주荊州의 주도로서 중국 전체의 '척추'에 해당한다고 할 정도로 전략적으로 중요한 지점이었다. 후에 남송은 1235년 몽골과의 전쟁에서 그 공격을 수십 년 동안이나 효과적으로 막아냈지만, 1273년 양양을 빼앗긴 다음에는 무기력하게 무너지고 만다. 여기서도 양양의 가치를 쉽게 알 수 있다.

악비가 중국 여기저기를 누비며 눈부신 활약을 하고 있을 때, 금과 남송의 관계에 중대한 변화가 일어났다. 금 나라 내부에서 심각한 권력 쟁탈전이 벌어지고 있었던 것이다. 1135년 태종이 사망하고 희종이 등장하자 화친 정책을 표방한 것이다. 희종은 바로 진회를 돌려보낸 인물이었다. 그는 남송에 칭신을 조건으로 화북지방을 돌려주겠다고 했다. 그러자 고종은 점차 대금 강경론자들을 실각시키고 주화론자들을 불러들이기 시작했다. 그 과정에서 1137년 1월, 진회도 재차 발탁되었다. 이때부터 진회에 의해 정국이 주도되는 시기가 펼쳐졌다.[27]

그러나 성사 단계까지 갔던 남송과 금의 평화 협정은 금 내부의 정변으로 물 건너가고 말았다. 온건한 정책에 불만을 품은 반대파들이 금 나라의 희종을 살해한 것이다. 그리고 금은 1140년 5월, 대군을 파견하여 남송을 공격하기 시작했다. 그러나 이 무렵이면 남송의 군대는 이미 잘 정비가 되어 있어서 효과적으로 응전할 수 있는 상황이었다. 금의 주력군은 전쟁 개시 한 달 만에 남송에 결정적인 패배를 당했다. 이 승리의 주역이 바로 악비였다. 북진을 개시한 악비는 언성을 점령하고 옛 수도 개봉 인근까지 진출했다. 하지만 그 순간 조정으로부터 철수 명령이 하달되었다. 고종과 진회는 금과의 강화에 심각한 지장이 초래되는 사태 전개를 원하지 않았던 것이다.

남송과의 전면전에서 패배한 뒤 금은 무력으로 남송을 제압하는 것이 불가능하다는 사실을 인식하게 되었다. 금은 새로운 강화 조건을 제시했다. 이전의 합의 내용 중에서 화북 지방을 남송에 돌려준다는 조건은 삭제되었다. 진회를 중심으로 한 남송의 주화파는 이를 바탕으로 다시 강화를 추진했다. 그런데 여기에 악비를 비롯한 무장들이 강력하게 반발했다. 금도 이런 사실을 알고 있었다. 그래서 금은 진회 일파에게 "남송이 아무리 강화를 원해도 악비가 있는 한 성사될 수 없을 것이다. 악비를 죽이고 난 다음 구체적인 협상을 전개하자."고 말할 정도였다.

진회 일파는 우회적으로 악비 군단을 무력화시키는 방법을 취했다. 1140년 전공에 대한 논공행상을 이유로 악비와 한세충 등을 중앙으로 불러들였다. 지방에 주둔한 군단과의 연결을 차단하기 위한 것이었다. 이렇게 해서 그들의 군권을 빼앗았지만, 그것만으로는 안심이 되지 않았다. 악비는 공공연히 진회의 강화 정책을 반대하고 있었기 때문이다. 결국 1142년 9월, 진회는 모반 혐의로 악비를 체포했다. 물론 모반이란 조작된 것이었다. 악비가 체포되자, 한세충이 "모반의 증거가 어디에 있느냐?"고 따져 물었다. 그러자 진회는 "분명한 증거는 없지만, 그래도 모반의 정황은 아마 존재했을 것이다."라고 답했다고 한다. "아마 존재했을 것이다莫須有."라는 말은 훗날 두고두고 악비의 원통한 죽음을 상징하는 용어로 쓰이게 된다.[28]

1142년 말, 악비는 모반죄로 처형되었다. 그의 나이 마흔 살이었다. 악비가 감옥에 투옥된 동안 남송과 금 사이에 강화 조약이 체결되었다. 남송 황제가 금의 황제에 대해 신하의 예를 취하고, 금이 중국 남부에 대한 남송의 지배를 용인하는 대신 남송 측이 매년 은 25만 냥과 비단 25만 필을 바친다는 내용이었다. 이를 당시의 연호를 따서 '소흥의 화의'라고 부른다. 이로써 북송의 멸망 이전부터 계속되어 온 송과 금 사이의 전쟁은 종식되었다. 이와 함께 악비와 진회 사이의 경쟁도 끝났다. 물론 진회의 일방적 승리였다. 그러나 중국 역사에서는 악비를 국가를 위기에서 구한 영웅이면서 만고 충신으로, 진회를 금에 나라를 팔아넘긴 매국노로 평가하기에 이르렀다. 사실 중국의 민족주의 지식인이나 민중에게는 진회가 주도한 '소흥의 화의'는 정서적으로 받아들이기 어려운 것이었다. 그들은 '소흥의 화의'가 야만족인 금 나라에 머리를 굽히며 구걸한 치욕스런 일이라고 생각했고, 시간이 흐르면서 악비와 진회에 대한 평가는 '영웅과 매국노'라는 구도로 정립되어 갔다.[29]

남송의 멸망 그리고 사상과 경제 발전

오늘날 항저우의 서호 남쪽 기슭에는 악비의 사당이 있고, 여기에 악비의 묘소가 마련되어 있다. 그 묘소 입구에는 진회 부부의 철제 조각상이 있는데, 그들은 옷이 벗겨진 채 무릎을 꿇고 있는 모습을 하고 있다. 악비의 사당과 묘소를 참배하는 사람들이 이곳을 지나며 그들을 향해 침을 뱉기도 한다. 그래서 "교양 있는 관람을 위해 가래침을 뱉지 맙시다."라는 팻말이 적혀 있다고 한다. 지금까지도 중국인들은 악비는 국가를 구한 영웅이고, 진회는 나라를 팔아넘긴 매국노로 매도하고 있는 것이다. 하지만 오늘날 '통일적 다민족국가'를 주창하는 중국의

무릎을 꿇은 진회 부부의 동상(악양묘)

입장에서 이 같은 구도는 모순이 아닐 수 없다.

그러나 통일적 다민족국가의 관점에서 본다면 여진족이나 거란족, 몽골족, 위구르족, 티베트족, 그리고 고구려족, 발해족까지 중화민족의 일원이다. 그렇게 되면 북송과 남송뿐만 아니라 요와 금 등도 중국을 구성하는 정권의 하나가 된다. 마찬가지 논리에서 송과 금 사이의 전쟁도 중국이라는 국가 안에서 일어난 내전에 불과하게 된다. 그렇다면 악비에 대한 평가는 더 이상 '구국의 영웅'이 될 수 없다. 1990년대까지만 해도 중국은 한족 중심의 전통적 시각을 가졌으나 그 이후 미묘한 변화가 일어나고 있다. 젊은 학자들을 중심으로 중국 당국의 입장을 따르는 견해가 점차 많아지고 있는 것이다.[30]

소흥의 화의가 체결된 이후 중국에는 오랜만에 평화가 찾아왔다. 남송과 금은 강화조약을 충실히 지키며 내정에 힘을 쏟았다. 이때 진회는 남송의 실권을 사실상 한 손에 장악했다. 진회는 고종의 뜻에 따라 화의를 성사시킨 뒤 고종의 절대적인 신임 아래 국정을 좌지우지했다. 고종은 거의 모든 국사를 진회에게 내맡기고 향락에 탐닉했다. 그 바람에 그는 '황음무도한 송 고종'이라는 평가까지 들어야 했다. 진회 또한 67세의 나이로 사망할 때까지 권력과 부를 마음껏 누렸다. 악비 등 무장들의 희생으로 체결된 소흥의 화의는 고종과 진회 등 강화 추진자들에게 더없는 일신의 호사를 제공했던 것이다.

그러나 남송의 태평성세도 1161년 금이 공격을 재개하면서 깨졌다. 당시 금의 황제였던 해릉 왕은 남송을 멸망시키고 중국 전역을 지배하려고 했다. 하지만 해릉 왕의 공격은 남송의 효과적인 방어로 실패하고 말았다. 이후 강화조약이 체결되었다. 이때 남송은 금에 제공하는 물자의 양을 줄이고 종래의 군신관계 또한 숙질관계로 바꾸기로 했다. 금이 숙부, 남송이 조카였던 것이다. 두 나라 사이의 화평은 1206년, 남송이 금을 공격하면서 다시 깨졌다. 남송은 금의 내분을 틈타 공격을 개시했던 것이다. 하지만 남송은 공격 개시 불과 6개월 만에 여지없이 실패하고 만다. 이후 남송은 훨씬 불리한 조건으로 강화조약을 체결해야 했다. 남송이 제공하는 물자의 양이 늘어났고, 숙질관계가 백질관계로 조정되었다. 물론 금이 백부, 송이 조카였다.[31]

그러나 몽골 제국이 등장하면서 1234년 금 나라는 멸망하고 말았다. 1115년 완안 아구타가 국가를 세운 이래 약 120년 만의 일이었다. 금이 망할 때 남송은 몽골 제국의 제의를 받아들여 금에 대한 협공에 참가했다. 남송은 금에 대한 복수를 했다고 좋아했다. 하지만 이는 잘 못된 생각이었다. 멸망 직전 금은 남송에게 몽골과 연대하지 말 것을 권유하며 이렇게 말했다. "순망치한脣亡齒寒이란 말처럼 금이 사라지면 남송은 몽골의 직접적인 공격대상이 될 것이다." 과연 그 말 그대로 금이란 완충지대가 사라진 다음 몽골은 전면적으로 남송을 압박하기 시작했다. 그리고 금이 망하고 40년 뒤인 1279년 남송 또한 몽골에 의해 멸망하고 만다.

송 왕조는 북방의 여러 민족으로부터 압박을 받아 그 어떤 한족 왕조보다 좁은 영토를 지배했지만, 경제와 사상, 문화, 과학 기술의 발전에서는 최고의 수준을 자랑했다. 오늘날 역사학계에서는 '당송변혁기'라는 개념을 보편적으로 사용하고 있다. 당대와 송대 사이에 획기적인 사회 변화가 일어났다는 것이다. 이 시기 중국 역사상 최초로 인구가 1억을 돌파한 것도 획기적인데 이는 그와 같은 경제 발전이 밑받침되었기 때문에 가능했다.

당송변혁기 농업의 발달을 가장 잘 보여주는 것이 바로 강남이라고 말하는 양자강 델타 지역의 발전이다. 이 일대는 고래로 저습지가 많아 거주나 농경이 매우 힘들었다. 하지만 남북조 시대 이래 개간 작업이 진행되어 송대에 이르면 거의 완성 단계에 도달한다. 송대 강남 일대의 비옥한 토지에서는 중국 최고 수준의 농업 생산량을 자랑했다. 그래서 "쑤저우蘇州와 항주杭州는 지상의 천당이다."라는 말이 생겨날 정도였다. 수도의 엄청난 인구와 서북 변경 지방에 밀집되었던 군대를 뒷받침한 것도 이러한 강남의 높은 농업 생산력이었다.[32]

송대는 상업의 발달도 눈부셨다. 원거리 교역이 활성화되고 상품이 전국적으로 유통된 결과 도시민들은 물론이고 농민들도 기본적으로 상품 경제를 전제로 생활했을 정도였다. 당대 이전까지 도시 내 상업 활동은 국가 권력의 엄격한 규제를 받았지만, 당대 중엽부터 규제가 완화되기 시작해 북송 초기 완전히 사라졌다. 상거래가 활발해지면서 도시의 성격도 변모했다. 기존의 정치, 군사적인 중심지에 덧붙여 경제, 문화적 중심지로서의 성격이 부과되었다. 상품경제는 농촌에까지 파급되어 농민들도 쌀을 비롯한 농산품들을 내다 팔고 화폐를 마련하기 위해 수시로 도시에 왔다. 송대에는 상업이 발달하면서 화폐 사용이 보편화하였고, 세계 최초로 교자交子라는 지폐까지 출현했다. 실로 송대 상업은 이전과는 비교가 안 될 정도로 발전했다. 이에 주목하는 일부 학자들은 송대에 '상업 혁명'이 출현했다고까지 말하고 있다. [33]

상업과 도시의 발달로 북송의 수도였던 카이펑은 인구가 1백만 명을 넘는 대도시를 이루었다. 송대에는 과학 기술의 발전도 획기적이었다. 나침반과 활판 인쇄, 화약이 발명되었다. 이는 한 나라의 제지술과 더불어 중국의 4대 발명품이라고 불린다. 문화적인 측면의 발전도 대단했다. 과거제도의 정기적인 도입으로 사대부가 송대의 중심 세력이 되었으며, 주희의 성리학에서 보듯이 동양의 철학 사상도 매우 발전했다. 주희의 성리학으로 동양에서 형이상학적 관념론 철학이 정교하게 발달했고, 이는 청과 명대의 중국과 조선에서 지배 이데올로기로 정착하게 된다.

여러 가지 증거를 종합할 때 전통적인 중국의 물질 문명은 송대에 이르러 최고의 수준에 도달했다. 장택단의 〈청명상하도淸明上河圖〉는 북송이 멸망하기 직전에 송의 수도였던 카이펑의 모습을 그린 작품이다. 이 그림에 나타난 당시 수도 주변의 상업 발전상이나 중산층 가정의 생활 정도, 주택의 건축, 선박이나 수레와 교량 등의 모습은 20세기 중국의 어떤 내륙 지역과 비교해도 손색이 없을 정도이다. 선박이 왕래하면서 화물을 수송하는 모습이나, 각종 수공업 작업장의 상황은 당시 서구의 어떤 도시와 비교해도 결코 뒤지지 않는다.

남송이 멸망한 지 32년이 지나 마르코 폴로Marco Polo는 당시의 임안, 즉 오늘날의 항저우에 이르렀다. 그는 "의심할 여지 없이 퀸사이Quinsai는 세계에서 가장 아름답고 고귀한 도시다."라고 했다. 물론 퀸사이는 항저우를 말한다. 당시 세계 최일류 도시인 베니스를 이미 관광하고 온 그에게조차 항저우는 대단히 깊은 인상을 남긴 것이다. 마르코 폴로가 입을 다물지 못하고 칭찬했던 것은 중국의 풍요로움이었다. 도회지에는 상점이 즐비했으며, 향촌에도 수많은 시장이 들어선 풍경은 당시 세계 어느 곳에서도 볼 수 없는 풍경이었던 것이다.[34]

하지만 그러한 송 나라도 영원할 수는 없었다. 몽골 초원에서 성장한 몽골 제국에 압박당하다가 대칸 쿠빌라이가 세운 원 나라에게 멸망한다. 원의 중국 또한 송대에 이룩한 물질적 풍요와 문화 발전을 대부분 이어받지만, 또 한편에서는 지속적인 발전을 이어가지 못하고 퇴보하는 측면도 갖게 된다. 원을 멸망시키고 들어선 명 또한 내적으로 위축되면서 당과 송대에 보여준 세계적인 위상에서 상당한 후퇴를 경험하지 않을 수 없었다. 그런 점을 생각하면 역시 역사는 단선적으로 발전하지 않는다는 생각이 든다. 중국 역시 긴 역사적 과정에서는 끊임없이 발전을 계속해 가지만 때로는 뒷걸음질도 경험하게 되고, 전대에 이루었던 문명의 수준을 다시 회복하는데 상당한 시간이 걸리기도 한다. 이것이 역사다.

3. 돌궐 제국, 거란, 여진

동아시아 북방민족들의 흥기와 쇠퇴

투르크계로 넘어간 초원의 패권

유럽에서부터 동아시아에 이르는 광대한 중앙 유라시아 지역을 차지하고 지배한 주인공은 수많은 유목민족들이다. 그 유목민족들은 동에서 서로, 서에서 동으로 이동하며 살았으며, 때로는 중국과 인도 대륙, 서아시아와 유럽 각지를 침공해서 그 지역의 주역으로 자리 잡기도 했다. 이들 중앙 유라시아 유목민족 가운데 가장 먼저 두각을 나타낸 것은 서쪽에서는 스키타이, 동쪽에서는 흉노였다. 특히 흉노는 기원전 6~5세기경부터 중국의 북방에 등장해 초원의 실력자가 되어 오랜 기간 중원의 제국인 진·한과 쟁패를 벌였다. 하지만 한 무제의 계속되는 공격으로 흉노의 세력이 약화되어 서방으로 물러난 뒤 동아시아 북방에서는 한동안 혼돈이 계속되었다.

3세기 초반 흉노족이 멸망한 뒤 북방으로 세력을 확대한 것은 중국 동북방의 만주 지역에 있던 선비족이었다. 선비족은 몽골 고원지대까지 진출하며 위세를 떨쳤다. 그러자 기원전 3세기경부터 몽골 고원 북쪽과 바이칼호 일대에 살고 있던 정령, 고차, 철륵 등의 이름으로 불리는 부족들이 여기에 반기를 들었다. 특히 정령족은 선비족을 몰아내고 몽골 고원을 차지해 중앙 유라시아 동쪽의 새 주인이 되었다. 정령족의 뒤를 이어 이 지역의 주인공이 된 것은 유연柔然족이었다.[1]

유연은 3세기경에는 선비에게 종속되어 있었지만, 선비족이 중국으로 이동하면서 초원지대에서 영향력을 확대하기 시작했다. 5세기 초 사륜社崙은 흩어진 부족을 끌어모아 5호16국 시대의 막바지 왕조였던 북위에 저항하여 독립성을 확보했다. 유연은 하 나라, 북량, 북연, 고구려, 토욕혼을 묶어 북위에 대한 포위망을 형성했다. 하 나라, 북량, 북연은 곧 북위에 의해 멸망하지만, 유연은 세력을 계속 유지해 토욕혼과 연계를 취했다. 나아가 유연은 흉노와 선비 세력을 모두 흡수했고, 고차高車를 복속시켜 타림분지 일대와 오르도스Ordos 지역을 장악하게 되었다.[2]

사륜은 사상 최초로 '카간可汗'의 칭호를 사용했으며, 정령족과의 결전에서 승리함으로써 몽골 고원을 중심으로 한 유라시아 동쪽의 지배자가 되었다. 유연은 왕국의 모양새를 갖추었으며, 이를 바탕으로 본격적인 정복 전쟁에 나섰다. 절정기 때 유연의 영토는 서쪽으로 카라샤르** 에서 동쪽으로 고구려 국경까지, 북쪽으로 바이칼호에서 남쪽으로 음산陰山 산맥까지 이르렀다. 하지만 유연의 번성도 오래가지는 못했다. 내부적으로는 정령족이 반란을 일으켰으며, 밖으로는 계속해서 북위의 공격을 받았다. 결정적으로 555년의 돌궐의 공격으로 멸망하

---

* 　　최고 지배자를 의미하며, 후에 몽골 제국에서는 '(대)칸'이라고 불렸다. 칭기즈칸은 '왕 중의 왕'이란 의미이다. 이보다 앞선 흉노는 '선우'라고 불렸다.
** 　　현재 중국 신장웨이우얼 자치구 옌치현에 해당한다.

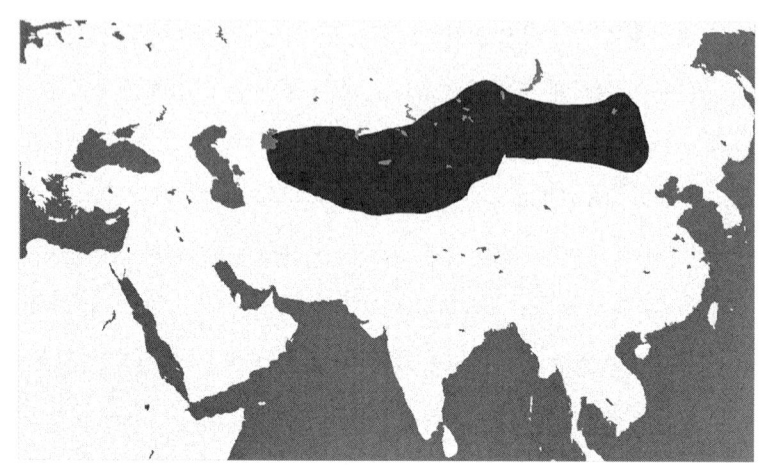

572년경 돌궐의 강역

고 말았다.

　돌궐의 공격으로 유연이 무너지기 직전인 540년경 중앙 유라시아 초원지대는 크게 세 개의 세력권으로 분할되어 있었다. 하나는 몽골계인 유연으로 만주 경계에서 투르판^{또는 발하쉬호 동단}까지, 그리고 오르콘 강에서 만리장성에 이르는 몽골리아를 지배했다. 두 번째는 역시 몽골계인 에프탈로서 이들은 율두즈강^{카라샤르의 북방} 상류로부터 메르브까지, 발하쉬호와 아랄해로부터 아프가니스탄과 펀자브의 심장부까지 미치는 지역 등을 지배했다.[*] 유연과 에프탈 두 세력은 동맹관계에 있었다. 520년경 에프탈의 칸은 유연의 가한 아나괴의 고모와 결혼했다. 몽골리아 본토의 지배자인 유연은 에프탈에 대해서도 어느 정도 주도

＊　　현재의 세미레치에, 투르키스탄, 소그디아나, 동부 이란, 카불 등지에 해당한다.

권을 유지하고 있었으며, 에프탈은 서남부 변경지방을 지배하고 있었다. 마지막으로 투르크계에 속하는 유럽의 훈족은 돈강 어귀와 아조프해 부근의 러시아 초원을 지배하고 있었지만, 이들은 두 개의 경쟁부족, 즉 서부의 쿠트리구르와 동부의 우투르구르가 상쟁을 벌이면서 세력이 약화되어 있었다.[3]

그런 가운데 6세기 중반 돌궐 제국突厥帝國, 551~747년이 등장해 초원의 강자로 군림하게 된다. 돌궐의 기원에 대해서는 정확하게 알 수 없지만, 중국 기록에 따르면 돌궐은 유연에 예속된 부족 중의 하나였다. 돌궐은 투르크의 가차식 표기로서 중국 기록에는 "돌궐은 대개 흉노의 별족이다."라고 해서 '흉노의 후손'의 후손으로 취급하고 있다. 6세기 초 돌궐은 알타이 지역에서 야금대장장이 일에 종사하며 살았던 것으로 보인다. 그러다가 유연이 가한 아나괴와 숙부 바라문 사이에 내분이 일어나 약화한 기회를 틈타 돌궐이 유연을 멸망시키고 초원의 지배자로 등장하게 된다.

돌궐의 분열과 당의 이민족 정책

544년경 돌궐은 만리장성 부근에서 견마絹馬 교역**을 하며 중국에 통교를 요청했다. 당시 중국 북부는 서위와 동위로 분열되어 있었는

---

*　　『주서(周書)』「이역 돌궐 열전」

**　　중국의 명주(비단)와 서역의 말을 서로 주고받는 교역을 뜻한다.

데, 서위의 실질적인 지배자인 우문태宇文泰*는 이 요청을 받아들여 545년 감숙 성 주천에 있던 소그드인을 사자로 임명하여 돌궐에 파견했다. 이렇게 해서 돌궐과 중국 왕조 사이의 교류가 시작되었다. 이 무렵 돌궐은 유연에 종속되어 있으면서도 서위와 직접 교역을 하고 자기 세력을 승인받을 정도로 성장해 있었다. 그런데 이때 돌궐의 수령 토문土門**은 유연에 반란을 일으킨 철륵鐵勒을 격퇴하고 그 기세를 몰아 유연의 카간 아나괴에게 그의 딸과 결혼시켜 달라고 요구했다.

하지만 아나괴는 "본래 너는 우리 대장장이 일을 하던 노예가 아니냐?"라면서 이를 거절했다. 그러자 이에 반발한 토문은 유연으로부터 독립을 선언하고 551년 서위의 공주를 아내로 맞았다. 그 뒤 552년 돌궐의 수령 토문은 유연을 공격하여 아나괴를 자살하게 한 다음, 스스로를 이리伊利 카간이라고 칭했다. '이리'는 투르크어로 "나라를 만들다."라는 뜻이 있는 '일릭'의 한자 표기로 여겨진다. 이렇게 해서 유목 국가 돌궐이 탄생하게 되었으며, 초원의 패권은 몽골계의 유연으로부터 투르크계의 돌궐로 넘어가게 된다.[4]

그러나 이리 카간은 이듬해 사망하고 그 뒤를 이어 아들 무한木汗이 2대 카간에 올랐다. 무한 카간이 지배한 동돌궐***을 '돌궐 제1제국'이라

---

*   후에 북주(北周)의 태조가 되는 인물이다.

**   일부에서는 투르크 식으로는 '부민(Bumin)'으로 불렸던 인물과 동일인이라고 말하기도 한다. 이와 달리 토문은 돌궐 제국의 건국자이고, 돌궐 비문에 등장하는 부민은 전설적인 인물이라고 말하는 학자도 있다. (르네 그루쎄 지음, 『유라시아 유목제국사』, 사계절, 140쪽 참고)

***   1대 카간 토문의 동생 이스테미는 야브구라는 칭호를 갖고 준가르(현재의 카라 이르티슈와 이밀 지방), 율두스강, 일리강, 탈라스강 등지를 물려받아 서돌궐 카간국을 세웠다. 이와 구분하기 위해 무한 카간이 지배한 나라를 동돌궐이라고 부른다.

고도 한다. 돌궐은 무한 카간 치세에 영토를 크게 확장했다. 그는 남쪽으로 유연의 잔당을 토벌하고, 중국 청해 지역의 토혼욕과 동방의 거란契丹, 북방의 키르키스를 차례로 정복했다. 그는 또 서방에서는 투르판 분지를 비롯한 오아시스 도시들을 지배하고, 사산조 페르시아와 함께 에프탈을 협공하여 멸망시켰으며, 소그디아나의 여러 도시를 자신의 세력 아래 두었다. 이렇게 해서 돌궐의 판도는 몽골 고원에서 카스피 해 연안 북쪽까지 미치게 되었다.[5]

그러나 동·서 돌궐 제국은 서로 대립, 분열하면서 돌궐의 지배력은 약화했다. 582년에서 584년 사이 서돌궐의 야브구ﾔ인 타르두는 동돌궐의 신임군주와 결별하고 스스로 카간을 칭했다. 이때 강력한 중국의 통일 국가가 되기를 원했던 수 나라는 타르두를 지원했고, 결국 돌궐은 두 나라로 분열되었다. 그 뒤 동·서 돌궐은 다시는 통합되지 못했으며, 대부분 기간 동안 다른 나라들과의 관계보다 훨씬 더 심한 적대 관계를 유지했다. 만일 초기 동돌궐의 주도 아래 서돌궐이 2인자의 지위를 받아들이며 통일을 유지했다면 그들은 무적을 자랑했을 것이다. 하지만 역사는 그렇게 되지 않았고, 동·서 돌궐은 수 나라의 분열 정책에 말려들면서 심각한 대립관계를 만들었다.

동돌궐은 서돌궐의 독립뿐만 아니라 내부적으로도 심각한 갈등을 겪었다. 새로운 카간 사발략沙鉢略, 581~589년 재위은 사촌인 엄라와의 내부 투쟁 끝에 권력을 장악했다. 또한, 그는 서부의 타르두서돌궐의 카간와 요서 지역의 거란으로부터 협공을 받는 처지가 되었다. 그러자 중원의 수 나라는 동돌궐의 사발략을 지원하고 나섰다. 만일 서돌궐이 주변 세력을 모두 제압하고 강력한 국가를 세울 경우 중원에 위협적일 것이기 때문이었다. 하지만 서돌궐의 카간인 타르두는 동부의 혼란을 이용하여 초원의 대통합을 실현하려 했다. 이를 위해 중원의 개입을 방지하기 위한 공격에 나섰다. 601년 수 나라의 수도 장안을 위협하였고, 602년에는 수 나라의 보호를 받으며 오르도스 지역을 지배하고 있던 돌리를 공격했다.[6]

그러나 603년 서돌궐 내부에서 위구르족의 조상이 되는 한 세력이 반란을 일으키면서 서돌궐의 위세는 꺾였다. 반란 세력이 서돌궐의 일부 지역을 점령하면서 서돌궐은 사실상 분열되었다. 이러한 분쟁에 대해 중국은 은밀히 개입하면서 분열 상태를 이용하여 서돌궐의 힘을 약화시켰다. 동돌궐 또한 결정적인 내분은 일어나지 않았지만, 수 나라는 대규모 군사력을 동원하지 않고도 적절한 분열 이간책을 통해 동돌궐을 통제할 수 있었다. 그런데 대규모 군대를 동원한 고구려 원정이 실패로 끝나면서 결국 수 나라는 내부의 반란으로 무너지고 말았다.

당 나라가 건국될 당시, 돌궐은 다시 세력을 회복해서 막강한 군사력을 보유하게 되었다. 626년 9월 동돌궐의 카간 힐리頡利는 대규모 병력을 이끌고 당의 수도 장안까지 진출했다. 당 태종은 과감한 군사작전으로 돌궐의 공격을 저지시켰으며, 그 뒤에도 힐리는 몇 번에 걸쳐 중원 공략에 나섰으나 성공하지 못했다. 그러나 오래지 않아 돌궐에 내분이 일어나고 자연재해로 경제 상황이 악화하자, 당과 돌궐의 관계는 역전된다. 당은 이이제이以夷制夷 정책*을 써서 돌궐을 분열시키는

---

* 오랑캐로써 오랑캐를 제압한다는 뜻이다. 중국은 전통적으로 이민족과의 싸움에서 이들에 대한 분열 정책과 더불어 다른 이민족으로써 또 다른 이민족을 공격, 견제, 제압하는 정책을 많이 썼다.

데 성공하게 된다. 즉, 당 나라는 돌궐에 반란을 일으킨 철륵과 설연타를 지원하여 유목민족끼리의 쟁투를 벌이게 함으로써 돌궐을 약화시켰다. 이를 바탕으로 630년 당 나라는 동돌궐을 공격하여 카간 힐리를 포로로 사로잡았다. 이로써 동돌궐 제1제국은 종말을 고하게 된다.[7]

중국과 돌궐의 관계에서 알 수 있듯이 중국은 북방민족과 끊임없는 싸움을 벌였는데, 시기와 상황에 따라 주도권 관계가 서로 교차했다. 중원이 분열되어 여러 나라가 난립하게 되면 북방민족^{돌궐}에 중원 국가가 조공을 바쳐야 했고, 북방민족이 분열되면 돌궐이 중국에 복속하는 관계가 형성되었다. 그러나 전체적으로 북방민족이 우위를 점한 상태는 오래가지 못했다. 이는 북방민족 자체가 내부 결속력이 약해 늘 내분의 가능성을 안고 있었고, 이러한 사정을 잘 알고 있던 중원 왕조^당는 이이제이 정책을 써서 돌궐^{북방민족}의 분열을 부추겼기 때문이다.

돌궐의 부흥과 멸망

동돌궐의 카간 힐리가 당에 항복한 뒤 당 나라는 설연타의 족장 이남^{夷南}에게 몽골 고원의 지배권을 인정해주었다. 동시에 당은 황하 이남으로 이주한 돌궐의 여러 부족에 대해서는 부족 구조는 그대로 두되 족장을 감독, 통제하는 방식으로 지배했다. 이러한 지배 방식을 흔히 '기미 정책^{羈縻政策}*'이라고 한다. 여기서 '기'는 말고삐를, '미'는 소고삐

---

* 중국 당 왕조 때의 이민족 통치 정책을 일컫는 말이다. 당은 이민족에 대한 회유나 간접통

를 의미한다. 그러니까 '기미 정책'이란 마치 말이나 소를 잡아 고삐로 조종하는 것과 같은 이민족의 지배 방식을 의미한다.[8]

당에 복속된 투르크계 부족들은 처음에는 기미 정책을 아무런 저항 없이 받아들였으나 점차 시간이 지나면서 반발하며 독립 움직임을 보이기 시작했다. 그들의 독립 노력은 몇 차례 실패한 뒤 682년 투르크계의 지배씨족인 아사나 씨阿史那氏의 쿠틀룩骨咄祿이 음산 산맥 부근을 거점으로 세력을 형성, 독립했다. 그는 처음에는 작은 세력이었지만 점차 커져 과거 돌궐의 잔당들이 쿠틀룩의 주변으로 몰려들면서 큰 세력을 형성했다. 쿠틀룩은 686년부터 687년 사이에 몽골 고원의 성지 외튀켄을 탈환하고 철륵계 부족들을 차례로 정복한 뒤, 톤유쿠크暾欲谷* 의 권유에 따라 일테리슈'여러 부족을 모으다'라는 뜻 카간682~691년 재위으로 칭했다. 이렇게 해서 돌궐이 다시 부흥하게 되었는데, 이때 부흥한 돌궐

치를 위해 명목상으로 이민족의 영역에 당의 지방행정단위인 주(州)·현(縣)을 두고, 범위가 넓은 경우에는 도독부(都督府)를 두었다. 그리고 각 지역의 이민족 족장들에게 당의 지방관 직함인 도독(都督)·자사(刺史) 등을 수여하고 이 관직을 대대로 세습하게 했다. 또한, 이들 이민족 족장들은 변경에 주둔하고 있던 당의 도독이나 도호(都護)의 감독을 받게 했다. 이들 기미주(羈縻州)는 외관상 당의 보호령에 가까워졌지만 실제로는 통상권(通商圈)이나 교섭권(交涉圈) 정도의 의미를 지녔다.
각각의 기미주와 당과의 관계는 그 내용이 상황에 따라 서로 달랐으며, 기미주와 기미부(羈縻府)의 수는 856개나 되었다. 기미주가 설치되어 당의 간접적인 통치를 받았던 이민족은 투르크·위구르·당항(黨項)·토곡혼(土谷渾)·거란(契丹)·말갈(靺鞨) 등을 들 수 있고 고구려 멸망 후 옛 고구려 땅에도 기미부·기미주가 설치되었다. 북동쪽의 거란족으로부터 멀리 중앙아시아와 남서쪽의 티베트에까지 미친 기미 정책은 세계 제국으로서의 당의 모습을 보여주는 지표가 된다. (브리태니커 백과사전 참고) 기미란 말과 소고삐란 뜻이다. 결국 중국이 이민족을 말고삐나 소고삐에 매어놓고 일정한 범위를 벗어나지 못하도록 통제하는 정책을 의미했다.

* 돌궐 제2제국의 부흥 과정에 뛰어난 공을 세운 장군이다. 그는 정치고문으로서 3대에 걸쳐 카간을 섬기면서 나라의 중요한 역할을 수행했다. 톤유쿠크를 비롯한 여러 카간들의 비문이 남아 있어 제2제국의 역사 연구의 중요한 자료가 되고 있다.

을 '돌궐 제2제국'이라고 부른다.

쿠틀룩이 죽자 그의 동생 묵철黙啜이 카간의 자리를 계승하고 카파간 카간691~716년 재위이라고 칭했다. 카파간은 통치 기간 내내 중북 북쪽 변방을 침략하여 사람과 말을 약탈했다. 그는 무측천에게 돌궐땅을 돌려달라고 요구하거나 중국 변방의 땅을 점령하려 했으나 성공하지 못했다. 그는 후기에는 북부와 서부 지역을 공략하는 데 온 힘을 쏟았다. 하지만 카파간은 716년 반란 세력을 평정하고 돌아오다가 툴라강 부근에서 패잔병에게 살해되고 말았다.

카파간의 사후 돌궐은 후계자를 둘러싸고 내분에 휩싸였으나, 빌게 카간716~734년 재위이 승리함으로써 내분은 끝났다. 카간의 동생인 퀼 테긴이 군사력을 장악하고, 중신 톤유쿠크가 카간의 보좌역이 되었다. 하지만 725년 이후 얼마 지나지 않아 톤유쿠크가 사망하고, 731년에 퀼테긴, 그리고 734년에 빌게 카간이 차례로 세상을 떠나면서 돌궐 제2제국은 쇠락의 길로 접어들었다. 돌궐 제국은 빌게 카간의 죽음 이후 후계를 둘러싸고 내분이 격화되면서 혼란 속으로 빠져들었다. 741년 내분이 극에 달한 상황에서 돌궐의 지배 아래 있던 철륵계 부족 위구르가 카를루크, 바스밀과 연합하여 반란을 일으켰다. 744년 위구르의 수장이 카간이 되었고, 745년 돌궐의 백미 카간이 살해됨으로써 돌궐은 명실상부하게 멸망하고 말았다.[9] 이후 돌궐의 잔당들은 서쪽으로 달아나 이슬람화되었는데, 후에 셀주크 투르크의 기원이 된다.

돌궐의 멸망 이후 중국 북방의 강자로 군림한 것은 위구르족이다. 위구르족의 조상은 고차족으로 알려지고 있다. 타림분지에 살았던 월지족 역시 위구르의 조상에 포함된다고 보기도 한다. 고차高車라는 이름은 천막을 옮기기 위해 소가 끄는 수레에서 유래되었으며, 이들은 바이칼호 남쪽 협곡과 예니세이강 일대에 사는 알타이계의 유목민족이었다. 이들은 약간의 농업과 예니세이강 유역의 풍부한 철광석을 바탕으로 금속 문화를 발달시켰다. 처음 흉노에 복속되어 무기를 제공하였으며 이후 유연과 에프탈의 지배를 차례로 받았다. 450년 고차는 유연에 반란을 일으켰으나 유연 지배하의 돌궐에 패배했으며, 돌궐 제국의 복속 아래 놓이게 된다.

그 뒤 7세기 초 위구르는 중국 수 나라와 손잡은 설연타薛延陀 연합에 참여하여 독립을 쟁취한다. 이때 위구르는 연합 내에서 설연타 다음의 지위를 차지했다. 돌궐 1제국과 2제국의 공백기인 630년에서 683년 사이 위구르는 설연타를 무너뜨리고 부고, 동라, 바이르쿠 등과 함께 위구르 연합을 구성하여 독립을 선언한다. 그 뒤 제2 돌궐 제국이 세워지면서 위구르는 다른 투르크계 부족들과 함께 여기에 참여한다. 744년, 위구르는 바스밀Basmil, 카를룩Qarluq 등의 부족과 함께 돌궐 제국을 멸망시키고 외튀켄Ötüken 산에서 위구르 제국을 세운다.

오르콘 위구르 제국은 744년 쿠틀룩 보일라骨力裵羅에 의해 건국되었으며 840년까지 카스피해 유역에서 만주에 이르는 광대한 영토를 점유한다. 위구르 제국은 오르콘강 유역의 광활한 스텝 지역을 지배했으며 수도는 현재의 카라 발가순에 위치한 오르두 발릭Ordu Balïq이었다. 중국의 당 나라와 대체로 우호적인 관계를 유지했고, 757년 안사의 난으로 중국 당 나라가 위기에 처하자 수도 장안에 진군하여 구해주기도 한다. 759년부터 779년까지 최전성기를 누렸다. 하지만 762년 뵈귀Bögü 카간이 이란계 소그드인에게서 전파된 마니교를 국교로 받아들이면서 점차 유목민적 성격을 잃고 정착 농경 사회로 변화했다. 그렇게 되면서 군사력이 약해진 위구르 제국은 840년 다른 투르크계 민족인 키르기즈Kyrgyz에 의해 멸망하고 만다.[10]

중국의 역사 인식과 동북아시아 역사

고대와 중세 시대 만주 지역의 역사는 현재 우리나라와 중국의 역사가 부딪치는 지점이다. 이곳에서 시작된 고구려와 발해, 거란遼과 여진金의 역사는 우리 민족의 역사와 직접 연관되어 있을 뿐만 아니라 중국 또한 자신들의 역사라고 주장하고 있다. 특히 고구려와 발해를 둘러싸고 우리나라와 중국은 심각한 역사분쟁을 벌이고 있다. 이러한 역사분쟁의 출발점이 되는 것은 중국의 역사 강역에 대한 인식이다. 1990년대 이후 중국에서는 청 나라 전성기의 판도를 바탕으로 역사상 중국의 강역으로 삼아야 한다는 주장이 대체로 일반화되었다. 그 때문에 현재 중국 학계는 지금의 중국 영역 밖으로까지 역사상의 강역을 설정하려는 경향이 나타나고 있다. 심지어 이제는 청 왕조를 넘어 몽골 제국 시대의 판도를 거론하며 역사상의 중국 강역 운운하는 견해까지 나타나고 있는 실정이다.[11]

그러다 보니 현재는 중국 영토나 특정 시대 왕조의 판도를 기준으로 역사상의 중국 영역으로 보아야 한다는 견해는 오히려 중국 학자들로부터 무시되는 현상이 나타나고 있다. 그들은 고구려가 중국사에 속한다는 주장의 근거로서 중국 역대 왕조의 영역이나 현재 중국의 영역

내에 존재했다는 이유가 아니라 그 시대의 역사적 상황을 그 이유로 드는 것이다. 이를테면 '동북공정'에서 중요한 역할을 수행한 리다룽李大龍은 이렇게 주장하고 있다.

우리가 고구려는 중국 역사상의 변경 지방 민족정권이었다고 말하는 것은 단순히 고구려가 중국의 현재 강역 안에서 활동하였고 또 고구려가 멸망한 후 대부분 고구려인은 한족을 위주로 하는 중화민족에 융합되었기 때문이 아니라, 한에서 당에 이르는 각 정권의 통치자들이 그러한 인식을 가졌고 또 고구려 정권의 통치자들이 중국과의 관계를 단절하지 않았기 때문이다.[12]

리다룽은 '번속이론藩屬理論'이란 논리구조를 내세워 고구려만이 아니라 백제와 신라도 모두 중원 왕조의 강역에 속했다고 주장한다. '번속이론'이란 한마디로 조공책봉 등을 매개로 중원 왕조의 '기미지배또는 기미통치'를 받는 번속은 모두 중국사에 속한다는 주장이다.

이들이 내세우는 주장은 현재의 중국 영토와는 관계가 없는 내용이다. 중국에서 고구려가 중국사에 속한다고 주장하는 근거는 현재의 중국 강역보다는 당시 세력 판도이다. 이를테면 중국은 1)고구려가 전한의 현도군 안에서 건국되었다는 것, 2)고구려의 활동 범위가 한사군의 범위를 벗어나지 않았다는 것, 3)고구려가 중국 왕조의 책봉을 받고 군신관계를 맺었다는 것, 4)고구려 유민들이 최종적으로 중국 왕조의 책봉을 받고 중화민족에 흡수되었다는 것 등을 그 이유로 들고 있다.[13]

이러한 주장에 따르면 역사상의 영역 설정에서 가장 중요한 것은 역대 중원 왕조의 지배 영역이 어디까지였는가가 된다. 이런 입장에서 역사를 파악하게 되면, 고구려와 발해가 멸망한 뒤 한민족의 역사무대가 한반도 안으로 한정되었다고 하더라도, 두 나라의 유민사를 포함한 한반도 북방 지역 연구에 대한 한국 학자들의 접근도 역시 훨씬 자유로울 수 있게 되는 것이다. 또한, 그렇게 되면 결정적으로 고조선의 강역이 갖는 의미가 매우 중요할 수 있다.

고조선을 세운 사람들은 우리가 예맥족으로 부르는 사람들이며, 이들은 고조선이 패망한 뒤 다시 고구려와 부여 등 여러 나라를 세웠다. 고구려는 원래 만주 지역 동부에서 일어났지만, 차츰 요동 지역의 중심부로 진출하여 만주 지역 서부로까지 영역을 확대했다. 고구려는 5세기 초에 이르러 요동의 중심부를 장악했고, 7세기까지 만주 지역을 사실상 독점했다. 그래서 중국인으로부터 '요동遼東'이란 별칭으로 불리기도 했다. 이 시기 요동의 중심부와 동부 지역은 모두 고구려가 장악했으며, 흔히 요서로 불리던 지역만이 탁발, 선비가 세운 북위, 동위, 북제 등에 의해 지배되었을 뿐이다. 따라서 이 시기 만주 지역의 정치사는 고구려라는 나라의 역사와 일치한다고 볼 수 있다.[14]

고구려는 만주 지역을 주 무대로 역사를 펼쳤을 뿐만 아니라 북위와 더불어 송, 제, 양, 진 등의 남조 여러 국가와도 조공책봉관계를 유지함으로써 동북아시아 국제 질서의 중심에서 활동했다. 고구려는 만주 지역의 또 다른 세력들인 동호계의 거란이나 숙신계의 말갈 등과도 조공책봉관계를 맺었는데, 중원 국가들과 맺은 관계와는 달리 책봉하는 위치에 있었다. 고구려는 한때 신라와의 관계에서도 책봉하는 관계에 있었다.

여기서 우리가 살펴볼 주된 관심사는 고구려가 아니다. 고구려는 이미 우리가 한국사를 통해서 충분히 알 만큼 알고 있기 때문에 구체적인 내용을 살펴볼 필요가 없는 부분이다. 다만 중원 국가들과의 관계를 파악함과 더불어 고구려의 역사상 위치를 살펴보는 것은 의미가 있을 것이다. 그동안 고대사와 중세사를 통해서 우리가 살펴본 바와 같이 조공책봉관계는 중원의 강국을 중심으로 형성된 국제 질서였다. 그러나 책봉과 조공의 관계가 반드시 지배국과 피지배국의 관계가 아니라는 것은 수많은 연구를 통해서 이미 검증된 바 있으므로 새삼 이를 거론할 필요는 없을 것이다. 그런 점에서 고구려 또한 중원의 강국들과 조공책봉관계를 맺었다 하더라도 독립국으로서 존재한 것은 말할 필요도 없다. 이는 고구려가 수 · 당이라는 중원의 통일 왕조와 수차례의 전쟁을 펼친 과정에서도 충분히 확인할 수 있다.

중국에도 현재 중국을 구성하는 '소수민족'의 상당수가 이전에는 오히려 독립 민족국가로 존재했다고 보는 학자가 없지 않다. 중국이 지금의 억지스러운 역사주장을 펴기 시작한 것은 1990년대 이후 '통일적 다민족국가론'이 등장하면서부터라고 할 수 있다. 이는 중국의 향후 세계 전략, 즉 21세기 세계적인 강대국으로 발돋움하기 위한 역사에서의 뒷받침이라고 말할 수 있을 것이다.

이런 점을 고려할 때 중세 동아시아 지역의 역사를 살펴보는 데서 의미가 있는 지역은 몇 개로 살펴볼 수 있다. 먼저 중국 대륙의 중원 지역이다. 다음으로는 중앙 유라시아 초원지대, 즉 북방민족들이다. 이은 곧 흉노의 뒤를 이은, 선비와 유연, 돌궐, 위구르 등의 몽골계와 투르크계 북방민족의 역사이다. 다음으로는 중국에서 동북지방이라고 부르는 만주 지역의 역사이다. 여기에는 고구려와 더불어 만주에서 시작해서 중원으로 세력을 확장한 민족으로 거란과 여진이 있다. 고구려는 고려로 이어지는 한국사의 전통 속에 확실히 자리를 잡았으며, 거란과 여진은 중세 시대 요와 금을 세우고 중원 국가인 송과 더불어 한때 중국의 남북을 양분하며 위세를 떨쳤다.

중앙 유라시아 초원지대 중동부 지역, 즉 몽골 고원 지대에서부터 지금의 신장 위구르 지역에 해당하는 지역의 북방민족은 확실히 중원의 세력권과는 독립적인 상태에서 역사를 영위했다. 하지만 이들 중 많은 민족이 지금의 중국 강역 내에서 살아가고 있다. 신장 위구르와 티베트는 청 나라 때 복속되어 중국의 강역 내로 편입되었을 뿐 그전까지는 독립 민족국가로 존재했었다.

그런 점은 중국의 동북지방도 마찬가지이다. 청 나라를 세워 중원을 장악하고 중국의 강역을 가장 크게 확대했던 주인공이 바로 만주족이며, 이 만주족의 조상이 되는 사람들이 바로 여진족들이다. 만주족의 뿌리가 되는 여진족은 물론이고 초기 말갈로 불리며 고구려와 발해의 중요한 한 부분을 형성했던 여진 또한 한족과는 거리가 먼 변방의 이민족이다. 이들은 근대 이전까지만 해도 중원 국가의 영향력이 미치는 범위 안에 존재했다고 하더라도 사실상 독립적으로 존재했던 민족이었다. 이제는 중세 거란과 여진이 어떻게 흥기하고 쇠퇴하는지 살펴보고자 한다.

만주 유목민족의 변천과 거란의 흥기

중원에서 통일 왕조인 수 나라가 등장하면서 동아시아 국제 질서는 새로운 변화의 바람을 맞았다. 북방 초원의 강자 돌궐도 수의 등장으로 위협 상황을 맞았다. 수는 등장 이후 돌궐에 대해 강경책을 구사했으며, 계속적인 이간책을 써서 돌궐을 동·서로 분열시켜 힘을 약화시켰다. 599년 동돌궐이 복속하면서 수 나라의 현실적인 두통거리가 사라졌다. 수의 다음 공격 대상은 고구려였다. 하지만 수는 고구려를 제대로 공략하지 못하고 종말을 맞았다. 628년 수의 뒤를 이은 당 나라가 중원을 통일하면서 동아시아 국제 정세는 급변하기 시작했다. 629년 당 나라는 동돌궐에 대한 대규모 정벌에 나섰으며, 630년 힐리 카간이 당의 군대에 사로잡힘으로써 동돌궐이 와해되었다. 이때 돌궐을 비롯한 여러 이민족 족장들은 당 태종에게 최고 군주인 '천가한天可汗'의 칭호를 올렸다. 이로써 당은 북방민족을 제압하고 그들의 지역을 도독부와 자사부로 편입한 뒤 '기미체제'를 구축할 수 있었다.[15]

동돌궐이 무너진 뒤 당과 고구려 사이에도 변화가 생겼다. 당이 고구려에 대한 압박을 강화했으며, 이에 고구려가 반발하자 당은 대규모 부대를 동원하여 고구려 정벌에 나섰던 것이다. 고구려와 당의 전쟁 과정에서 당은 주로 거란을 동원했고, 고구려는 말갈을 동원했다. 645년, 당은 안시 성 전투에서 패배함으로써 1차 정벌에 실패했다. 그 뒤 당은 대규모 정벌 전쟁을 지양하고 산발적인 공격으로 고구려의 국력을 약화시키고 결정적인 기회에 대규모 정벌전에 나서기로 전략을 수정했다. 소모전을 통해 고구려의 국력을 소진시키는 전략이었다. 이

전략은 맞아떨어져 결국 고구려는 당에 의해 멸망하게 된다.

그런데 648년 신라의 김춘추는 당에 건너가 백제 정벌을 위한 당의 군사적 지원을 요청했으며, 신라는 당의 연호를 받아들이고 인질宿衛을 보내는 등 적극적인 중화 정책을 추진했다. 하지만 당은 섣불리 신라의 요구에 응할 수 없는 형편이었다. 북방의 정세가 만만치 않았기 때문이다. 또한, 나당 군사 동맹 후에도 당은 단독으로 고구려를 공격했으나 655년부터 659년까지 별다른 성과를 거두지 못했다. 이에 당은 백제를 먼저 공략하는 것으로 방향을 바꾸었고, 660년 나당연합군은 백제를 멸망시켰다. 뒤이어 668년에는 고구려를 공격하여 멸망시켰다. 한반도에서 당의 이이제이 정책이 성공적으로 수행된 것이라고 말할 수 있을 것이다.[16]

고구려의 멸망은 거란과 여진족의 성장에 중요한 돌파구가 되었다. 이는 한 나라의 흥망을 넘어서 만주 지역의 역사를 주도하는 주체가 교체되는 것을 의미했다. 고구려의 멸망으로 예맥계가 만주 지역의 역사에서 퇴장하고 그 대신 동호계와 숙신계가 주도적인 위치로 부상하게 되었다. 고구려가 멸망하고 발해가 세워지는 과정에서 숙신계인 말갈이 역사의 무대에 그 모습을 본격적으로 드러내기 시작했다. 발해는 고구려의 유민, 즉 예맥계와 말갈, 즉 숙신계가 연합한 국가였다. 그러나 발해의 인적 기반의 저변을 구성한 것은 예맥계가 아니라 숙신계였다. 따라서 발해의 건국과 함께 숙신계인 말갈인들이 만주 지역의 새로운 주역으로 떠오르기 시작했다.[17]

그러나 숙신계보다 약간 앞서 만주 지역에서 두각을 나타낸 것은 동호계로 알려진 거란이었다. 거란에 대해서는 중국의 전통적인 역사

자료에서 두 가지 입장이 함께 존재한다. 그 하나는 흉노별종설匈奴別種 說이고, 또 다른 하나는 동호종설東胡種說이다. 하지만 대체적으로는 거 란을 동호계로 파악하고 있다.[18]

거란의 8부족은 9세기 말 당 나라의 정치적 혼란을 틈타 발흥하기 시작했다. 916년 질라부迭剌部의 야율아보기耶律阿保機가 모든 부족을 통 합하여 거란국을 세웠다. 야율아보기는 스스로 황제로 즉위하여 상경 임황부上京臨潢府*에 도읍을 정한 후 서쪽으로는 탕구트·위구르 등 여러 부족을 제압했으며, 동쪽으로는 926년 발해를 멸망시켰다. 이로써 거 란은 외몽골에서 동만주에 이르는 지역을 지배하며 동북아시아의 강 자로 등장했다.[19]

거란은 2대 황제 태종 때에 중국 경략에 많은 노력을 쏟았다. 936년 5대의 하나인 후진後晉의 건국을 도와준 대가로 연운십육주燕雲十六州를 획득하고 국호를 요遼라고 개칭했다. 연운십육주의 확보는 유목민족의 역사에서 매우 중대한 전기를 이루는 사건이었다. 이전까지 유목국가 는 만리장성 이북에 건립되었으며 장성의 이남 지역을 지배한 적이 없 었다. 그런데 유목 국가인 요 나라가 이때 처음으로 농경 지역을 지배 하게 된 것이다. 이러한 유목국가의 농경 지역 지배는 이후 금과 원, 청 으로 이어지며 동아시아의 역사상을 바꾸어 놓는다. 이러한 유목국가, 즉 농경 지역에 적극적으로 진출하여 지배하게 되는 왕조인 요, 금, 원, 청을 정복 왕조라고 부른다. 거란족의 요 나라는 정복 왕조의 시초였던 것이다. 그전 오호십육국과 북조의 왕조는 유목민족이 만리장성을 넘

---

*　요 나라 최초의 도성으로 현재 내몽고 자치구 내의 바이린사키(巴林左旗)시다.

어 내려와 중국 내지에서 국가를 건설한 것이었다. 그래서 이들 국가는 정복 왕조와 구별하여 잠입 왕조, 또는 침투 왕조라고 불린다.[20]

요를 건국한 뒤에도 거란의 세력은 계속해서 확장되었다. 요는 946년 후진을 멸망시키고 대량 일대까지 진출하였으며, 993년에는 수차례에 걸친 공격 끝에 고려를 신속臣屬시켰다. 거란과 고려의 관계는 처음부터 적대적이었다. 만주에서 일어나 만주 지역을 통일적으로 지배하게 되는 국가가 언제나 그랬던 것처럼 거란도 발해를 멸망시키고 뒷날의 걱정거리를 제거하기 위해 고려를 제압하려 했다. 고려 역시 후삼국을 통일한 여세를 몰아 평양을 적극적으로 경영하는 등 북방으로의 진격 태세를 갖추면서 거란과 대결자세를 늦추지 않았다. 특히 고려는 발해 유민을 적극 받아들이고 거란이 보낸 낙타를 죽이는 등 거란에 대해 대결자세를 취했기 때문에 거란과 고려의 군사적 충돌은 불가피했던 것이다.[21]

거란遼은 성종에 이르러서는 송宋을 공격하여 1004년 '전연의 맹약澶淵之盟'을 맺었다. 전연의 맹약은 송이 요에 막대한 물자를 지급하는 대신, 두 나라는 평화를 유지한다는 내용이었다. * 또한, 두 나라는 형제의 관계를 맺는 것으로 결정했다. 요는 송으로부터 받는 세폐로 재정을 확충했으며, 송과의 무역을 통해 경제적·문화적으로 국력이 융성하게 되었다. 또한, 성종은 정치조직과 군사조직을 정비하고, 법전을

---

* 20만 필의 비단과 은 10만 냥을 지급하기로 함. 이에 대해서는 20세기 후반까지만 해도 중국학자들은 송 나라의 입장에서 접근하여 이를 수치와 굴욕으로 보았다. 그러나 통일적다민족국가론이 등장하면서 입장이 바뀌었다. '완전한 평등조약은 아니었지만', 그래도 '맹약 체제가 중국에 평화를 유지하면서 경제와 문화 발전에 기여한 사실을 매우 긍정적으로 평가'하고 있는 것이다. (정병준·권은주 지음, 『중국학계의 북방민족·국가 연구』, 동북아역사재단, 276쪽 참고)

편찬·공포하는 등 강력한 중앙집권적 체제를 갖추었다.

그러나 성종 이후 흥종·도종 때 황실의 내분으로 반란이 일어나 혼란이 계속되었다. 그런 가운데 요 나라는 동만주에서 일어난 여진족 완안부完顔部의 추장 아구타阿骨打가 세운 금 나라金와 연운 16주를 되찾으려는 송의 협공을 받았고, 1125년 황제 천조제가 사로잡힘으로써 멸망했다. 요 나라가 금 나라에게 망해가던 이때 요 나라 황족이었던 야율대석耶律大石은 서쪽으로 망명하여 중앙아시아 지역에 서요西遼를 건국했다. 이후 서요는 1218년 칭기즈칸에 의해 멸망할 때까지 존속한다.

요 나라는 점령지의 중국인과 발해인 등을 통치하기 위해 북면관北面官·남면관南面官이라는 이중 지배체제를 만들어냈다. 중국인과 발해인 지역을 통치하는 남면관에서는 당 나라식의 군현제도를 그대로 모방했고, 북면관에서는 내륙 아시아의 초원지대에 살고 있던 유목민을 거란족의 관습법으로 다스렸다. 거란족 지배자들은 중국인 고문을 두고 중국식 행정 기술을 받아들였으나 자신들의 정체성이 흐려질 것을 염려해서 그들 부족 고유의 의식과 음식, 복제 등을 유지하기 위해 노력했으며, 한자를 쓰지 않고 돌궐문자를 모방한 거란문자를 고안해냈다.[22]

여진족 금 나라의 흥기와 쇠망

거란이 세운 요 나라를 평정한 것은 여진족이 세운 금 나라이다. 금 나라를 세운 여진족의 계통에 대해서는 전통적으로 '숙신→읍루→물길→ 말갈·발해→ 여진·금→ 만주·청→ 만주족'으로 이어지는 '일원적 계통론'이 대세를 이루었다. 하지만 일원적 인식 내에서도 각각의 명칭이 일시 공존했다고 본다든지, 같은 족계의 서로 다른 부락의 명칭이 세력 재편에 따라 전체 족계를 지칭하는 범칭으로 전환한다든지 세부적인 면에서 견해차가 다양해졌다.* 또한, 말갈의 계통이 숙신계의 발전과정에서 다른 종족을 흡수하여 만들어졌다는 융합설과 처음부터 여러 계통이 이합집산하는 과정에서 만들어졌다는 다원설도 제기되고 있는 실정이다.[23]

그런데 이들 숙신계는 한민족의 뿌리가 되는 예맥계와 가장 가까운 관계에 있다. 대부분의 경우가 그러하듯 가장 가까이 있을수록 가장 적대적일 수도 있지만 어쨌든 계통적으로도 역사적으로 두 집단은 밀접한 연관성을 갖고 있다. 고구려 때까지는 예맥계가 만주의 주도 세력이었지만, 발해 때부터 숙신계가 만주 지역의 중심 세력으로 부상하게 된다. 그래서 그런지 중국 역사학계는 숙신계에 대해서 동북 지역의 고대 소수민족 가운데 가장 먼저 중앙 왕조와 신속관계를 맺은 민족으로 파악하면서 이미 우순虞舜 시기**에 귀복歸復했다고 주장한다.[24] 그 정확한 근거는 모르겠지만, 언뜻 보아도 정치적 의도가 개입되었다는 느낌이 들게 한다.

---

* 현재 물길과 말갈의 경우는 선후관계가 아니라 동일한 호칭의 전음(轉音)으로 실체가 같다는 데 대부분의 학자가 동의하고 있다.
** 중국 역사에서 전설적 시기에 해당하는 것이 삼황오제의 시대다. 사마천의 『사기』에 따르면, 3황은 천황, 지황, 인황을 말하며, 오제는 황제, 전욱, 제곡, 당요, 우순을 말한다. 그러니까 우순 시대란 전설적인 '순임금' 시대로서 아주 먼 옛날 중국인들의 삶이 시작될 때란 의미라고 할 수 있다.

고구려 유민과 함께 발해를 세운 말갈족은 발해가 거란에 멸망하면서 거란의 통치 아래 들어갔다. 하지만 말갈족의 후신인 여진족이 모두 요 나라의 지배하에 놓인 것은 아니었다. 북쪽의 생여진과 남쪽의 숙여진이 있었는데, 숙여진은 요의 지배에 복속된 채 점차 농경생활에 적응해갔다. 하지만 생여진의 완안 아구타는 요의 지배를 거부하고 여진족을 통합한 뒤 1115년에 금 나라를 건국했다. 금 나라는 모극제謀克制*를 중심으로 생활과 전투조직을 통합하여 급속히 세력을 확장할 수 있었다.[25]

금 나라는 남송과 연합하여 요를 압박하기에 이르렀다. 두 나라는 요 나라를 피해 해상을 통해 맹약을 맺은 뒤 요 나라의 공격에 나섰다. 그러나 송 나라는 이때 마침 내부에 민란이 발생해서 약속을 제대로 지키지 못했다. 마침내 뒤늦게 전투에 나선 송 나라는 요에 연전연패를 거듭했다. 그러자 북송은 금에 전쟁의 대가를 지불하기로 하고 그 원조를 받아 1125년 드디어 요를 멸망시켰다. 그러나 북송은 요와의 약속을 지키지 않고 온갖 구실을 붙이며 책임을 회피하려 했다. 이에 금은 송에 대한 전면적인 공격에 나섰고, 마침내 1127년 북송의 수도 카이펑開封을 함락했다. 카이펑은 철저히 파괴되었고, 휘종과 흠종 등 황족과 궁녀, 관료, 기술자들이 북방으로 끌려갔다. '정강의 변'이다.

북송 왕조는 멸망했으나 남쪽에 있던 흠종의 아우 강 왕은 지방에서 황제에 올라 송을 부흥시켰으니 바로 고종이다. 남송 왕조가 탄생

---

*   여진족 사회에는 전통적으로 맹안과 모극이 있었다. 완안 아구타는 이를 군사조직으로 탈바꿈시켜 3백 가구를 모극이라 하고, 10모극을 맹안이라 편제한 다음, 1모극에서 1백 명의 병사를, 그리고 1맹안에서 1천 명의 병사를 뽑아냈다. 여진족은 평시에는 맹안과 모극이라는 사회조직에 따라 생업에 종사하다가 유사시에는 이를 그대로 전투조직으로 편제했다.

한 것이다. 남송이 임안^{지금의 항저우}을 수도로 정하고 겨우 안정을 되찾은 것은 1132년의 일이었다. 당시 남송 정권은 풍전등화의 위기에 몰려 있었으나 악비, 한세충, 장준, 유광세 등 4대 무장의 활약으로 조정을 지켜낼 수 있었다. 하지만 포로로 잡혀갔던 진회가 돌아오면서 사정이 달라졌다. 고종의 신임을 얻은 진회는 협상을 진행하여 1142년 마침내 강화조약을 체결하게 된다. 강화조약의 조건은 금이 남송의 남중국 지배를 용인하는 대신, 남송에서 매년 막대한 물자를 금에 바친다는 것이었다.[*] 이를 당시 고종의 연호를 따서 '소흥의 화의'라고 부른다. 이 강화조약으로 금과 송 사이에 오랜만에 평화가 깃들었다. 하지만 이 과정에서 협상을 반대하던 악비는 진회의 모함을 받아 감옥에 투옥된 뒤 독살되었다.

금 나라는 건국 후 불과 10여 년 만에 북송을 멸망시키고 중국의 화북 전역을 장악했다. 이는 요가 연운십육주라는 비교적 협소한 지역을 지배하는데 그친 것과 비교할 바 아니었다. 이렇게 되면서 화북 지역으로 이주한 여진인들은 자연히 중국화된 생활을 영위하지 않을 수 없었다. 금 나라의 중국화는 해릉 왕 시기에 가속화되었다. 쿠데타를 통해 전임 황제를 살해하고 즉위한 그는 마음속으로부터 중국 문화를 동경하고 있었다. 그는 국가체제도 중국식으로 본받았으며 한인들을 중용했다. 수도도 만주에서 오늘날의 북경인 중도中都로 옮겼다. 하지만 남송을 멸망시키고자 했던 그는 1161년 무리하게 친정에 나섰다가 남송의 강력한 저항에 부딪혀 채석기란 곳에서 참패를 당했고, 뒤이어

---

[*]　은 25만 냥과 비단 25만 필을 바친다는 내용이다.

휘하의 군대에 의해 살해되고 말았다.[26]

해릉 왕의 뒤를 이어 금의 명군으로 평가되는 세종이 즉위했다. 세종은 해릉 왕의 남침으로 빚어진 남송과의 국교 단절 상황을 수습하는 한편, 내치에 힘을 쏟아 방만한 정치를 추슬렀다. 그는 여진인의 중국화를 막고, 정체성을 지키기 위해 많은 노력을 기울였다. 여진문자를 만들어 민족의식을 일깨우고 여진인의 소박한 기풍을 살리고자 했다. 또한, 세종은 한인들의 토지를 일부 몰수하여 가난한 여진인들에게 분배하는 정책을 시행하기도 했다. 하지만 세종의 노력에도 불구하고 중국화의 흡인력은 대단히 강력했다. 여진인들은 점차 그들의 본래 모습을 잃고 중국 문화에 동화되어 갔다.

세종 치세 아래 금이 전성기를 구가하고 있을 때 몽골 초원에서는 새로운 기운이 꿈틀대기 시작했다. 그리고 그것은 13세기에 접어들면서 강력한 힘으로 유라시아 대륙을 휩쓸기 시작한다. 바로 칭기즈칸의 등장이었다. 이미 12세기 말부터 심상치 않은 기운을 눈치챈 금은 수시로 몽골 고원에 군대를 파견하여 토벌했으며, 서북 변경 지역을 따라 길게 계호界壕라고 불리는 방벽을 구축하여 기마병의 공격에 대비했다. 그러나 그러한 노력도 시대의 흐름을 막을 수는 없었다. 몽골의 공격이 본격화되면서 남송의 도발도 계속되었다.[27]

1211년 칭기즈칸이 직접 대군을 이끌고 금의 수도를 포위 공격했다. 이에 금에서는 재물과 공물을 바치는 조건으로 화의를 요청했으나 칭기즈칸은 이를 받아들이지 않았다. 이를 견디지 못한 금은 1214년 중도를 버리고 남방의 변경汴京으로 수도를 옮겼다. 이에 칭기즈칸은 재차 침공하여 중도를 함락시켰다. 그 뒤 몽골 기병대는 한동안 서아시아 일대를 공략하는 데 주력했으나 우구데이오고타이 시기에 이르러 금에 대한 전면적인 공격에 나섰다. 금은 진천뢰와 같은 대포를 앞세워 결사적으로 항전했으나 결국 버티지 못하고 수도 변경이 함락되고 말았다. 금은 다시 더 남방으로 도망갔으나 1234년 이마저 결국 몽골 기병대에게 함락됨으로써 최후를 마쳤다. 완안부의 아구타가 금나라를 세운 지 120년 만의 일이었다. 이로써 칭기즈칸의 몽골족 후손들이 중국뿐만 아니라 유라시아 대륙 전체를 지배하는 시대가 열렸다.

4. 칭기즈칸

몽골 초원을 제패하고 세계 제국의 문을 열다

칭기즈칸의 이미지를 만든 창작물들

칭기즈칸에 대해서 모르는 사람은 아무도 없을 것이다. 몽골 초원을 통일하여 '칸 중의 칸'이 되었으며, 그 여세를 몰아 서하와 금, 호라즘 왕국을 정벌하고, 몽골 고원지대에서부터 중국과 중앙아시아, 서아시아와 유럽에 이르는 유라시아 대륙을 동서로 가로지르는 몽골 제국을 창업한 인물이다. 세계 역사상 가장 광대한 지역을 가장 짧은 기간에 정복하고, 최대의 영토를 자랑하는 몽골 제국을 창업했다는 것도 누구나 다 알고 있는 내용이다. 칭기즈칸의 몽골 기마대는 당대 천하무적이어서 대적할 군대가 없었고, 그에 저항했다가는 도시 전체가 파괴되고 그곳 주민이 모두 살해되어 도시 전체가 폐허가 되었다는 식의 전설적인 이야기도 널리 알려져 있다.

그러나 우리의 지식은 대체로 거기까지이다. 더 이상의 구체적인 내용은 알지 못하거나 알더라도 많은 내용은 부정확하다. 그것은 아마도 칭기즈칸이 너무나 유명한 인물이기는 하지만 그에 대해 제대로 공부할 기회가 많지 않은 것과 관계가 있을 것이다. 사실 우리는 중국 역사나 유럽의 그리스, 로마에 대해서는 일정한 지식을 축적할 기회가 있다. 하지만 몽골 제국의 창업자인 칭기즈칸은 특별한 목적이 없는 경우 접할 기회가 많지 않은 것이 현실이다. 그렇지만 칭기즈칸은 워낙 유명한 인물이기 때문에 그와 관련된 영화, 드라마, 소설, 만화 등 역사적 사실과는 거리가 있는 내용으로 각색된 픽션물들이 많이 만들어졌고, 이것들은 우리가 손쉽게 접할 수 있다. 그러다 보니 우리는 그에 대한 지식의 많은 부분을 주로 영화와 드라마, 소설 등 창작물에 의존하게 된다. 나도 그런 경험이 있다.

내가 칭기즈칸을 처음 만난 것은 초등학교 2학년 때쯤으로 기억된다. 소년 잡지에 연재되고 있던 칭기즈칸과 관련된 만화였다. 워낙 많은 시간이 흘러 그 제목이나 내용, 저자 등은 제대로 기억할 수 없지만, 아마도 '몽골 초원의 늑대 테무친' 비슷한 제목이 붙었던 것으로 기억한다. 지금 그걸 다시 보게 된다면 아마도 유치하고 재미가 없다고 여길 것이라는 생각이 들지만, 당시 그 만화는 내 뇌리에 상당히 강렬한 자극제가 되었던 듯하다. 적대적인 부족에 의해 아버지가 살해된 뒤 외톨이가 된 테무친이 생사를 넘나드는 위기 속에서도 좌절하지 않고 불굴의 의지로 난관을 돌파하며 동생들을 추스르면서 부족을 통합해 가는 과정이 어린 내 가슴에 강렬하게 다가왔던 것이다. 그래서 나는 칭기즈칸이란 이름보다 몽골어로 '최고의 쇠로 만든 사람'이란 뜻을 가진 '테무친'이란 이름을 좋아하게 되었다.

그 뒤 칭기즈칸을 역사 시간에 잠깐씩 만나기는 하지만 그에 대한 책을 제대로 읽은 기억은 없다. 어쩌면 어린이 위인전이나 전기물 중에서 한 권쯤 읽었을 수도 있지만 지금 내 머릿속에는 그 내용이 거의 남아 있지 않다. 그러나 존 웨인과 수잔 헤이워드가 주인공으로 나왔던 할리우드 영화 〈칭기즈칸〉*의 이미지는 남아 있다. 물론 지금 그 영화의 내용은 잘 떠오르지 않는다. 다만, 20대 초반에 봤던 그 영화에 대한 느낌은 그다지 좋지는 않다. 영화의 주연을 앵글로 색슨족이 지배하는 미국의 상징인 존 웨인이 칭기즈칸 역을 맡은 것도 웃기는 일이지만, 그 내용 또한 역사적 사실과는 상당한 거리가 있었다. 지금 내 머릿속에는 몽골족의 야만적인 약탈 행위와 살육, 그리고 존 웨인과 수잔 헤이워드의 로맨스가 뒤섞인 기묘한 영화였다는 느낌이 강하게 남아 있다. 서구ᵐⁱᵘᵏ적 편견이 강한 영화라는 생각이 든다. '오리엔탈리즘'으로 뒤범벅이 된 그리스와 페르시아의 전쟁을 다룬 최근의 영화 〈300〉이나 그 후속편인 〈제국의 부활〉과 그다지 다르지 않다는 생각이라고 해야 할까?

이 글을 쓰면서 인터넷을 뒤지다 러시아와 몽골, 미국의 합작 영화로 2007년에 제작된 〈징기스칸〉을 보게 되었다. 주인공과 등장인물은 대체로 몽골과 러시아 출신들이어서 전형적인 할리우드 영화와는 다른 느낌이었다. 영화는 어린 시절 칭기즈칸과 형제처럼 지냈던 친구 자무카, 백테르와의 관계를 중요하게 다루고 있고, 시종일관 광대한

---

* 원제는 〈정복자(The Conqueror)〉였고 우리나라에서 상영될 때 극장 간판에는 〈징기스칸〉이란 제목으로 내걸렸다. 1956년 딕 포웰 감독 작품으로, 영화를 찍은 미국 애리조나의 피닉스 외곽 120킬로미터 사막지대는 1952년까지 핵실험이 있었던 방사능 오염 지역이었다. 방사능의 위험을 잘 몰랐던 제작자는 정부에서 허락한 문제의 지역에서 영화를 찍게 되었는데, 이때 영화에 출연하거나 종사했던 스태프 117명과 수백 명의 엑스트라 중 95퍼센트가 암으로 5년 안에 사망했다. 그중에는 존 웨인과 함께 출연한 감독 딕 포웰, 수잔 헤이워드, 아그네스 무어헤드도 포함되어 있다.

초원을 배경으로 살아가는 몽골인들의 인생관과 자연관, 삶과 운명, 역사에 대한 의식 등을 배경에 깔고 전개함으로써 몽골적인 정서를 느낄 수 있었다. 또한, 칭기즈칸의 행위가 몽골족의 통일을 위한 어쩔 수 없는 선택이었다는 점과 그 과정에서 부족들 사이에 피를 흘릴 수밖에 없었던 살육행위에 대한 비판적 시각을 함께 보여주고 있다. 그래서 이 영화는 '영웅과 야만'의 극단을 피하고 그 사이에서 균형감을 유지하려 하고 있다는 느낌을 받을 수 있었다. 극적 재미로만 치면 할리우드 영화보다 떨어질는지도 모르겠지만.

그런데 이 영화의 많은 내용은 『몽골비사』를 주요한 근거로 하는 듯 보인다. 데이비드 O. 모건에 따르면 『몽골비사』는 "몽골족이 직접 쓴 사실상 현존하는 유일한 작품이자 몽골족에게 정복되거나 적대적인 사람들의 상황에 의해 왜곡되지 않고, 몽골족이 어떤 생각을 하고 있었는지 우리가 직접 이해할 수 있게 해주는 유일한 기록"[1]으로 평가되는 자료이다. 하지만 이 영화 또한 역시 영화는 영화일 뿐이라는 점을 분명하게 보여준다. 따라서 이 영화 역시도 몽골족의 통일과 칭기즈칸의 역사적 위상을 설명해줄 수는 없는 한계는 분명하다. 아무리 역사적 근거가 탄탄하고 고증이 제대로 되었다고 하더라도 영화나 드라마, 소설은 허구적 창작이며 예술작품이라는 사실을 인식하고 보아야 한다.

역사는 역시 역사로써 공부해야 역사가 된다. 그렇지 않을 때는 역사적 사실과 픽션을 혼동하기 십상이다. 대표적으로 지금 방영되고 있는 〈기황후〉의 경우, 고려의 공녀로 원 나라에 끌려가 원 나라 마지막 황제 혜종혹은 순제의 황후제2황후에서 마지막에는 대황후가 된 기철의 여동생 기황후를 소재로 삼고 있지만, 드라마의 내용은 거의 많은 부분이 허구로써 역사적 실제와는 거리가 멀다고 평가되고 있다.[2] 드라마는 허구라는 사실을 인정하고 보면 문제가 되지 않는다. 그런데 허구임에도 허구가 아닌 역사적 사실인 것처럼 포장할 때는 일반인들에게 혼동을 줄 수 있다. 보는 사람도 만드는 사람도 이런 사실을 알 필요는 있을 것이다.

칭기즈칸 이전 유목 사회의 정세

칭기즈칸의 고향인 몽골은 멀리 서쪽까지 펼쳐진 광대한 중앙 유라시아 스텝초원지대의 동쪽 끝에 위치하고 있다. 북쪽에는 헤치고 들어갈 수 없는 시베리아의 삼림지대 '타이가Tiga'가 있고 남쪽에는 사막이 있다. 사막을 가로지르면 유목민의 입장에서 선망의 대상이기도 했던 정주 문명의 땅 중국이 나온다. 스텝지대는 나무가 자라지 않는 초원으로 몽골 지역 중심부를 지나는 오르콘Orkon강 계곡 연안의 오아시스 지역을 제외하고는 농업에 적합하지 않은 땅이다. 그 때문에 소떼나 양떼를 방목하며 이동하는 유목생활이 이뤄졌다.[3]

그러나 유목민들은 유목생활에서 얻는 물품만으로는 살아가기 어려운 상황이었다. 그래서 그들은 항상 남쪽에 있는 정주 사회와의 교역을 통해 자신들이 필요한 일부 물품을 충족시키려 했다. 그것은 곡식일 수도 있었고, 사치품에 해당하는 차나 직물처럼 다양한 것일 수도 있었다. 또한, 그들에게 무엇보다 중요한 것은 무기제작에 필요한 금속이었다. 반대로 정주 문명 또한 유목민들이 생산하는 물품이 필요했다. 따라서 교역은 서로에게 이익이 되는 것으로 인식되었다. 물론 절실함에 있어서는 정주 문명보다 유목민들이 더했겠지만. 그 때문에 많은 경우 유목민들은 정주 문명을 약탈하기 위해 호시탐탐 노렸던 것처럼 기록되기도 하지만, 실제로는 그러한 적대관계보다는 상호의존적인 평화의 시기가 더 많았다.

칭기즈칸의 몽골 제국이 등장하기 이전 스텝초원지대를 가장 오랫동안 지배한 것은 흉노 제국이었다. 흉노는 기원전 3세기경부터 기원후 3세기경까지 중국인들을 괴롭히며 이 지역의 지배자로 군림했다. 유럽에서 등장한 훈족^{Huns}이 흉노의 후예라는 주장을 받아들인다면 흉노 중 일부는 4세기에 중앙 유라시아 서쪽 끝에서 다시금 그 위세를 보여주었다. 흉노 다음에는 유연이 중앙 유라시아 동쪽 지역을 지배했고, 그 뒤를 이어 6~7세기에 돌궐 제국이 동쪽에서 서쪽에 이르는 광대한 지역에서 그 영향력과 위세를 떨친다. 돌궐 제국이 소멸한 다음에는 위구르 제국이 8세기 중엽 등장해 몽골 지역과 중앙 유라시아 초원지대 동부를 지배했다. 위구르 제국 수도는 훗날 몽골 제국의 수도가 되는 카라코룸 근처인 오르콘강 유역에 있었다.

위구르족의 일부는 840년 제국이 멸망한 뒤 남서쪽으로 이동하여 오늘날의 '신강新疆' 지역인 타림분지의 오아시스에서 몇몇 소왕국을 세웠다. 이들 위구르족은 주변의 강력한 이웃국가들에 필요에 따라 조공을 바치는 방식으로 독자성을 유지하며 거의 4세기가량 존재했다. 그들은 타림분지 일대에서 상당히 정교한 문화를 발전시켰고, 칭기즈칸의 몽골 제국에 의해 평화적으로 흡수되었다. 칭기즈칸은 그들이 유목전통을 가졌음에도 정주 국가를 조직할 수 있는 행정능력을 갖춘 것은 높이 평가하여 깊은 신뢰를 보였다. 칭기즈칸은 이전까지 구어口語로만 전해지던 몽골어의 기록을 위해 위구르 문자를 채용했으며, 문서를 보관하고 기록하는 위구르의 관습과 전통 또한 몽골 제국의 형성기에 국가 조직 과정에서 중요한 역할을 했다.[4]

위구르 제국이 멸망한 뒤 10세기 초반 만리장성 북쪽에 거주하던 거란족이 부흥하며 몽골 지역과 중국 북부 일대를 장악했다. 지금까지 연구에 따르면 거란족의 언어는 훗날 몽골어로 불린 언어의 초기 형태였던 것으로 알려진다. 이것은 후대의 강력한 정복자인 몽골인들과 거란족이 밀접한 관계가 있었다는 걸 암시한다. 거란은 중국식으로 요 나라로 명명하고 중앙집권적 통치 방식을 강화하면서 오르콘강 계곡의 오아시스에 수비대를 주둔시켰으며, 복종하기를 거부하는 투르크계 부족들을 서쪽으로 몰아냈다. 몽골 지역 동부는 거란족을 방어막으로 삼아서 이제 상당한 발전을 이루었다. 처음으로 칭기즈칸의 몽골족과 직접적인 연관성을 갖는 '몽골족'이 출현하는 것은 바로 이 무렵이다.[5]

1120년 거란족이 세운 요 나라는 북쪽에서 밀려 내려오며 세력을 확장하기 시작한 만주 지역의 여진족에 의해 쫓겨났다. 여진족은 만주 일대와 중국 북부를 장악하고 금 나라를 세웠다. 대다수 거란족은 여진족에게 밀려났지만, 일부는 중국에 머물면서 금 나라 관료가 되었다. 금 나라는 거란이 몽골의 오르콘강 유역 요새에 주둔시켰던 수비대를 철수시킴으로써 몽골에 대한 직접통치를 포기했다. 금 나라는 북방 유목 사회보다는 중국 본토에 더 많은 관심과 정력을 쏟았던 것이다. 거란족은 북방 초원지대에 한발을 걸치고 있었으나 여진족은 아예 그 발을 빼버렸다.

  그렇게 되면서 몽골 초원지대에는 거란의 지배 이후 권력의 공백상태가 조성되었다. 결국, 그곳의 권력은 말을 타고 다니면서 기동력을 갖춘 유목민들에게 떨어졌고, 그 가운에는 칭기즈칸의 조상도 있었다. 금 나라는 이 지역을 통제하기 위해 전통적인 중원 왕조들이 사용하던 간접통치 방식으로 바꾸었지만, 이는 새로운 세력이 힘을 키울 수 있는 공간을 만들어준 꼴이었다. 물론 그런 와중에 여진족에 밀려난 거란 왕족의 일부인 야율대석耶律大石은 중앙아시아 서쪽으로 진출하여 서요西遼*를 세우는 데 성공한다. 서요에 대해서는 알려진 사실이 거의 없지만 대체로 거란족과 투르크족, 그리고 중국적인 요소의 혼합체였으며 중앙집권적 통일 국가라기보다는 광대한 지역이 각 지방의 여러 왕조 아래서 상당한 자치와 독립성을 유지했던 것으로 알려진다. 서요는 몽골 제국에 정복되기 전까지 유지되었다.

'초원의 늑대' 테무친, 몽골 초원을 제패하다

  칭기즈칸의 이름은 '테무친Temüchin'이다. '테무친'은 몽골어로 '최고의 쇠로 만든 사람' 또는 '대장장이'란 뜻이 있다. 아버지 예수게이 바하투르Yesügei Bayatur가 타타르족과의 전쟁에서 승리한 뒤 붙인 이

---

*   요 나라가 멸망하자 황족 야율대석이 서쪽으로 도망가 세운 나라로 '서요', '카라키탄(Kara Khitan), 카라 키타이(Kara Khitai)' 등으로 불리었다. '카라키탄'은 투르크어로 '검은 거란'의 뜻이지만, 거란 말로는 무슨 뜻인지 확실히 전해지지 않는다. 카라 키타이는 카라키탄의 변형이다.

름이다. 예수게이가 타타르의 군주 테무친 우게와 전투를 벌여 크게 승리한 얼마 뒤 칭기즈칸이 태어났다. 그러자 아버지는 테무친 우게에게 승리하고 태어났으므로 상스러운 징표라고 생각하고 그 타타르 군주의 이름을 따서 자식에게 테무친이란 이름을 붙여주었다고 한다.[6]

당시 몽골 초원에 살고 있던 부족들은 크게 투르크계와 몽골계로 나눌 수 있다. 본래 몽골이라는 명칭은 투르크족에 속하는 한 종족에 불과했으나 오랫동안 수많은 부족이 생겨나고 다른 종족들보다 수가 많아지면서 그런 명칭이 정착하게 되었다. 하지만 실제로는 여러 부족이 족외혼 관습에 따라 자유롭게 통혼하고 있었기 때문에 사실상 누가 투르크족이고 누가 몽골족인지 명확하게 구분하는 것은 어려운 상태였다. 따라서 몽골 초원에 살던 사람들을 합쳐서 '투르크계 몽골족 Turko-Mongol'으로 표현하는 것이 더 적절할 것이다.

어쨌든 몽골족으로 불린 세력은 크게 두릴리킨 몽골족과 니르운 몽골족이 있었다. 두릴리킨 몽골족에는 네쿠즈, 우량카트, 아룰라트, 킬키누트 등 여러 부족[*]이 있었으며, 니르운 몽골족은 크게 일반 니르운 16개 종족과 하르운 종족이 있었다. 칭기즈칸은 하르운 종족 중에서 청색 눈 또는 회색 눈을 뜻하는 '보르지킨 키야트'족 출신이었다.[7]

당시 주요 투르크계 몽골족으로는 몽골 동부에 거주한 타타르Tatar,

[*] 기존의 역사학자들이 부족·씨족으로 부르는 집단은 사실은 어느 특정한 가족(family) 혹은 종족(lineage)이 정치적 지배권을 행사하는 단위였지, 결코 친족 조직이 아니었다는 주장이 있다. 여기에 따르면, 기존에 동일한 부계혈통을 소유한 '오복(Oboq)'이라고 불리던 씨족이나 씨족들이 모여서 구성했다는 '울루스(Ulus)'로 불리던 부족도 사실은 모두 내부에 불평등한 계급관계가 존재하던 '머리 없는 국가'나 마찬가지 조직이다. (김호동 지음, 『몽골제국과 세계사의 탄생』, 돌베개, 84~85쪽 참고)

중앙에 거주한 케레이트Kerait, 북부에 거주한 메르키트Merkit, 그리고 서부에 거주한 나이만Naiman 부족이 있었다. 그 외에도 옹기라트Onggirat, 옹구트Önggüt, 키르기스Kirghis 등의 부족들도 있었다. 이 중 특히 타타르족은 대대로 몽골족의 적수였는데, 칭기즈칸은 자신의 권력을 확립하자 타타르에 대한 대대적인 보복을 감행하여 사실상 멸족시켰다. 그 때문에 타타르족은 더 이상 존재하지 못하고 개개인의 흔적만 남기게 된다.[8]

칭기즈칸의 출생연도에 대해서는 1155년, 1161년, 1162년, 1167년 등 몇 가지 설이 존재하지만, 정설로 인정되고 있는 것은 아직 없다. 현재 몽골 공화국에서 기념하는 칭기즈칸의 탄생일은 1162년 11월 14일이다. 보통 학자들은 1167년 설을 선호하는데, 이것은 그의 말년의 나이를 터무니없이 고령으로 만들지 않는다는 장점이 있다. 테무친의 유년시절에 대한 기록 또한 자세하지 않다.[9]

칭기즈칸이 태어날 무렵 아마도 타타르족이 가장 영향력 있는 부족이었던 것 같다. 그들은 대대로 몽골족의 적수였으며, 테무친의 아버지 예수게이는 타타르족과의 전투에서 승리한 뒤 그들에 의해 독살되고 만다. 테무친의 아버지는 작은 부족이었던 보르지킨족의 족장이었으나 아버지가 살해될 당시 어린아이였던 테무친은 그 뒤를 이어 족장이 될 수가 없었다. 예수게이의 추종자들도 이탈한 상태에서 테무친은 후일을 도모하지 않을 수 없었다. 테무친과 그의 어머니, 그리고 형제들은 고난에 빠졌고, 광야에서 도피생활을 하면서 근근이 생명을 연명해야 했다. 더욱이 테무친 가족들은 다른 몽골 부족인 타이치우트와 상당한 갈등관계여서 곤경이 더욱 자심했다.

타이치우트족은 테무친을 평화롭게 성장하도록 내버려두지 않았다. 테무친은 그들에게 몇 차례 붙잡혀 포로가 되기도 했지만, 그는 다행히 특유의 기지를 발휘하여 탈출하며 살아날 수 있었다. 테무친은 역경과 고난 속에서도 좌절하거나 실망하지 않고 기회를 노렸다. 그는 마침내 이러한 장애물을 극복하고 지도력을 발휘하여 부족의 지도자로 성장했다. 그는 성인으로 성장한 뒤 담대하고 뛰어난 기지로서 젊은 전사들을 설득하고 끌어모으기 시작했다. 그는 귀족 혈통을 가진 또 다른 몽골족인 자무카와 '안다Anda의 형제'* 관계를 맺었다. 자무카는 그에게 큰 힘이 되었다. 그의 지도력이 확인되면서 출신배경이 열악한 개인 중에는 테무친의 '누르케Nöker'** 가 되기 위해 자신의 부족에 대한 충성을 저버리는 사람이 나날이 늘어났다.[10]

자신의 독자적인 세력을 구축한 테무친은 두 가지를 성공함으로써 자신의 기반을 더욱 강화할 수 있었다. 하나는 그가 어렸을 적에 부모들 사이에 약속한 약혼한 옹기라트 부족의 보르테이Bortei와 결혼을 성사시킨 것이다. 다른 하나는 몽골 초원에서 타타르족에 반대한 세력 중 가장 강성한 케레이트족의 칸 토그릴과 동맹을 맺은 것이었다. 이

---

* '안다'는 의형제를 뜻한다. '안다'는 비슷한 사람 사이에 형성되는, 자발적인 혈연관계와도 같은 것이었다. (데이비드 O. 모건 지음, 『몽골족의 역사』, 모노그래프, 71쪽 참고)

** 시간이 지나면서 '부하'란 뜻으로 굳어졌지만, 이 당시의 의미를 제대로 전달하기 위해서는 '동료'나 '전우'로 번역하는 것이 더 적절한 말이라고 한다. 이 단어는 몽골 제국 시기에 페르시아어로 유입되어 용어의 사회적 위상 하락 과정을 거쳐 이제는 '하인'을 의미하게 되었다. 하지만 12세기 몽골 지역에서는 확실히 그런 의미가 아니었다. 재능은 있지만, 정치적으로 미미했던 전사가 다른 전사들을 자신의 기치로 끌어들일 지도자적 자질과 개인적인 매력을 갖고 있을 때, '누르케' 체계는 자신의 추종 세력을 구축할 수 있는 하나의 수단이 되었다. 칭기즈칸은 초창기 자신의 지지자들을 이런 식으로 포섭했다. 이들 중 일부는 후일 그의 가장 위대한 장수가 되었다. (데이비드 O. 모건 지음, 『몽골족의 역사』, 모노그래프, 71쪽 참고)

동맹을 위해 테무친은 토그릴 칸에게 아버지 예수게이와의 '안다' 관계를 상기시켰고, 적절한 선물도 내놓았다. 토그릴 칸은 그의 오랜 동료였던 사람의 아들에게 호의적으로 대했다. 또한, 테무친은 칸의 충분한 동반자로서의 가치를 보여줌으로써 그의 추종세력도 확대할 수 있었다.

그런데 그 무렵 금 나라는 자신들의 추종 세력이었던 타타르족의 힘이 너무 강대해지자 이를 견제할 대항마를 물색하기 시작했고, 그 세력 가운데 하나가 토그릴이었다. 토그릴 칸은 테무친의 도움을 받아 타타르족에게 큰 패배를 안겨주었고, 그 성과를 바탕으로 금 나라 황제로부터 '왕王'의 칭호를 하사받았다. 그렇게 해서 토그릴은 '왕칸Wang-Khan' 또는 몽골식 발음으로 '옹칸Ong-Khan'으로 알려지게 된다. 테무친 또한 작지만 공로를 인정받아 '백인대장百人隊長'을 뜻하는 '자우트-쿠리Ja'ud-khuri'라는 칭호를 받았다.[11]

그러나 테무친은 그것으로 만족할 수 없었다. 그는 다른 부족장들과 결정적인 차이점이 있었다. 그것은 바로 그가 몽골족 전체를 통일하겠다는 야심을 품었다는 사실이다. 칸이라 불리는 족장들은 기본적으로 자신의 영향력을 유지하고 세력을 확장하는 데 관심을 기울였을 뿐이었다. 그들의 주요 관심사는 대부분 다른 부족으로부터 필요한 물자를 빼앗는 것이었다. 하지만 테무친은 달랐다. 그는 몽골에서 부족 전쟁을 끝내기 위해서는 몽골 부족 전체를 하나로 통합하는 일이 필요하다는 인식을 갖기 시작했던 것이다. 그리고 그는 이러한 생각을 바탕으로 부족을 통합하기 위한 노력을 기울였고, 1206년 마침내 몽골 부족을 하나로 통합하고 여러 부족장의 추대를 받아 '왕 중의 왕'을 의미하는 '칭기즈칸Chingiz Khan*'에 올랐다.

내부를 다지고 밖으로 눈을 돌리다

칭기즈칸이 몽골 초원을 제패할 수 있었던 것은 혼자의 힘만으로 가능했던 것은 아니다. 그는 자신의 세력을 확장하고 몽골을 통일하는 과정에서 여러 부족과의 동맹관계를 적절히 이용했다. 그는 무엇보다도 케레이트족과 동맹하여 다른 부족들을 차례차례 무너뜨렸다. 그는 다른 부족을 제압하면서 장래에 자신에게 대항할 가능성이 있는 부족은 아예 초토화하는 전략을 썼다. 그는 배후에 적을 남겨놓는 일을 절대로 하지 않았다. 그는 몽골 초원을 제패하고 밖으로 눈을 돌리기에 앞서 먼저 등 뒤에서 자신을 찌를 수 있는 유목부족을 깨끗이 정리했다. 특히 메르키트족에게는 그가 갚아야 할 빚이 있었다. 메르키트족은 장남인 조치Jochi가 태어나기 9개월 전 테무친의 본처 보르테이를 납치했던 것이다. 그 일 때문에 조치의 혈통이 두고두고 문제가 되었다.

칭기즈칸은 메르키트족을 정벌하고 깨끗이 청소했다. 다음에는 주르킨족 귀족들을 공격대상으로 삼았다. 주르킨족은 테무친의 동맹세력이었으나, 테무친이 타타르족을 공격하는 틈을 타서 그의 재산을 약

---

*　'칭기즈(Chingiz, 또는 Genghis)'의 칭호와 기원에 대해서는 여러 학설이 존재한다. 그 중 '바다'를 의미하는 '텡기스(tänggis)'가 어원이라는 주장이 많은 설득력을 얻고 있다. 거기에 따르면 '칭기즈칸'은 사해(四海)의 군주'이자 '전 세계를 지배하는 군주'라는 의미로 쓰이게 된다. 남송의 사절단으로 1221년 몽골 지역을 다녀온 조공단은 '칭기즈'가 '천사(天賜)', 즉 '하늘이 하사하다'라는 의미로 번역된다는 기록을 남겼다.

탈했던 적이 있었다. 칭기즈칸은 배신에 대해서는 철저히 응징했다. 그는 자신이 평정한 부족의 경우, 귀족들은 처형하고 평민들은 병졸과 노예로 삼았다. 테무친은 세력이 강성해지자 강대한 타타르족과 최후의 결전을 벌였다. 그는 타타르와의 전투에서 승리한 뒤 수레바퀴보다 키가 큰 자들은 모두 죽이고 아이들만 살려두었다고 한다. 그는 아이들은 나중에 커서 자신들의 신분을 잊고 몽골의 충실한 추종자가 될 것이라고 믿었다.[12]

칭기즈칸은 각 부족을 평정한 뒤 옛 정적과 말썽이 될 만한 귀족들을 모두 제거했다. 그리고 자신이 평정한 각 부족의 귀족들이 소유한 병사들은 모두 자신의 군대로 편입시켰다. 칭기즈칸은 몽골을 분열시킨 부족 중심의 사고를 깨끗이 정리하고, 모든 몽골 유목민들이 자신에게만 충성하도록 체제를 변화시키고자 했다. 1206년 '칭기즈칸'에 추대되어 몽골 초원 전체를 장악한 그는 몽골 지역을 자신의 친인척과 동료·부하 장수들에게 나누어주어 관리하도록 했다. 그리하여 몽골은 기존의 부족과 가문이 중심이 된 연맹조직 형태에서 칭기즈칸을 중심으로 한 봉건체제처럼 바뀌었다.

칭기즈칸은 몽골을 통일하는 과정에서 그의 안다의형제였던 자무카와도 갈라섰다. 자무카는 칭기즈칸의 세력이 확대되는 과정에서 적대 세력의 편에 섰다. 자무카는 마지막으로 나이만족과 연합하여 칭기즈칸에 대항했으나 결국 패배하고 말았다. 『몽골비사』에 따르면 자무카는 마지막 전투에서 칭기즈칸을 공격하지 않고 돌아섰으며, 후일 스스로를 처형해달라고 요구했다고 한다. '안다의형제'를 향한 마지막 의리였을까? 아니면 칭기즈칸처럼 냉철한 군주, 지도자의 자질이 없었던 것일까?

칭기즈칸에게 패배한 나이만족 칸의 아들 쿠출룩은 몽골을 탈출하여 서요로 도피했다. 하지만 그는 자신에게 은신처를 제공한 서요 황실의 은혜를 배신했다. 1211년 쿠출룩은 서요에서 쿠데타를 일으켜 왕권을 탈취했던 것이다. 그러나 그는 서요의 마지막 군주가 되었다. 1218년 칭기즈칸의 군대에게 그의 왕국 또한 무너지고 말았던 것이다.

1206년 오논강 인근에서 쿠릴타이^{Khuriltai}가 개최되었고, 그 자리에서 테무친은 세계의 군주를 의미하는 칭기즈칸에 올랐다. 이와 함께 칭기즈칸의 가장 충실하고 오랜 부하들에게 그 공로에 따라 보상이 주어졌다. 가장 큰 보상을 받은 이들은 칭기즈칸이 3년 전인 1203년 결정적인 위기에 부닥쳤을 때에도 그에게 여전히 충성했던 몇몇 인물들이었다. 그들은 당시 칭기즈칸과 함께 발주나^{Baljuna} 호수까지 철수하여 '발주나의 맹약'을 통해 그들의 충성을 보여주었다.

테무친이 칭기즈칸에 즉위함으로써 몽골 제국이 수립되었다. 몽골 초원을 제패하고 하나로 통합한 칭기즈칸은 눈을 밖으로 돌렸다. 북방

＊　몽골식 권력계승을 위한 대집회를 말한다. 몽골 초기에는 왕족과 장수들로 구성되던 족장회의로써, 몽골 제국의 대칸 선출이나 원정 결의 등을 위한 대집회를 말했다. 1206년 테무친은 쿠릴타이에서 '세계의 통치자'를 뜻하는 칭기즈칸으로 추대되었다. 그 이후 칭기즈칸은 강력한 군대를 이끌고 태평양에서 동유럽, 시베리아에서 페르시아만에 이르는 세계 역사상 가장 넓은 영토를 정복했다. 칭기즈칸 사후 쿠릴타이가 개최되어 셋째 아들 우구데이(오고타이)를 대칸으로 지명했다. 그러나 5대 쿠빌라이 칸에 이르기까지 평화롭게 권력을 이양받은 것은 2대 우구데이 칸뿐이었다. 그 뒤에는 후계자 자리를 놓고 분열이 일어나 쿠빌타이가 두 곳에서 열려 두 명의 대칸이 선출되는 등 혼선이 벌어졌다.
　　몽골의 쿠릴타이는 우리나라 신라 시대의 화백제도나 오늘날의 '국회'와 비슷한 역할을 한다고 말할 수 있을 것이다. 쿠릴타이로 알려진 몽골 제국의 코릴타는 흉노 이래 북방민족의 역사에서 계속해서 보이는 현상이다. 그 최초의 예는 오환(烏桓)과 선비(鮮卑)이다. (신화위키 참고)

유목민족의 가장 큰 꿈의 하나는 중원을 공략하는 것이었다. 몽골을 장악한 칭기즈칸 또한 다르지 않았다. 중원을 공략하기 위해서는 일차적으로 중국 북부를 장악하고 있던 금 나라를 무너뜨려야 했다. 칭기즈칸이 눈을 밖으로 돌린 것은 중원에 대한 요구뿐만 아니라 내적인 이유도 있었다. 새롭게 통합된 군사조직을 이용해 무언가를 하지 않으면 내부적으로 다시 분열이 일어나 조직은 곧 와해될 것이다. 그렇게 되면 몽골 지역은 이전의 상태로 되돌아가고 말았을 것이다.[13]

1206년 이후 몇 년간은 자질구레한 일들을 매듭짓는 데 전력을 기울였다. 나이만족과 메르키트족 잔당들을 비롯해 여전히 '저항' 중이던 잔존 세력들을 평정해야 했다. 밖으로 나갔을 때 등 뒤에서 문제가 발생하면 안 되는 것이다. 중국 북부를 차지하고 있던 금 나라를 공략하기에 앞서 먼저 그 외곽에 있던 서하西夏를 공격하는 일에 나섰다. 1209년 몽골군의 공격을 받은 서하는 오래 견디지 못하고 금방 항복했다. 물론 이때 서하가 완전히 멸망한 것은 아니었다. 서하 지배층은 여전히 권력을 갖고 있었지만, 그들은 칭기즈칸에게 복종을 맹세하고 조공을 바치기로 했다. 이로써 금 나라 공격을 앞두고 측면의 위험성은 사라졌다.[14]

칭키즈칸의 약탈과 응징을 위한 전쟁

금 나라에 대한 공격은 1211년부터 시작되었다. 이 전쟁은 칭기즈칸이 사망한 지 몇 년 후인 1234년까지 계속되었고, 마침내 금 왕조가 정복되었다. 몽골군은 금을 침공하면서 그들이 갖고 있는 약점을 금방 노출했다. 몽골의 기마군대는 평원 전투에서는 매우 뛰어났지만, 성벽으로 둘러싸인 중국의 도시를 점령하는 데는 한계가 있었다. 처음 몽골은 금 제국의 완전한 정복이 목표는 아니었던 듯하다. 그들은 약탈과 그를 통한 전리품 획득에 큰 관심을 가졌다. 몽골군은 처음에는 많은 뇌물을 받고 금의 설득에 따라 되돌아갔다. 하지만 몽골족은 계속해서 다시 공격을 반복했다. 1215년 금의 수도 중도中都, 현재의 북경가 몽골군에게 함락되었고, 금은 수도를 카이펑으로 옮겨야 했다. 그럼에도 금 제국은 깨뜨리기 쉬운 존재가 아니었다. 이때 칭기즈칸의 관심은 서쪽으로 향했고, 금과의 전쟁 후반부는 대칸의 장수 무칼리Muqali가 맡았다.[15]

칭기즈칸은 자신의 숙적이었던 나이만족의 쿠출룩이 도망가 권력을 장악한 서요카라키타이로 눈을 돌렸다. 사실 서요는 몽골에게 큰 문제는 아니었다. 1209년 서요의 속령이던 투르판Turfan 지역의 위구르족이 칭기즈칸에게 항복했고, 그곳에 몽골족 수비대가 주둔하고 있었다. 또한, 1210년에는 서요의 상당 부분을 차지하고 있었으며 사마르칸트와 부하라 같은 대도시가 속해 있던 트란속사니아가 호라즘 왕국에 점령당한 상태였건 것이다.

1218년 칭기즈칸의 장수 제배 노얀Jebe Noyan*이 쿠출룩을 확실히 처리하기 위해 서요로 출정을 떠났다. 예수교 신자였던 쿠출룩은 이슬람에 대해 종교적 박해를 가하고 있었는데, 제베가 이슬람의 종교적 자유를 회복시켜주자 백성들은 쿠출룩에게서 금방 등을 돌렸다. 쿠출

---

*   제베는 인명(人名)이며, 노얀은 몽골어로 '귀족', '영주'를 뜻한다.

룩은 달아났지만, 훗날 추적 끝에 피살되었다. 서요의 영토는 어렵지 않게 몽골 제국에 편입되었다.[16]

이제 칭기즈칸의 몽골 제국은 알라 앗 딘 무함마드의 호라즘 왕국과 국경을 맞대게 되었다. 칭기즈칸은 이 시점에서는 호라즘과의 전쟁을 바라지는 않았던 것 같다. 그의 가장 큰 관심 지역인 중국이 아직 해결되지 않은 상태였고, 따라서는 그는 이 단계에서는 호라즘과의 평화적인 교역의 증진을 원했다. 하지만 1218년 몽골에서 출발한 450명의 이슬람 상인으로 구성된 대상隊商이 호라즘의 국경도시 우트라르Utrar에서 첩자로 몰려 모두 피살되는 사건이 일어나면서 상황이 급반전했다. 이곳에 있던 한 사람이 학살현장에서 탈출하여 칭기즈칸에게 사실을 보고했다. 이에 이 사건에 대한 배상과 우트라르 총독의 처벌을 요구하는 세 명의 사신이 호라즘 샤이란어로 '왕'이라는 뜻에게 파견되었다. 호라즘 샤는 사신 한 사람을 죽이고, 다른 두 사람의 수염을 밀어 버리는 것으로 답을 대신했다. 그러자 이러한 모욕적 처사에 분노한 칭기즈칸의 응징 보복 공격이 시작되었다.

1219년 몽골군은 세 갈래로 공격을 시작했다. 몽골군에 대응하여 호라즘 샤는 자신의 군대를 여러 요새에 분산 배치했지만, 그들은 모두 각개격파 당했다. 결국, 호라즘 왕은 도망치지 않을 수 없었다. 한 몽골군 파견대가 그의 뒤를 쫓았지만, 그는 추격군을 교묘히 피해 카스피 해의 한 섬에 은신했다가 그곳에서 죽었다. 호라즘 샤를 뒤쫓은 몽골군은 먼 길을 돌아 코카서스Caucasus를 통과하고 카스피해 북쪽 경로를 통해 몽골 지역으로 돌아왔다. 이 여정에서 몽골군은 마주쳤던 모든 사람을 패배시켰으며, 1230년 몽골군이 러시아와 동유럽의 대대

적인 원정길에 올랐을 때 활용될 소중한 정보를 수집했다.[17]

몽골군에 점령당한 트란속사나 지역은 철저히 파괴되었으며 주민은 무자비하게 살해당했다. 호라즘 왕국의 영토였던 페르시아 동부 후라산 지방은 더욱 가혹한 운명을 맞았다. 칭기즈칸의 막내아들 툴루이Tolui가 이후 몇 년간에 걸쳐 이곳을 철저히 파괴했던 것이다. 호라즘 왕국에서는 샤의 아들 잘랄 앗 딘이 몇 년간 영웅적인 저항을 했지만 결국 몽골족의 지배에 어떤 생채기도 남기지 못한 채 피살되고 말았다.

1225년 몽골로 돌아온 칭기즈칸은 내정을 다진 후, 1226년 서하를 완전히 정복하기 위해 다시 몽골 지역을 떠났다. 서하의 군주는 서방의 원정에 군대를 제공해야 할 의무를 제대로 이행하지 않았다. 서하 군주는 병력 지원 요구에 대해 "만일 칭기즈칸에게 충분한 병력이 없다면 그는 최고 권력을 행사할 자격이 없다"고 할 정도로 건방진 태도를 보였다.[18] 몽골군이 호라즘과의 전쟁에서 승리하지 못할 것이라고 본 때문이었다. 하지만 그의 예측은 틀렸고, 몽골군은 완벽하게 호라즘 군대를 격파했다.

서하는 완강히 저항했으나 칭기즈칸의 군대를 막을 수 없었다. 정복과 함께 서하의 수도 영하는 철저히 파괴되었으며, 서하 주민도 씨가 마를 정도로 무자비하게 학살당했다. 호라즘 원정에 군대 제공을 거부하고 2차 전쟁에서 끈질긴 저항을 벌인 것에 대한 칭기즈칸의 보복이었다. 2007년 2월 14일 중국 국영 중앙텔레비전CCTV 보도에 의하면, 몽골군은 서하 사람들을 매우 철저하게 살육해서 멸족시켰기 때문에 현재까지 서하 인의 유전자를 가진 후손을 발견하기 어렵다고 한다.[19]

칭기즈칸은 몽골군에 저항하는 세력에 대해서 철저한 보복을 가함으로써 상대편의 공포감을 높이고 저항의지를 꺾고자 했다. 이것은 일종의 칭기즈칸의 군사 전략 가운데 하나였다. 이 때문에 징기즈칸을 잔혹한 정복자로 비판하는 후세의 사가들이 많다. 하지만 이러한 잔혹한 살육행위는 비단 칭기즈칸에게만 있었던 것은 아니다. 알렉산드로스 또한 완강히 저항한 밀레토스와 할리카르낫소스을 완전히 초토화하고 그 지역 주민을 모두 살육했던 것이다. 또한, 나중에 불교에 귀의하여 법에 의한 통치를 펴는 아소카 왕 또한 정복지를 파괴하고 주민을 무자비하게 살해하지 않았던가. 정복자란 아무리 훌륭한 인물이라고 하더라도 이런 관점에서 본다면 무자비한 살인자일 뿐이다.

1227년 8월 18일[*], 서하의 수도 영하가 함락되기 직전 칭기즈칸은 그 주변 평량 서북쪽에서 죽었다. 그는 자신의 죽음을 직감하고 이렇게 유언했다고 한다. "나의 죽음을 알리지 말라. 적이 알지 못하도록 하기 위해 절대로 곡을 하거나 애도하지 말라. 탕구트의 군주와 백성들이 기간에 맞추어 밖으로 나오면 그들을 모두 없애 버려라!"[20] 그가 사망한 직후 영하는 함락되었고, 서하의 군주도 처형되었다. 서하 사람들은 절멸 상태가 되었다. 칭기즈칸의 시신은 오논강의 발원지가 있는 성산 부르칸 칼둔 부근의 어떤 산속 비밀 장소에 안장되었다고 한다.[**]

---

[*]   8월 15일이라는 주장도 있다.
[**]   칭기즈칸의 무덤 위치에 대해서는 오논강 발원지 부근, 알타이산 등 여러 가지 설이 있다.
       20세기 들어 많은 사람이 첨단장비까지 동원하며 그의 무덤을 찾으려고 노력했지만, 현재
       까지는 확인되지 않고 있다. 이는 아마도 그의 무덤을 중국의 황제들처럼 거대하게 만들지
       않고 소박하게 처리했기 때문일 것이다. 그는 자신의 후손들이 무덤 따위에 거창하게 투자
       하기보다 유목민답게 소박하고 검소하게 장사 지내고 유라시아 대륙을 향한 정복 활동을
       계속해 나가기를 바랐던 것 같다.

칭기즈칸의 생애[21]

연도	내용
1167	출생. 여러 설이 있음
1175~1176	아버지 예수게이 독살
1182	케레이트 울루스의 군주 토릴을 방문하여 의부자 관계 확인
1184	메르키트 울루스를 공격하여 약탈당한 처 보르테이를 탈환 의형제 자무카와 동거하기 시작
1186	자무카와 결별하고 몽골 울루스의 '칸'으로 즉위
1187	자무카와 달란 발주트에서 전투
1196	금 · 케레이트와 연합하여 타타르 원정
1196~1197	주르킨 가문의 수령들(사차, 베키, 타이추) 처형
1198~1199	케레이트와 연맹하여 나이만 울루스 원정
1201	자무카가 '구르 칸'으로 즉위. 쿠이텐의 전투
1202	달란 네무르게스의 전투로 타타르 전멸
1203	케레이트와 카라칼지트에서 전투하여 패배. 발주나의 맹약
1204	케레이트 습격과 승리. 나이만과 메르키트 정벌
1205	자무카 처형
1206	'칭기즈칸'으로 즉위. 천호제 조직. 나이남 정복
1207	키르키즈 복속
1208	오이라트 복속
1209	탕구트(西夏) 원정
1211	위구르 · 카를룩 부속. 금 나라와 전쟁 시작
1218	나이만의 왕자 쿠출룩 응징
1219	호레즘과 서방원정 시작
1225	서방원정에서 귀환
1226	탕구트 원정
1227	원정 도중 사망

조직의 천재 칭기즈칸과 몽골 군대의 위력

칭기즈칸과 그의 후예들이 정복한 지역은 유럽과 아시아를 가로지르는 광대한 지역으로 세계 역사상 아직까지 몽골 제국에 필적할 만한 나라는 나오지 않았다. 13세기 유럽과 아시아에는 군사나 정치조직 면에서 초원지대에서 시작된 몽골인의 대규모 공세를 방어할만한 세력이 없었다. 몽골 기마군단의 위력은 신화처럼 이야기되고 있다. 몽골 군대가 강성하게 된 것은 칭기즈칸의 지도력과 깊은 관계가 있다. 칭기즈칸이 된 테무친은 가히 '조직의 천재'로 불릴만하다. 당시 몽골의 인구는 2백만도 되지 않았고, 그마저도 수많은 부족과 부락으로 나뉘어서 걸핏하면 자기들끼리 싸우고 죽이는 전쟁을 벌였다. 테무친은 이러한 복잡한 몽골 초원지대를 결혼과 동맹, 습격과 매복공격, 협상과 전쟁 등 다양한 방법으로 하나로 묶어내어서 민족국가 형태의 방대한 군사조직으로 통합했다.[22]

1206년 이후 '칭기즈칸'의 영도 아래 몽골인들은 모두 군인이 되었는데, 그 기본 체제는 십진법에 따랐다. 10명, 1백 명, 1천 명, 1만 명 단위로 군대가 조직되었는데, 1만 명으로 구성된 '투멘' 또는 만호萬戶가 가장 중요한 전투 단위였다. 하지만 몽골족 기병대는 1천 명 단위의 부대에 소속감을 더욱 느꼈던 것 같다. 1206년 몽골 제국의 건국 직후 칭기즈칸이 가장 먼저 한 일은 자신과 고락을 함께한 장수들에게 1천 호씩 나누어 지휘를 맡기는 상을 내린 것이었다. 그는 이때 몽골을 구성하는 95개의 천호를 조직하고 그것을 지휘할 88명의 천호장을 임명했다.[23]

몽골 군대의 지휘관은 철저히 능력 위주로 선발되었으며, 승진이 빠르고 승진 연한에도 제한이 없었다. 병사들은 대단히 힘들고 고통스러운 일도 잘 견뎠다. 그래서 마르코 폴로는 "그들은 세상의 어떤 사람들보다도 어려운 일을 잘 참아냈다. 먹을 것이 없어도 암말의 젖이나 활과 화살로 수렵한 동물들에만 의지해서 몇 달이고 살아갈 수가 있다."고 했다. 또 마르코 폴로는 "만일 어쩔 수 없는 지경에 처한다면, 그들은 열흘 동안이나 불에 익힌 음식을 먹지 않으면서 달려가기도 했다."고 기록했다. 이 이야기가 과장이 아니라는 게 『원사』「태조본기」를 보면 알 수 있다. 한 몽골족 추장이 도중에 양식이 떨어지자 양의 젖을 짜서 마시고, 낙타를 찔러서 그 피를 먹으며 견뎌냈다고 한다. 보통 몽골군은 별다른 짐도 없이 단지 가죽으로 만든 부대에 물을 담아서 휴대하다가, 강을 건널 때에는 이것을 부낭浮囊*으로 썼다. 그들은 말 위에서도 잠을 잘 수가 있어서, 상황에 따라서는 밤낮으로 행군을 하고 말을 바꾸어 계속 전진하기도 했다.[24]

이런 병사들로 구성된 부대에서 말타기 기술은 생활의 일부였고, 여기에 엄격한 군사적 규율이 더해졌으니, 당시로서는 밀집 대형으로 적진 깊숙이 돌격해 들어가서 공격하는 이들의 전술을 깰 방법이 없었다. 칭기즈칸의 군대가 가는 곳이면 그에 맞설 상대가 없었다. 이들은 보통 빠른 속도로 진군하며, 몇 개 종대가 협조하는 전술로 적의 진영을 포위했다. 그러니 가히 천하무적이었다. 일반 유목민들이 말을 잘

---

* (1) 헤엄을 치거나 물에 빠졌을 때 몸이 잘 뜨게 하는 물건. 고무나 방수포로 만들어 바람을 넣는다. 유의어 부대(浮袋), 부포(浮包), 부환(浮環) (2) 선박에 비치하는 구명(救命) 기구. (다음 국어사전 참고)

타서 바람처럼 움직인다고 했지만 몽골 기마부대의 기동력과는 비교되지 않았다. 몽골군은 그때까지 농경민족은 물론이고 유목민족들도 경험해보지 못한 신출귀몰하는 부대였던 것이다.

또한, 칭기즈칸의 군대는 적이 완강하게 저항하면 거짓으로 패한 척 물러났다가, 적의 경계가 소홀한 틈을 타서 재차 반격했다. 칭기즈칸은 맹목적으로 잔혹한 초토화 전술을 시행하지는 않았지만, 적의 성을 공격하고 난 다음에는 아낌없이 불태우고 죽여서 이후 성벽에 의지해서 저항하는 적들에게 두려움과 교훈을 주었다. 어떤 경우에는 그 방법이 너무나 잔혹해서 사람 머리가 산처럼 쌓이기도 했다고 알려진다. 그는 또한 적의 후방에 소문을 퍼뜨리고, 난민을 적 진영으로 몰아넣어서 그들로 하여금 공포 분위기를 조성하게 했다. 그러나 전투가 종결되면 모든 잔혹한 수단들을 즉각 중지시키고, 군사 중에서 규정을 위반한 사람은 가려서 사형에 처했다. 군율이 엄격했던 것이다.[25]

칭기즈칸은 사치스런 물품이나 호화로운 생활에는 관심을 두지 않았다. 그는 전투에 임할 때는 그 자체에 모든 것을 집중했다. 그 때문에 그의 심리를 읽어내려는 시도가 다양하게 진행되었다. 또한, 서방의 서적들에서는 그가 했다는 이런 말을 공통적으로 전하고 있다. "인생의 가장 큰 쾌락과 위로는 전쟁에서 승리하는 데 있고, 적을 이기는 데 있으며, 그들을 추격하는 데 있고, 그들의 재산을 탈취하는 데 있으며, 그들의 사랑하는 사람을 울게 하고, 그들의 말을 타고, 그들의 처녀를 끌어안는 데 있다." 그러나 이 말은 자의적일 뿐 아니라 뛰어난 상상력을 가진 소설가의 창작이라고 생각되지 않을 수 없다. 사실 이런 식의 이야기와, "엄격한 규율로써 능히 내주고 능히 거두며 아랫사람을 통제했다는 그의 통치법은 병존하기 어렵다." 이런 이야기는 또 그가 킵차크 칸국, 오고타이우구데이 칸국, 일 칸국, 차가타이 칸국 등 4개의 칸국汗國을 건립한 뜻과도 위배되며, 러시아와 중국 문헌에서도 이런 내용의 기록은 찾아볼 수가 없다.[26]

몽골 제국과 세계사의 탄생

1206년 칭기즈칸이 몽골의 대칸에 오른 뒤 세계 역사는 그야말로 소용돌이 속으로 휘말려 들었다. 몽골 기마군대가 유라시아 대륙 전체를 휩쓸었기 때문이다. 그래서 많은 사람들은 칭기즈칸의 등장을 '세계사의 대재앙'으로 묘사하기도 한다. 사실 몽골족의 직접적인 공격을 받은 사람들로서는 그것이 '대재앙'이었음에 분명하다. 물론 이러한 시각에 대해 일부 근대의 역사가들은 파괴와 인명 손실이 크게 과장되었다고 주장하기도 한다. 그럼에도 엄청난 파괴와 대량학살이 있었던 사실은 결코 부정될 수 없다.

당시의 역사가들은 하나같이 몽골족의 호라즘 제국 침략 과정에서 있었던 공포를 서술하고 있다. 특히 당대의 역사가들이 기록한 학살자의 숫자는 상상을 초월한다. 헤라트 지방의 역사서인『헤라트의 역사』를 기술한 사이피는 헤라트의 약탈에서 160만 명이, 니샤푸르에서는 174만 7천 명이 피살되었다고 전한다. 또 페르시아의 역사가 주즈자니는 헤라트의 사망자 수를 훨씬 높게 잡아 240만 명이라고 기록하고 있다. 그러나 "이러한 수치는 통계학적인 정보가 아니라, 몽골족 침략의 특징으로 생성된 심리상태의 증거로 보는 편이 더욱 합리적일 것 같다."는 주장이 설득력을 얻고 있다. 몽골군에 의한 거대한 규모의 학살이 준 충격이 너무 커서 그렇게 엄청난 수치가 나온 것이라고 봐야 할 것이다. 이것은 분명 그 충격을 불러일으킨 살육과 파괴 정도가 전례가 없었음을 암시하고 있다.[27] 하지만 그런 수치에 매달리는 것은 정확한 판단이 아닌 것은 분명해 보인다.

그런데 많은 역사가들은 칭기즈칸이 처음부터 세계 정복의 꿈을 안고 대외 정벌에 나섰다는 식으로 이야기하지만, 이는 사실과 거리가 있다. 칭기즈칸은 처음에는 '정복'을 위한 전쟁을 하지 않았다. 그런 의미에서 칭기즈칸을 두고 '몽골 세계 제국의 정복자'라고 부르는 것은 옳지 않다. 아마 북중국의 금 나라 원정에 나섰을 때에도 그는 자신이 세운 몽골의 유목국가가 유목민과 농경민을 모두 포괄하는 유라시아의 대제국으로 발전하리라고는 상상도 하지 못했을 것이다. 그는 어디까지나 유목민의 군주였다. 그가 바라본 정치적 지평은 초원의 세계에 머물러 있었으며, 그 너머의 농경민까지 포괄하는 대제국을 꿈꾸지는 않았다. 그는 농경 국가에 대한 전쟁을 시작하기는 했지만, 그 국가를 멸망시키고 그들의 영토를 차지하고 지배하는 정복군주가 되기 위해서 한 것은 아니었다.[28]

칭기즈칸은 중국을 비롯한 농경 사회를 공격하기 전에 먼저 몽골 초원 주변을 공략했다. 그 과정에서 중앙아시아의 위구르와 카를룩 사람들이 1209년과 1211년 각각 자발적으로 복속했기에 칭기즈칸은 그들의 군주와 자기 딸을 혼인시켜 우호적인 관계를 맺을 수 있었다. 반면, 탕구트서하는 냉담한 태도를 보였기에 1209~1210년에 원정을 감행했으며, 나중에 약속을 위반하고 반발했을 때는 재차 원정하여 철저히 보복, 응징했다. 칭기즈칸은 처음 주변 국가들이 복속하면 조공을 약속받고 회군했다.

이런 점은 금 나라와의 관계에서도 나타났다. 금 나라를 정복, 지배한다는 생각보다는 몽골 제국의 발전에 필요한 물질적 재원을 확보하려는 의도에서 시작되었다. 1211년에 시작된 금에 대한 공격이 1214년 양측의 화의로 끝났다. 칭기즈칸은 황실의 여자들과 황금, 비단 등을 공물로 바치겠다는 조건을 믿고 몽골로 돌아왔다. 그런데 몽골군이 돌아간 뒤 금의 조정은 수도를 황하 이남, 즉 현재의 개봉으로 옮겼다. 몽골과의 전쟁을 계속하겠다는 의지를 보인 것이다. 이에 칭기즈칸은 다시 출정하지 않을 수 없었고, 금의 옛 수도인 중도를 오랜 포위 끝에 함락시킬 수 있었다.[29]

그런데 이때 칭기즈칸을 경악케 할 사건이 호라즘에서 터졌다. 바로 자신이 평화적인 교역을 위해 보낸 사신이 살해당한 것이다. 이에 칭기즈칸은 보복 전쟁을 벌일 수밖에 없었고, 그를 통해서 서방원정의 문이 열렸던 것이다. 1219년에 시작된 이 원정은 1225년 몽골 본토로 귀환할 때까지 6년에 걸쳐 계속되었다. 이렇게 해서 호라즘 왕국은 멸망했고, 중앙아시아의 번성하던 여러 도시가 잿더미로 변했다. 하지만 칭기즈칸은 이때 중앙아시아와 흑해 지역에서 러시아의 군대까지 격파했음에도 전군을 그대로 철수시켰다. 그의 관심사는 지역의 정복과 지배가 아니었던 것이다.

많은 사람이 칭기즈칸을 역사상 보기 드문 '정복자'라고 여긴다. 당시에도 이러한 인상은 크게 다르지 않았던 듯하다. 『원사元史』「태조본기」는 "그의 용병술은 마치 신과 같았기 때문에 나라를 멸망시킨 것이 40개에 이른다."고 적었으며, 이슬람권의 역사가는 그를 가리켜 '세계 정복자'라고 불렀다. 그러나 역사적 사실을 기초로 할 때 그는 농경지대를 정복하고 통치할 의도가 있었던 것은 아니었던 것이 분명하다. 그는 어디까지나 유목 세계의 군주였을 뿐이다. 칭기즈칸이 몽골 초원을 통일한 뒤 감행한 원정들은 대부분 물자의 약탈과 응징·보복을 명분으로 한 목적에서 이루어진 것이었다. 그러나 이러한 전쟁의 성격은 칭기즈칸 사후에는 항구적인 지배를 지향하는 정복전쟁으로 바뀌게 된다.[30]

그런 점에서 어쨌든 칭기즈칸은 몽골 세계 제국의 첫 문을 연 인물임이 틀림없다. 몽골 제국의 유라시아 대륙 정복전쟁과 함께 진정한 의미의 세계사가 열리게 된다. 13세기 초에 건설된 몽골 제국은 그 뒤 70년 가까운 정복전쟁을 통해 유럽과 인도 일부를 제외하고 유라시아 대륙 대부분을 석권했다. 시간이 지나면서 전쟁은 초기의 약탈적 파괴적 성격이 점차 희석되어 갔고, 농경지대의 경제와 문화에 대한 이해도 그만큼 넓어졌다. 그들은 점차 정주 문명의 후원자로 변신하기 시작했다. 이를 통해 역사상 전례가 없는 광역적인 교통의 네트워크가 형성되었고, 세계 각지의 사람들과 문물이 교류하고 융합하는 장이 마련되었다. '팍스 몽골리카'의 시대를 배경으로 '대여행의 시대'가 가능하게 되었고, 사신과 종교인, 상인들이 유라시아 대륙 전체를 동서남북 종횡으로 누볐다.[31]

그렇게 해서 13~14세기 유럽까지도 공유할 수 있는 세계사가 탄생하게 되었다. 동아시아, 서아시아, 유럽은 몽골의 시대를 통해 세계사에 대한 풍부하고 폭넓은 정보를 갖게 되었고, 그것은 다음 시대에 대한 태도를 결정하는 데 중요한 기반이 되었다. 하지만 몽골 시대의 체험은 아시아와 유럽에 동일한 결과를 가져다주지는 않았다. 유럽은 아시아에 대한 새로운 지식을 계기로 '대항해의 시대'를 열어가는 데 성공했지만, 아시아의 여러 나라는 그러지 못했다. 그 결과 두 세계는 전혀 다른 근대의 경험을 맞이하게 된다.

5. 몽골 제국과 원

칭기스칸의 후계자와 그들의 제국

칭기스칸의 후계자와 후예들

1227년 칭기스칸의 사망과 함께 그 뒤를 이어 몽골 제국의 대칸이 된 것은 셋째 아들 오고타이^{Ogotai}*였다. 칭기스칸은 생전에 셋째 아들 이 자신의 대칸 자리를 이어받아야 한다는 점을 밝혔고, 1229년에 정 식으로 열린 '쿠릴타이'에서 별다른 이의 없이 승인되었다. 따라서 후 계자를 둘러싸고 분쟁은 일어나지 않았다. 그러나 오고타이가 대칸에 정식으로 오른 것이 칭기스칸이 사망하고 2년이나 지난 뒤인 1229년 이라는 점을 생각하면 약간의 문제는 있었던 듯하다. 오고타이의 막내 동생인 툴루이가 완전히 동의하지 않았던 것이다. 톨루이가 반발했던 것은 다른 세 명의 아들들은 이미 대칸의 종주권 아래서 각자가 지배

---

* 한국어로는 우구데이, 오고타이 등으로 표기하는데, 보통 영어식 표기에 따라 오고타이 를 많이 쓰고 있다. 우구데이가 원래 몽골어 발음에 가까워 최근에는 많이 쓰이고 있지 만 여기서는 관행상 오고타이로 표기한다. 로마자 표기는 Ögödei, Ögedei, Ogotai, Oktay, Ogodei 등 다양하다.

하는 '울루스^{Ulus}*'를 갖고 있었기 때문이었다.

칭기즈칸의 맏아들 조치^{Zuchi}는 칭기즈칸보다 먼저 세상을 떠났지만, 그의 둘째 아들 바투^{Batu}가 그의 영지를 물려받았다.** 바투가 물려받은 영지는 서쪽으로 진격한 몽골족 기마병의 말발굽이 닿았던 마지막 지역까지였다. 고향의 본진에서 가장 멀리 떨어진 목초지를 장자에게 물려주는 것은 스텝지대 유목 사회의 전통적인 관습이었다. 이곳은 나중에 킵차크 칸국$^{Kipchak\ Khanate,\ 金帳汗國}$이 된다. 칭기즈칸의 둘째 아들 차가타이^{Chagatai}는 이전까지 대체로 카라키타이 제국^{서요}의 영토였던 중앙아시아의 영지를 하사받았고, 오고타이의 재위 기간에 트란속사니아^{Transoxania}***를 추가로 받았다. 나중에 차가타이 칸국$^{Chagatai\ Khanate}$이 된다. 막내아들 툴루이^{Tolui}는 원래 몽골족이 거주하던 몽골 지역, 즉 '화로의 땅'을 물려받았다.**** 이것은 유목민 추장의 막내아들로 태어나 얻게 된 권리였다.[1]

---

* 몽골어 '울루스'는 '인민', '영토', '국가' 등을 뜻하는 단어이다. 여기서는 '지배(관할)하는 영역'이라는 뜻이다. 때로는 칭기즈칸의 후손들이 세운 칸국과 동의어로 쓰이기도 한다.

** 조치의 맏아들 오르다(Orda)는 훗날 바투가 세운 킵차크 칸국의 동쪽에 '백장 칸국(白帳汗國)'이라는 국가를 세웠는데, 이 나라의 역사에 대해서는 알려진 게 거의 없다.

*** 아무다리야(옥수스)강 동쪽과 시르다리야(야크사르테스)강 서쪽의 중앙아시아 투르키스탄의 역사적 지역을 일컫는다. 대체로 지금의 우즈베키스탄 전 지역 및 투르크메니스탄과 카자흐스탄 일부 지역에 해당한다. 트란속사니아는 중세에는 이슬람 문명의 중심지로 15세기에 티무르 제국의 중심부였다. 부하라와 사마르칸트 등의 트란속사니아에 있는 도시들은 전세계적으로 알려져 있었다. 이 지역은 19세기에 러시아의 지배를 받게 되었으며, 러시아 혁명 후 구소련에 소속되었다가 지금은 여러 독립국가로 나뉘어져 있다.

**** 몽골족은 막내아들을 '집의 불과 화로(火爐)를 지키는 자식'이라는 뜻의 '옷치긴(O'chigin)'이라고 불렀다. '옷치긴'은 여러 형이 모두 각자의 몫을 챙겨서 분가하는 사이에 끝까지 부모와 같이 살면서 집안의 화로를 지키는 사람이 되었고, 형제들이 가지고 간 이외의 모든 유산과 남은 땅인 '화로의 땅'을 상속받았다. 이것이 몽골의 이른바 '말자상속(末子相續)'의 요체이다. (데이비드 O. 모건 지음, 『몽골족의 역사』, 모노그래프, 160쪽 참고)

몽골족의 전통적인 관계에 따른다면 대칸 자리도 막내아들 툴루이가 물려받아야 했던 것이다. 그러나 칭기즈칸은 살아있는 동안 오고타이에게 후계자 지위를 물려준다고 발표했다. 오고타이는 다른 형제들보다 아량이 넘치고 관대한 품성을 갖고 있었다고 알려지는데, 칭기즈칸이 후계자 자리를 그에게 물려준 이유의 하나였을 것으로 짐작된다. 그 때문에 오고타이는 몽골족의 엄격한 관습을 고집하는 차가타이와 충돌한 사람들이 죽음을 면할 수 있게 하기 위해 많은 노력을 기울였다. 또한 오고타이는 술을 무척 좋아했는데, 그와 관련된 재미있는 일화가 있다. 형인 차가타이가 오고타이의 과도한 음주를 나무라며 하루에 먹는 술잔의 수를 제한하라고 하자 이를 순순히 따르겠다고 맹세했다. 그런데 그는 엄청나게 큰 술잔을 사용해서 술을 마심으로써 형의 무서운 압박을 교묘하게 피해갔다고 한다.

막내아들 툴루이도 불만은 있었겠지만, 칭기즈칸의 유언을 전면적으로 거부할 수는 없었다. 결국, 그 때문에 약간의 지체는 있었지만, 칭기즈칸 다음 대칸 자리는 오고타이에게 넘어갔다. 막내로서 아버지와 더불어 집안을 지켰던 툴루이는 대칸의 자리를 물려받지 못했지만, 그의 맏아들 몽케는 4대 대칸이 되며 또 다른 아들 훌라구Hulagu는 나중에 이란과 서아시아 지역에 일 칸국Il-Khanid을 세움으로써 아버지의 한을 풀었다. 그러나 후에 칭기즈칸의 자손들은 대칸 자리를 놓고 분쟁을 벌임으로써 피를 보았고 몽골 제국의 분열도 불가피해졌다. 이는 결국 몽골 세계 제국이 로마나 다른 제국처럼 오래가지 못하고 일찍 붕괴하는 한 원인이 되었다.

참고로 여기서 칭기즈칸의 부인과 자식들에 대해 간단히 살펴보고 넘어가자. 라시드 앗 딘의 『집사』에 따르면, 칭기즈칸은 거의 5백 명에 이르는 부인과 후궁들이 있었는데, 이들은 각 종족에서 취한 사람들이었다. 그 중 일부는 몽골식으로 혼인을 했지만, 대부분은 여러 나라와 지방을 정복했을 때 전리품으로 데리고 온 사람들이었다고 한다. 이들 가운데서 중요한 위치를 점한 큰부인은 다섯 명이었다.[2]

그러나 그 가운데서 역시 첫째 부인 보르테이 우진Börte Üjin이 가장 중요했다. 그녀는 옹기라트족 수장의 딸이었으며, 칭기즈칸의 유일한 본처였다. 본처인 그녀의 아들들만이 칭기즈칸의 후계자로 선정될 자격이 있었다. 그런 점에서는 칭기즈칸이 아무리 많은 부인을 거느렸을지라도 군주의 본처는 특별한 지위에 있었다고 말할 수 있다. 그녀는 네 아들과 다섯 딸의 어머니였다. 그녀의 네 아들과 그의 자손들만이 몽골 제국의 실질적인 상속자가 되었다.

큰아들은 주치였다. 킵차크 칸국의 모든 군주와 왕자들은 그의 후손들이다. 그는 어머니 보르테이가 메르키트 족에게 납치되었다가 풀려날 때 임신한 상태였기 때문에 계속해서 혈통 문제가 두고두고 논란의 대상이 되었다. 그녀가 칭기즈칸에게 돌아오던 중 갑자기 낳았다고 해서 '주치'*라는 이름이 붙여졌다고 한다.[3]

둘째 아들은 차가타이였는데, 그에게는 투르키스탄 지방의 처음부터 아무 다리야강 끝까지의 지배권이 주어졌다. 그는 몽골 관습을 엄격히 지킬 것을 요구하는 등 매우 무서운 인물로 정평이 났는데, 대칸이었던 셋째 아들 오고타이도 그의 충고에는 꼼짝 못했다고 한다. 그

---

* 몽골어 '주치(jöchi)'는 '손님(客)'이란 뜻이라고 알려진다. (라시드 앗 딘 지음, 『부족지-라시드 앗 딘의 집사 1』, 사계절, 141쪽 참고)

는 또한 첫째 아들인 주치에 대해 대놓고 핏줄이 다른 자식이라고 통박을 해서 칭기즈칸의 마음을 아프게 했던 인물이다.

셋째 아들은 오고타이로서 칭기즈칸 사망 후 대칸이 되어 13년간 몽골 제국을 통치했다. 3대 대칸이 되는 구유크 카안은 그의 아들이며, 카이두와 그 주변의 몇몇 왕자들이 그의 후손이다. 넷째 아들은 툴루이였다. 칭기즈칸은 그를 '누케르'라고 부르곤 했는데, 대부분의 시간을 아버지를 모시며 지냈으며 전쟁을 할 때도 그와 함께했다. 4대 대칸인 뭉케 카안과 5대 대칸 쿠빌라이 카안, 훌라구 칸과 아릭 부케는 그의 자식들이며, 티무르 카안과 이슬람의 제왕 가잔 칸도 그의 후손과 관련되어 있다.[4]

후계 분쟁과 쿠빌라이 대칸 등극

오고타이 대칸의 지도력 아래 몽골 제국은 계속 팽창했다. 이때부터 몽골 제국이 벌인 전쟁은 칭기즈칸 시대와는 달리 정복전쟁의 성격을 명확하게 드러냈다. 오고타이가 대칸이 된 다음 그에게는 '카안 Qa'an'이라는 칭호가 붙여졌다. 처음 오고타이를 가리키는 고유명사로 채택된 '카안'이라는 칭호는 오고타이 사후 일반명사로 바뀌었다. 이는 그동안 유목 사회의 군주에게 붙여졌던 '칸'을 '카안'으로 대체한 것으로써 중국의 황제처럼 지상의 유일무이한 최고 군주이며 초원지대

---

* 또는 네케르는 칭기즈칸의 친위대를 의미한다. 아마도 막내아들에 대한 친근감을 이런 식으로 표현했던 것으로 보인다.

와 농경지대를 모두 포함하는 것으로 이해되었다. 이는 칭기즈칸이 건국한 '몽골 울루스'가 초원지대를 통치하는 유목국가의 성격에서 벗어나 이제는 정주민들이 거주하는 농경지대까지 정복하고 지배하는 것을 지향하는 '세계 제국'으로 변화되었음을 의미했다.[5]

이제 몽골 제국 지배자들의 눈에는 칭기즈칸 일족의 지배를 받아들이는 속민屬民과 이를 거부하는 반민叛民으로 구분되었다. 그에 따라서 '반민'에 대한 정복전쟁은 불가피한 것이 되었다. 전쟁의 목표는 더욱 분명해졌다. 정복전쟁을 통한 세계 제국의 건설이었다. 전쟁의 목표가 변화하면서 전쟁의 양상도 조금씩 달라졌다. 농경지대를 약탈하거나 그곳을 위협해서 물자를 뺏는 차원에서 만족할 수 없었던 것이다. 몽골의 지배를 받는 정권에 대해서는 일단 그 명맥을 보존시켜 주되 일련의 의무조항들을 제시하고 이를 이행할 것을 요구했다. 그 요구조건은 그동안 학계에서 '육사六事'라고 불렸지만, 반드시 여섯 가지로 한정된 것은 아니었다. 대체로 그 내용은 1)국왕의 친조親朝*, 2)인질 파견, 3)호적의 제출, 4)역참의 설치, 5)병력 파견, 6)물자의 공출, 7)다루가치Darughachi** 주재 등이었다. 만일 몽골의 요구를 받아들이지 않으면 전쟁을 의미했다. 그리고 그 전쟁은 단순한 약탈이나 응징의 차원을 넘어서 정복을 통한 몽골 제국의 영역을 확대하는 것을 의미했다.[6]

이렇게 해서 몽골 제국의 정복전쟁은 전 세계를 대상으로 전개되었

---

*   복속국의 왕이 직접 몽골의 대칸에 인사하러 들어오는 것(入朝)을 말한다.

**   '진압한다'는 뜻의 daru에 명사어미 gha와 '사람'을 가리키는 chi를 붙여서 '진압에 종사하는 사람'을 뜻하는 몽골어이다. 몽골족은 정복지에 다루가치를 설치하여 통치했다. (브리태니커 백과사전 참고)

다. 새 군주가 즉위하면 칭기즈칸의 일족과 부마, 고관, 장군들이 모두 참석하는 거대한 쿠릴타이가 열렸으며, 여러 날에 걸친 연회가 끝나면 새로 정복할 지역과 지휘관들이 결정되었다. 지휘관들은 각자 자기 지역으로 돌아가 병력을 징발한 뒤 연합군을 편성하여 정복전쟁을 시작했다. 오고타이 시대 몽골 제국은 이미 진행되고 있던 북중국 금 나라와의 전쟁에 박차를 가하는 한편, 서부 유라시아 초원에 대한 원정을 새로 시작하여 바투가 이끄는 군대가 러시아와 동유럽까지 유린했다. 1234년 몽골 제국은 마침내 금 나라의 정벌에 성공했으며, 이 무렵 러시아와 동유럽 일대에 킵차크 칸국을 세웠다.

오고타이 통치 시기 몽골 제국은 오르콘강 유역에 위치한 카라코룸 Qaraqorum에 새 수도를 건설했다. 1235년 오고타이가 처음으로 이곳에 성벽을 축조했으나 이 도시는 제국의 수도라는 기준에 그리 적합한 장소는 아니었다. 그렇지만 몽골족은 세계 제국을 세웠기 때문에 공물수령과 상업, 제국행정의 중심지를 갖는 것은 반드시 필요했다.

1241년 오고타이가 사망했으나 바로 대칸이 선출되지 못하고 공백기간이 있었다. 오고타이는 자신의 손자 시레문 Shiremun이 제위를 이어받기를 원했지만, 시레문이 어려서 이 제안은 지지를 받지 못했다. 결국, 오고타이의 아들 구유크 Guyuk, 貴由가 대칸으로 선출되었는데, 이는 1246년에 가까스로 이뤄졌다. 그 사이 5년의 공백 기간에는 오고타이의 미망인이 섭정을 맡았다. 러시아를 정복하는 동안 구유크와 심한 마찰을 빚었던 바투는 이 선출에 심하게 반발했다. 카라코룸 근처의 진지에서 열린 구유크 카안의 즉위식에 바투는 끝내 참석하지 않았다. 그 뒤 구유크 카안과 바투 사이에는 심각한 갈등과 분쟁이 계속되었으며, 구유크 카안은 바투가 독립하려는 경향을 보이자 군사를 동원해서 정벌하려고까지 했다. 하지만 구유크 카안이 3년 만에 사망하는 바람에 더 이상의 유혈충돌은 벌어지지 않았다.[7]

　구유크 카안이 사망하고 한동안 대칸이 선출되지 못했다. 그 사이 오고타이의 미망인이 그랬던 것처럼 구유크의 미망인이 섭정을 맡았다. 그러나 다음 대칸 자리는 오고타이의 가문에 돌아가지 않았다. 칭기즈칸의 막내아들이었던 툴루이의 후손이 그 자리를 물려받았다. 툴루이 가문과 킵차크 칸국의 바투가 연합하여 툴루이의 큰아들 몽케가 1251년 대칸에 올랐다. 바투는 장남 조치의 후계자이자 몽골 제국의 장로로서 자신이 대칸 지위에 오르지는 않았지만, 후계자 선정 과정에 상당한 영향력을 행사했다. 그는 유럽 원정 때 구유크 대칸과 심한 갈등을 빚었을 뿐만 아니라 아버지 조치에 대한 차가타이의 홀대에 대한 보복심리까지 작용해서 오고타이, 차가타이 가문과는 척을 진 관계가 되었다. 몽케가 대칸으로 오르는 과정에서 오고타이 가문과 차가타이 가문에 대한 대대적인 숙청이 벌어졌다.[8]

　대칸에 성공적으로 즉위한 몽케는 그 보답으로 바투의 킵차크 칸국에 실질적인 자치권을 부여했다. 이와 함께 몽골 제국의 통일적인 연계관계가 조금씩 약화하기 시작했다. 몽케는 몽골 대칸들 가운데 칭기즈칸 다음으로 뛰어난 대칸으로 평가받는다. 그는 대칸에 안착하자 영토 확장을 위해 동생 훌라구_{훌레구}를 중동 지역으로 파견했으며 훌라구는 서남아시아 지역을 대부분 평정하고 일 칸국을 세웠다. 몽케 자신은 또 다른 동생 쿠빌라이와 함께 남송의 정복에 착수했다. 하지만 남송의 정벌은 쉬운 일이 아니었다. 그런 와중에 1259년 몽케가 진중에서 갑작스레 병사하는 사건이 일어나고 말았다. 이렇게 되면서 몽골 제국의 대칸 자리를 놓고 다시 분쟁이 일어나지 않을 수 없었다.

몽케가 죽자 대칸 자리를 노릴 인물로는 툴루이의 세 아들이 남아 있었다. 멀리 시리아에서 싸우고 있던 훌라구, 중국 북부와 서부에서 남송과 전투를 벌이고 있던 쿠빌라이, 그리고 몽골 지역 본토에 남아 있던 아리크 부케였다. 이 가운데 훌라구는 본토와 너무 멀리 떨어져 있어서 대칸 자리를 넘보기 어려운 상황이었다. 그래서 쿠빌라이와 아리크 부케가 대칸 자리를 놓고 맞붙었다. 그들은 4년간이나 가는 내전을 벌인 끝에, 1264년 쿠빌라이가 최종적으로 승리를 거두었다. 그러나 쿠빌라이의 집권은 정상적인 '쿠릴타이'의 선출 절차를 거치지 않은 일종의 무력쿠데타였다. 그 때문에 몽골 제국은 심각한 분쟁에 휩싸였고 그 과정에서 제국의 통일적인 연계관계가 약화하는 등 분열의 조짐들이 나타나기 시작했다.

몽골 세계 제국의 느슨한 연합체제

1259년 몽케 카안이 사망한 뒤, 몽골 본토를 지키고 있던 아리크 부케는 몽케 가문과 서부의 차가타이 가문 등 여러 왕가의 지지를 얻어 대칸에 올랐다. 이것은 합법적인 절차를 밟은 것으로 볼 수 있었다. 그러나 쿠빌라이는 이를 인정하지 않았다. 몽케와 함께 남송 원정 중이던 쿠빌라이는 사망 소식을 접한 뒤, 남송과 급히 강화를 맺은 다음 군대를 이끌고 자신의 기반이었던 내몽골로 돌아왔다. 그리고 쿠빌라이는 1260년 6월 4일 내몽골의 개평후에 상도에서 자신의 일파들만 모은 가운데 쿠릴타이를 또다시 개최하여 대칸에 올랐다.

전통적으로 쿠릴타이는 몽골 지역에서 미리 소집된 칭기즈칸의 일족인 네 울루스의 대표들이 참가한 가운데 열려야 했다. 하지만 쿠빌라이를 선출한 쿠릴타이에서는 오고타이의 아들 카다안과 테무게 옷치긴의 아들 토가차르 외에는 칭기즈칸 가문의 사람들 이름이 거의 거론되지 않았다. 이로써 몽골 제국은 사상 처음으로 몽골 고원 남북에 두 명의 대칸이 들어서는 상황을 맞이하게 되었다.

엄밀하게 본다면, 몽케의 장례를 치르고 제국의 수도 카라코람에서 즉위한 아리크 부케가 대칸으로서의 정통성을 확보한 셈이었다. 하지만 군사력을 장악한 쿠빌라이는 이를 부정하고 자신이 정당한 대칸이라고 주장했다. 쿠빌라이와 아리크 부케의 양군은 여러 차례 격돌했으나 한동안 승패가 나지 않았다. 1261년 시무토노르 전투에서는 쿠빌라이가 승리했으나, 아리크 부케는 북서쪽 몽골의 오이라트의 지원을 얻어 저항을 계속했다. 그러나 시간이 지날수록 군사력과 화북의 물자를 장악한 쿠빌라이 쪽으로 전세가 기울었다. 아리크 부케에 가담했던 제후들이 하나둘씩 떨어져 나가고, 차가타이 가문마저 지원을 끊자 1264년 아리크 부케는 결국 쿠빌라이에게 항복했다.

쿠빌라이는 1264년 항복한 동생 아리크 부케를 너그럽게 용서했다. 서방의 칸국의 몇몇 사촌 동생과 조카들도 그에게 귀순하겠다는 의사를 표시했다. 하지만 오고타이의 손자이며 쿠빌라이의 조카였던 카이두는 끝까지 쿠빌라이의 지위를 인정하지 않고 중앙아시아 지역에서 몽골의 왕자 50여 명을 규합하여 원의 군사와 40년간이나 전투를 벌였다. 쿠빌라이는 대칸의 지위가 안정되고 중국 남부 남송의 공략 전망도 분명해지자 1272년 북경으로 수도를 옮기고 중국식 왕조 명칭을 채택하여 원元을 세운다. 그러나 1287년에는 칭기즈칸의 4세 손이 카이두와 결탁, 중국 만주지방에서 상도를 향해 협공을 벌여 한때 수도를 위협할 정도로 형세가 심각했다. 이때 쿠빌라이는 74세의 나이에도 남방에서 병사를 데려와 몸소 가마를 타고 정벌에 나섰다. 1289년에 카이두가 다시 변방을 침범했을 때에도 황제가 직접 출전했다.[9]

카이두 세력은 1303년 최종적으로 쿠빌라이 측이 승리를 거둘 때까지 위협적인 존재였다. 이러한 정세 때문에 쿠빌라이의 끊임없는 노력에도 중앙아시아에 대한 영속적인 통제를 할 수 없었다. 쿠빌라이의 후계자들이 위구르 지역마저 포기하자 그곳은 고스란히 차가타이 가문의 영향권으로 들어가게 되었다. 또한, 내전 과정에서 킵차크 칸국과 차가타이 칸국 등은 카이두 편에 서고, 일 칸국은 쿠빌라이에 가담함으로써 몽골 제국의 통일성은 크게 약화했다. 그래서 일부 학자들은 1260년 쿠빌라이의 대칸 취임과 함께 몽골 제국이 4개의 칸국으로 분열되었다고 말한다.

그러나 이것을 몽골 제국의 분열이라고 단순화시켜서 부르는 것은 옳지 않다. 왜냐하면, 몽골 제국의 통합성이 그전처럼 강력하지는 않았다고 하더라도 여전히 몽골 제국, '대몽골 울루스'는 통합성을 갖고 있었던 것이다. 그랬기 때문에 1303년 카이두 세력이 최종적으로 원에 의해 진압되면서 원을 종주국으로 하는 몽골 제국의 상호 연대성이 재차 부활할 수 있었던 것이다. 이후 원 나라는 몽골 제국의 정통성을 계승한 종주국으로 인정되었고, 1310년 멸망한 오고타이 칸국을 제외한 다른 킵차크·차가타이·일 등 세 칸국이 서로 연합함으로써 그로부터 거의 60년간 유라시아 대륙은 이른바 '팍스 몽골리카몽골의 평화'의 시대를 구가하게 되었다.[10]

그와 같은 '대몽골 울루스' 연합 속에서 아시아와 유럽 세계 사이의 동서 문화 교류도 활발해졌으며, 유라시아 대륙 전체를 관통하는 대여행의 시대가 열렸다. 그러나 이때의 몽골 제국은 몽케 카안의 치세까지 몽골 고원 대칸의 권력과 혈연적 연관관계에 의해 보존되고 있던 통일성은 없어진 상태였다. 모두가 '칭기즈칸의 일족'이라는 관념은 강하게 갖고 있었지만 사실상 혈연적 연계성은 없었던 것이다. 그러니까 형식상으로는 원元 나라를 종주국으로 인정한 상태에서 그 정권 밖에서 독립국을 형성한 4개의 칸국이 느슨한 연합체를 형성하고 있었던 셈이다. 그러나 이 같은 '팍스 몽골리카'의 느슨한 세계체제도 1368년 명 나라의 건국과 원 나라의 패주로 붕괴하고 말았다.

칭기즈칸은 원 왕조의 태조인가?

1260년 쿠빌라이Kublai는 몽골 제국의 수도 카라코룸이 아니라 지금의 내몽골 다륜多倫에서 자신의 지지자들을 모아 쿠릴타이를 열고 대칸이 되었다. 이는 명백히 칭기즈칸의 가법을 어긴 것이었다. 쿠빌라이는 그 다륜을 개평이라고 칭하고 이곳을 상도上都로, 연경지금의 북경을 중건해서 대도大都로 삼았다. 그는 봄과 가을에는 상도에서 지내고, 가을과 겨울은 대도에서 지냈다. 이후 원 왕조 황제들은 모두 쿠빌라이의 관행을 따랐으나 이는 칭기즈칸이 만든 제도에는 없었던 것이었다.

1272년 쿠빌라이는 앞으로 몽골 제국이 '근원'이라는 의미의 원元이라는 국호를 사용할 것이라고 선언하는 칙령을 발표했다. 이것은 쿠빌라이가 중국식 왕조 명을 채택한 것을 의미했다. 원이라는 명칭을 사용한 것은 그가 유목 제국을 넘어서 중국식 정주 문명에 보다 중요한 방점을 두었다는 의미이기도 했다.** 그는 다른 앞선 몽골의 군주들에 비해 정주 문명, 농경 문명을 잘 이해하고 있다고 생각했던 것 같다. 그러나 그가 과연 정주 문명을 제대로 이해하고 그에 걸맞은 통치를 시행했는지는 의문이다.

사실 몽골 제국의 창업자인 칭기즈칸은 농경 문명에 대한 이해가 거의 없었다. 그는 정주 문명에 대한 지배욕심도 없었던 것 같다. 심지어 그는 중국 북부지방을 비우고 그곳에 유목을 위한 초지를 조성해야 한다는 생각을 갖고 있었을 지경이었다. 그의 이러한 생각은 거란출신의 명관료 야율초재耶律楚材의 설득으로 시행되지 않았으나 정주 문명에는 재앙이 될 수 있는 사고 방식이었다. 하지만 쿠빌라이는 자신이 몽골족이라는 사실을 근본적으로 잊지는 않았지만, 농경 문명을 토대로 한 새로운 국가를 생각했던 것은 분명해 보인다.

---

*   '위대한 수도'라는 뜻이며, 대몽골 제국의 수도를 지칭하는 말이라고 볼 수 있겠다.

**   '원'이라는 국호는 한족 고문인 유병충(劉秉忠)이 쿠빌라이에게 제안한 것으로 알려져 있다. 그런데 이것은, 이전 중국의 왕조 명이 그 왕조의 발원지를 가리키는 지리적 어원에 따라 명명되었던 중국의 선례에서 탈피하는 것이었다는 점에서는 중국식과 차이가 있었다.

원 나라는 중국 역사인가, 몽골 역사인가, 아니면 세계사 그 자체인 가? 오늘날 중국인들은 원 나라를 자신의 역사에 포함하는 것에 아무런 문제의식을 느끼지 않는다. 원 나라를 그렇게 싫어했던 주원장朱元璋의 명 나라에서 만든 『원사元史』에서는 쿠빌라이를 원의 세조라고 부르고 있다. 심지어 칭기즈칸조차도 원의 태조로 부르고 있는 형편이다. 중국에서는 원을 요, 금, 청과 함께 이민족이 침략해서 만든 정복 왕조로 보고 있다. 하지만 중국 문명에 대해서 이해도 없었고 그다지 관심도 두지 않았으며, 초원지대에 태어나서 한 번도 중원 땅을 밟지 않았던 칭기즈칸을 중국의 정복 왕조인 원의 태조로 보는 것은 사실의 왜곡이 지나친 것이 아닐까?

칭기즈칸을 언급하다 보면 오늘날에도 현실적인 문제가 발생한다. 몽골인들은 몽골 공화국*과 중국의 자치구를 이루고 있는 내몽골에 나뉘어 거주하고 있으며, 과거 소련이 존재할 때는 부랴트Buryatia와 칼미크Kalmyk라는 두 개의 자치공화국을 유지하고 있었다. 이 4개 지역의 사람들은 모두 칭기즈칸을 민족의 영웅으로 받들고 있다. 하지만 소련은 몽골 공화국의 후원자처럼 행세했지만, 그들은 칭기즈칸을 찬양하는 것을 용납하지 않았다. 왜냐하면, 칭기즈칸의 몽골 제국이 세운 4개의 칸국이 소련의 경내에 있었고, 특히 그중에서도 킵차크 칸국은 2세기 반1240~1480년이나 모스크바와 키예프 공국을 지배했기 때문이다. 러시아인들은 이런 사실을 아직도 수치로 여기고 있다. 러시아 출

---

* 중국인들은 이곳을 외몽골 지역이라고 부른다. 일반적으로 우리가 생각하는 몽골이라는 나라다. 그러나 실제로 몽골인들이 사는 지역은 중국 영토로 편입된 내몽골자치구와 외몽골(몽골 공화국)로 나뉘어 있다. 영토와 인구 면에서도 내몽골 지역이 몽골 공화국보다 적지 않다. 그 때문에 중국인들은 몽골을 자신들의 영역이라고 생각하는 경향이 강하다.

신의 한국사학자 박노자에 따르면 러시아 역사는 아예 몽골인들에 의한 러시아 지배의 역사를 아예 지워버리고 언급하지 않는다고 한다.

사정은 좀 다르지만, 중국이라고 문제가 없는 것은 아니다. 중원 땅 한번 밟아보지도 않은 칭기즈칸을 이민족이 지배한 중국 왕조의 하나인 원의 태조로 숭배하는 것이나, 이를 바탕으로 통일적다민족국가론을 거론하며 과거 몽골 제국이 지배했던 영역까지 중국사에 포함해야 한다고 말하는 것은 너무 심한 처사가 아닐 수 없다. 중국계 미국 역사학자 레이황은 이를 두고 이렇게 말했다.

> 명나라 때 사람들이 편찬한 『원사』는 쿠빌라이를 세조로, 칭기즈칸을 태조로 숭배했다. 그 목적은 중국 전통문화의 완전성을 유지하고, 사실을 왜곡하는 한이 있더라도 신발에 억지로 발을 맞추듯 몽골인을 중원의 한인으로 만들려는 데 있었다.[11]

그러나 이러한 역사 왜곡은 과거의 일이 아니라 현재의 일이라는 데 그 심각성 있다. 중국은 현재 21세기 세계적인 강국이라는 국가 목표에 맞게 역사를 재구성하는 작업을 하고 있다. 그 핵심은 통일적다민족국가론에 근거하여 현재 중국의 영토 안에 살고 있는 모든 민족의 역사를 중국의 역사에 편입시키는 작업이다. 그리하여 티베트와 신장 위구르, 그리고 몽골과 고구려 역사를 중국사에 포함해 다시 그려내는 중이다. 그를 위해 동북공정, 서북공정, 서남공정, 탐원공정 등의 이름으로 역사를 재정리하는 대규모 프로젝트를 진행하고 있으며, 그 틀이 어느 정도 완성된 상황이다.

하지만 중국은 구태여 역사를 왜곡하지 않고도 칭기즈칸의 활동을 설명할 수 있다. 그를 중국사에서 설명할 수는 있지만, 중화민족의 영웅으로 이야기하는 것은 아무리 해도 어불성설이다.[*] 다만 칭기즈칸을 중국사의 입장에서 본다면, 원 나라가 등장하는 배경으로 설명할 수는 있을 것이다. 세계사의 입장에서 본다면, 고비 사막과 황량한 목초지대에서 살던 몽골인들이 인구의 팽창과 내부의 격렬한 부족 간 전쟁을 통한 통합 상황에서 외부로 눈을 돌릴 수밖에 없었던 것이라고 볼 수 있을 것이다. 다만 몽골인들은 칭기즈칸이 시작한 일을 어떻게 멈춰야 할지를 몰랐을 뿐이다.[12]

그렇다면 원 나라는 어떻게 설명해야 할 것인가? 중국사의 입장에서 원 나라는 침입 왕조 또는 정복 왕조인 셈이다. 그랬기 때문에 지배자였던 몽골인들은 원대의 백성을 4등급으로 분류해서 통치했다. 1등급은 몽골인, 2등급은 색목인色目人^{**}, 3등급으로 한인漢人, 4등급으로 남인南人^{***}이었다고 한다. 이는 소수의 지배자였던 몽골인들이 한족을 철저히 경계하고 제압하기 위한 방책이었을 것이다. 이 무렵 몽골인들은 많아야 2~3백만에 불과했지만 송대 중국 인구는 전체 1억을 넘어서

---

[*]　중화인민공화국의 창건자인 마오쩌둥(모택동)은 중국의 5대 황제로 진시황, 한 무제, 당태종, 송태조, 칭기즈칸을 꼽았는데, 이는 몽골을 아예 중국의 일부로 보고 있다는 이야기이다. 여기에 마오쩌둥을 더하면 6대 황제가 될까?

^{**}　원조(元朝)의 신분제도 용어로 사용되었다. 그들은 몽골인에 다음가는 계급이었다. 색목인은 말 그대로 '색이 있는 눈을 가진 사람, 즉 위구르, 탕구트, 사라센인 등 몽골인 이외의 비중국 문화민족으로 서방계 여러 민족을 일괄하여 호칭했다. 그 지위는 몽골 제국 창업의 공로와 중국민족 견제의 필요에서 부여되었다.

^{***}　몽골에 마지막까지 저항한 중국 남쪽 사람들, 즉 남송 지배하에 있던 사람들을 의미한다.

고 있었다.[*] 이들이 모두 한족이 아니라고 하더라도 수적인 측면에서 몽골인들은 한족과 비교가 되지 않았다. 결국, 그들은 색목인을 2등급으로 배치하고, 한족 또한 3, 4등급으로 나누어 분류함으로써 한족에 대한 지배와 통치를 보다 원활하게 하려 했던 것이다.[**]

중국에서 원 세조로 불리는 쿠빌라이 칸은 몽골의 통치자로서는 상당히 개화된 군주였고, 1260년 즉위 이후 중국의 전통적인 행정체계를 거의 회복시켰다. 그럼에도 그는 국가 요직에는 한족을 앉히지 않았으며, 유교 경전 지식을 평가하여 관직에 임용하는 과거제도는 부활시키지 않았다. 1238년 야율초재가 과거제도를 부활시키려고 했으나 실패했고, 1315년까지는 과거시험이 전혀 시행되지 않았다. 원대에서 과거제도가 부활한 이후에도 그것은 몽골족의 정복 이전만큼의 비중을 얻지 못했다.[13]

그러면서도 원 나라는 중국 왕조 일반이 가진 특성도 함께 보여주었다. 원 나라는 중국사의 전체 흐름에서 살펴보면 수·당·송의 제2제국과 명·청의 제3제국의 과도기적 성격을 갖고 있다고 말할 수 있다. 수·당·송의 제2제국은 개방적이었던 반면에 명과 청의 제3제국

[*] 　중국의 인구는 전한 중기(기원후 2년)에 6천만 명에 달했으며, 이후 분열시기에 감소했다가 700년대 초 당대의 절정기에 다시 5천~6천만 명에 이르렀다. 그리고 송 초에는 1억 명으로 증가한 것으로 추산되며 12세기 말에는 약 1억 2천만 명 수준이 되었다. 회수 이북인 화북 지역 인구가 4천 5백만 명, 양자강 이남의 인구가 7천 5백만 명이었다. (존 킹 페어뱅크 지음, 『신중국사』, 까치글방, 108~109쪽 참고)

[**] 몽골 제국에서 그 구성원을 몽골인, 색목인, 한인, 남인의 네 계급으로 나누고 그 지위와 권한에 차등을 두었던 것을 기존에는 '민족차별'로 보고 상당히 부정적으로 바라보았다. 그러나 최근에는 이러한 구분이 각 민족에 적용되는 각각의 법규와 풍속의 기준을 마련하려는 목적으로 이루어진 것이고, 본래부터 민족을 차별하려는 의도가 있었는지에 대해서는 의문이 제기되기도 한다. 또한, 몽골에 반감을 품은 사람들이 남긴 자료를 여과 없이 그대로 받아들이는 것에 대해서도 문제가 제기되고 있다.

은 상대적으로 폐쇄적이었다. 중국사의 제2제국과 제3제국을 잇는 가교 역할을 한 원은 개방적인 측면과 더불어 폐쇄적인 측면이라는 이중성을 드러내고 있다.[14]

먼저, 원은 전 시대의 기술적인 장점들을 이어받아서 조선업을 유지하고, 해운과 국제 무역을 촉진했으며, 산동의 고지대를 지나는 운하를 개축했다. 또한 화학무기를 발전시키고, 페르시아 기술을 받아들여 화살대포를 설계하였으며, 역마로 소식을 전하고 동서 문화 교류를 강화했다. 수리시설을 개량하고, 일식을 측량하며 역법을 개정하는 등 과학기술 발전에도 힘을 쏟았다. 반면 중농 정책을 실시하고 몽골인의 항해와 상업행위를 금지하는 등의 보수적인 측면도 드러냈다. 화복 지방의 백성을 관리하기 위해 사社를 조직하고, 백성을 군호軍戶와 민호民戶로 구분했으며, 직업의 세습을 중시했다. 또한, 나중에는 성리학 등의 도학을 제창했으며 관리 선발에서 경전 주석 중심으로 문관을 선발하는 방식을 받아들였다. 이러한 보수적인 측면들은 그 후 중국 명 왕조에 그대로 연결되었다.

원의 패퇴와 몽골 제국의 붕괴

원 세조世祖 쿠빌라이는 1294년 세상을 떠났다. 그는 대칸이 된 뒤 34년간 통치했다. 그의 치세동안 일부 지역에서 반란이 있었고 한때는 카이두의 세력이 수도를 위협하는 일도 있었지만, 전체적으로는 안정을 유지했다. 1276년에는 남송까지 완전히 평정함으로써 중국 전체를 지배할 수 있었고, 고려 또한 평정했다. 그의 통치 동안 일본 정벌과 베트남 원정에서 큰 성과를 거두지 못했지만, 몽골 제국의 칸국들과의 관계도 일정하게 회복했다. 그의 뒤를 이은 것은 성종成宗으로 불리는 테무르였다. 성종 시대의 원은 종주국으로서의 권위를 확실히 회복했으며, 몽골 제국은 최고의 전성기를 맞았다.[15]

중앙아시아는 동아시아와 서아시아를 잇는 동서 문화와 물자 교류의 통로였다. 초원길을 비롯한 실크로드는 고대부터 동서 무역로이기도 했다. 그런데 이 무역 길을 고대와 중세에 오랫동안 유목민족들이 장악하고 있어서 교역에 어려움이 많았다. 하지만 몽골 제국이 유라시아 제국을 제패하면서 이런 일은 하등의 문제가 되지 않았다. 유라시아 대륙을 몽골이 통일적으로 지배하면서 동서로 통하는 교통로가 완전히 연결되었기 때문이다.* 이를 바탕으로 동서 무역이 활발하게 이뤄짐으로써 원 나라의 수도인 북경은 아시아를 넘어 세계의 중심이 되었다. 북경은 세계 물산의 집산지가 되었으며 동서 무역상들로 북적거렸다. '팍스 몽골리카'가 가져온 풍경이었다.

그런데 원의 전성기를 구가한 성종의 시대는 짧게 끝나고 말았다. 1307년 성종이 후사를 남기지 못한 채 사망하면서 원의 황실에서는 다시 후계 자리를 둘러싸고 심각한 암투가 벌어졌다. 이후 1333년 토

---

* 몽골제국이 엄청난 영역을 효율적이고 통일적으로 통치하는 것은 불가능에 가까웠다. 그래서 '얌(Yam)'이라고 불리는 통신체계가 만들어졌다. 얌은 튀르크어로서, 몽골에서는 '잠(jam)'이라고 발음하며, 우리나라에서는 '역참(驛站)' 혹은 '역전(驛傳)'제도로 불리는 것이다. 몽골 제국은 얌제도를 통해 광대한 영역을 효율적으로 연결하고 통치하는 기본 방식으로 삼았다. 마르코 폴로는 이 제도에 매료되었고, 그에 대해 서술함으로써 후대에 중요한 정보를 전달했다. (데이비드 O. 모건 지음, 『몽골족의 역사』, 모노그래프, 148쪽 참고)

콘 테무르가 순제順帝로 즉위하기 전까지 26년 동안 여덟 명의 황제대칸가 바뀌는 혼란이 계속되었다. 그 여덟 명의 황제 가운데 영종英宗과 명종明宗은 피살당했고, 천순제天順帝는 아홉 살 때 군사반란이 일어나 어떻게 죽었는지도 모르고, 영종寧宗은 겨우 여섯 살 때 두 달간 재위하다가 세상을 떠났는데 역사가들은 그 또한 비명에 죽었을 것이라 여긴다. 성종成宗과 무종武宗 사이에 있었던 안서 왕安西王 아난다는 순제처럼 권신들에게 옹립되었다가 황제가 되어보지도 못한 상태에서 상도로 호송되어 살해되었다. 한 마디로 권력을 둘러싼 무자비한 암투가 벌어지던 혼돈의 시대였다.[16]

이런 상황에서 1333년 토곤 테무르가 원의 11대 대칸이 되었다. 그는 원의 마지막 황제였지만 35년간이나 재위에 있었다. 그가 황제로 있는 동안 원은 근본이 흔들렸고, 마침내 썩은 나무처럼 꺾이고 말았다. 1368년 남쪽에서 일어난 명明의 주원장이 북벌에 나서자 원은 저항도 제대로 하지 못한 채 붕괴되었다. 원의 장수들은 전사하거나 항복했다. 최후의 방어선인 통주通州까지 무너지자 순제는 야밤에 수도인 대도지금의 북경의 건덕문을 열고 북쪽으로 달아났다가 2년 뒤 이질

---

*   혜종(惠宗)으로도 불린다. MBC 드라마 〈기황후〉에 등장하는 원의 황제가 바로 순제다. 그는 고려와의 인연이 작용한 때문이었는지 1365년 정후(正后) 바엔후두(伯顔忽都)가 죽자 전례를 깨고 고려 공녀 출신의 제2황후인 기황후를 정후로 책봉했다. 명종의 장자로서 황태자였던 토곤 테무르(순제)는 1330년 7월 원 황실 내부의 권력 싸움에서 패해 인천 서쪽 대청도에 유배된 적이 있었다. 1년 5개월을 대청도에서 보낸 그는 원 나라로 돌아가 2년 후에 황제에 즉위한다. 동아시아에서 동유럽에 이르는 세계 제국의 후계자에서 고려의 작은 섬에 유배되었던 기억은 어려운 시절에 대한 향수와 어우러져 기 씨에 대한 호감으로 작용했을 것이라는 추측도 가능한 부분이다.

에 걸려서 뒤룬의 북쪽인 내몽골 응창應昌에서 죽었다.* 그의 후비와 황손들은 모두 명 나라의 포로가 되었으나 태자만 10여 명의 기병을 거느리고 도망쳐서 북원北元을 세웠다. 북원은 한동안 존속하다가 이름을 바꾸어 1635년까지 명맥을 이어갔다. 그 뒤에도 몽골의 왕조는 계속 존속했으며, 1920년 몽골인민공화국이 수립되면서 현재로 이어지고 있다.

원의 마지막 황제가 된 순제에 대해서는 많은 이야기가 있다. 그는 우리에게도 잘 알려진 〈기황후〉의 황제로, 전통 사가들에 의해서는 "정치를 게을리하고 향락과 연회에 빠졌다."며 비판받는 인물이다. 그러나 원 왕조의 멸망이 그의 향락과 게으름 때문에 일어난 일이라고 보기는 어려운 측면이 있다. 그는 1333년에 황제가 되었지만, 실제 권력을 쥐게 되는 것은 1340년에 이르러서이다. 그의 행적을 따라가면서 보다 객관적으로 평가해 보면 "순제는 재능이 있는 정객으로서 환경에 잘 적응했으며, 풍부한 탄력성으로 타협을 잘하고, 사람이나 기구를 이용하여 다른 사람이나 요소들과 균형을 이루는 데 대단히 뛰어났다."고 볼 수도 있다.[17]

그럼에도 순제가 무너지는 원을 일으켜 세울 수 없었던 것은 원 왕조가 뿌리부터 썩어있어서 도저히 어떻게 할 수 없었기 때문이다. 우선 구조적으로 유목민족인 몽골족이 농경 문명을 오랫동안 유지하고 이끌어온 한족을 통치하는데 근본적인 한계가 있었다는 점이 지적되어야 할 것이다. 원 세조 쿠빌라이는 유목 문화에서 농경 문화로 변화

---

* 토곤 테무르가 원이 망하기 직전 최후의 일전도 벌이지 않은 채 성을 등지고 막북으로 도망한 것은 "천명을 따른 것(順天命)"이라고 보고 그를 순제라고 불렀다고 한다.

를 꾀하고 적응하기 위해 다양한 노력을 했고 일면 성공한 듯 보인다. 하지만 근본적으로는 중국 사회를 장악하고 통제할 수 있는 구조를 만들지는 못했던 것으로 보아야 할 것이다. 이와 관련 레이황의 다음과 같은 지적은 중요한 시사점을 제공하고 있다고 생각된다.

장기적인 안목으로 봤을 때 만일 몽골인이 통치자의 지위를 계속 유지하고, 색목인을 그 다음 위치에 두려고 했다면, 마땅히 이 체계를 영구히 유지해줄 세습적인 계급제도와 봉건적인 정치체제를 확립했어야 했다. 즉, 처음부터 지방분권적인 제도를 채택하여 종실 왕자들이 자신들의 채읍 내부에서 발생하는 각종 민·형사상의 일을 알아서 처리하도록 하고, 왕실에서는 다만 그들로 하여금 군사에 필요한 인원이나 말, 공물 등을 진상하게 하면 되었다. 그랬다면 각 채읍은 다음 단계의 봉건제 절차를 충분히 시행할 수 있었을 것이고, 이런 과정을 거친 뒤에는 사회 전체가 피라미드 같은 형태로 구성되어, 모든 백성들 사이에 존비와 장유의 질서가 생기고, 이 질서가 세습을 통해 영원히 바뀌지 않았을 것이다. 몽골이 봉건제를 채택했다면 사회의 유동성이 체제 전체를 뒤흔드는 것을 방지할 수 있었다. 이를 위해 특권을 향유하는 사람은 그가 속한 사회 속에서 어떠한 고정된 역할을 갖고 있어야 했다. 게르만족이 중세 이전에 서유럽을 정복할 때, 바로 이런 체제를 이용하여 서방의 봉건제도를 탄생시켰고, 수백 년을 유지했다. 그러나 쿠빌라이는 중앙집권제를 채택했다. …… 당시 헤아릴 수 없이 많은 군민軍民을 효율적으로 관리하는 방법을 찾지 못하는 상황에서, 이런 추상적인 관념이 가진 정신적 힘은 결코 소홀히 할 수 없는 것이었다. 적어도 그것은 관료체제를 유지하는 논리를 갖고 있었고, 간접적으로는 일반 백성에게 왕조에 대한 신뢰를 심어주기도 했다. 그러나 몽골인들은 이러한 문화적인 요소가 행정상의 도구가 될 수 있다는 점을 체득할 기회가 없었다. 이때 몽골인과 한인 간의 언어적 장벽은 결정적인 영향을 끼쳤다.[18]

내 생각에는 아무래도 중국사를 보는 전통적인 시각에서 크게 벗어나지 못한 한계가 있지만 그대로 충분히 고려해볼 만한 주장이라고 여겨진다. 아무튼 "창업보다 수성이 더 어렵다."는 이야기는 결코 헛말이 아닌 것은 분명하다. 몽골족은 중원을 모두 장악했으나 1백 년을 지배하지 못했다. 4백여 년 뒤에 만주족 역시 중원을 완전히 장악하고 청 나라를 세웠는데, 그래도 청 나라는 250년을 존속했다. 서구 제국주의라는 외세의 침략이 없었다면 청 나라는 그보다는 더 갔을 것이다. 다 같이 이민족이 통치한 왕조였지만 이런 차이는 어디서 오는 것일까? 청 나라를 세운 만주족은 자신들의 선조가 세웠던 금 나라와 몽골족이 세웠던 원 나라의 경험을 타산지석으로 삼아 새로이 중원의 한족을 지배할 수 있는 방략을 마련했던 것일까? 이 문제는 아무래도 청 나라를 보면서 돌아보아야 할 것 같다.

그런데 순제 때 원 나라가 망한 직접적인 원인은 재정적인 파탄 때문이었다고 파악하는 것이 현실적인 판단으로 보인다. 이 시기 원 정부에서 발행한 지폐의 가치가 하락하여 재해나 흉년이 들어도 때맞춰 구제할 수가 없었다. 그 때문에 1351년 대규모 농민반란이 일어났고, 이는 다시 남북의 교통로를 단절시켜 전체 경제를 더욱 어렵게 만들었다. 거기다가 몽골족에 대한 한족의 반감과 미륵 종교 사상이 복합적으로 작용하면서 홍건적이 대규모로 등장하게 되었다. 또한, 수십 년 동안 전투를 하지 않은 몽골 기병들은 군적에서 벗어나 본업을 바꾼 상태였다. 설사 군적에 남아 있더라고 급료가 정상적으로 지급되지 않았다. 그러니 반란군을 쉽사리 진압할 수가 없었다.[19]

원 왕조 말기 반란군 가운데 기세를 떨친 관선생 부대가 있었다. 이들은 원의 서쪽으로 갔다가 다시 상도를 점령했으며, 동북 만주지역으로 들어와서 요양을 거쳐 고려로 넘어갔다. 그런데 이들은 아무런 제지를 받지 않고 무려 6년 동안이나 활개를 치고 다녔다. 원이 특히 운이 나빴던 것은 원 왕조의 마지막 10년 동안 궁정에서 각종 음모가 난무하는 바람에 전투를 수행할 수 있는 유능한 장수들이 대거 처형당했다는 점이다. 이러한 현상은 다수민족의 왕조가 멸망하는 과정에서 자주 목격되는 일이다. 원 왕조도 결국 이러한 공식에서 크게 벗어나지 못했던 것이다.

몽골족의 원이 중국에 남긴 것

원의 패퇴와 함께 다른 칸국들도 비슷한 운명에 처했다. 먼저 차가타이 칸국1227~1369년은 중앙아시아라는 지리적 특성 덕분에 몽골 제국의 여러 칸국 가운데 가장 유목민족의 전통을 오래 간직했다. 차가타이 칸국은 한때 오고타이 가문의 카이두에게 점령되는 등 혼란이 일어났으며 동·서로 쪼개지기도 했다. 그러다가 1369년 동차가타이 칸국의 장군이었던 티무르가 권력을 잡았다. 그는 칭기즈칸의 후손을 자처하며 티무르 제국1369~1508년을 수립했고, 차가타이 칸국의 모든 영토를 정복했다.

다음으로 일 칸국1259~1336년은 칸국 가운데 가장 늦게 세워져 가장 빨리 문을 닫았다. 일 칸국은 몽케와 쿠빌라이의 동생 훌라구가 서아시아 원정을 통해 건설했지만, 곧 투르크 왕국으로 바뀌었다. 백성들 대부분이 투르크인이었기 때문이다. 14세기에 접어들어 7대 칸인 카잔은 이슬람교도로 개종했다. 이때가 일 칸국의 최고 절정기였다. 하지만 카잔이 세상을 떠나면서 혼란이 시작되었고, 1336년 여러 개의 작은 왕국을 쪼개졌다. 그 가운데 일부는 티무르 제국에 흡수되었다.

그래도 킵차크 칸국은 15세기까지 살아남았다. 킵차크 칸국은 칭기즈칸의 손자인 바투가 세웠다. 주로 러시아 땅에 세워진 이 나라는 후에 카잔, 크림, 아스트라한의 세 칸국으로 쪼개져 싸우다가 모두 멸망했다. 원의 멸망과 함께 그의 손아래 형제국이었던 여러 칸국들도 사실상 역사의 무대 뒤편으로 사라졌지만, 몽골족의 영웅 신화는 아직도 끝나지 않았다. 바로 14세기 후반 칭기즈칸의 후예를 자처하는 정복 영웅 티무르가 등장했던 것이다.

그러면 우리는 몽골족에 의해 지배된 중국의 상황은 어떻게 보아야 할까? 사실 한족의 입장에서는 아무리 원대 중국 사회가 번성했다고 하더라도 몽골족의 통치 아래서 살아간다는 것이 결코 유쾌한 경험은 아니었을 것이다. 1279년 몽골에 의해 남송이 완전히 멸망하기 전까지 벌어진 여러 전투 현장을 피할 수 있었다고 한다면, 아마도 쿠빌라이 치세기가 한족에게는 가장 좋은 시절이었을 것이다.

원대의 중국을 연구하는 학자 가운데 일부는 원을 우리가 대개 알고 있는 것보다 훨씬 긍정적인 평가를 하는 경향이 강하다. 원대 동안 중국문명과 문화는 결코 제자리걸음을 하지는 않았다. 이를테면 문학가들은 어느 '훌륭한' 왕조 치하보다도 더 많은 표현의 자유를 누렸다. 원대에는 이민족 통치라는 점에서는 동일했던 18세기 청 왕조 시기 건륭제乾隆帝가 자행한 '문자옥文字獄'*에 비견될 만한 탄압이 전혀 없었다. 명 나라 황제들은 자비와는 거리가 한참 멀었지만, 그들은 자신들의 행적이 기록되고 있는 상황에 대해서는 훨씬 세심한 간섭과 통제를 가했던 것이다.[20]

반면, 몽골족은 자신들 스스로 한족과 일정한 거리를 유지했기 때문에 사회적으로 훨씬 자유주의적일 수 있었다. 원대에 일정하게 문학이 번성했던 것은 정부의 공식적인 후원 때문이 아니라 정부의 간섭이 없었기 때문이었다고 봐야 할 것이다. 정부의 고위직에 한족을 배제함으로써 이들의 문학 활동을 촉진한 측면도 있었다. 송대에는 학식 있고 문학적 소양이 높은 유학자들이 고위 관료에 진출하는 것이 당연했지만, 원대에는 이러한 교양과 학식이 별로 쓸모가 없게 되었다. 그래서 그들은 사숙私塾을 세워 유교 경전에 대한 교육을 지속했다. 원대에

---

* 청 왕조 강희제·옹정제·건륭제 시대에 집중적으로 나타난 필화 사건을 말한다. 청조는 이민족(만주족)으로서 중국 한족을 지배했기 때문에 특히 반청적 경향이 강했던 강남 향신층의 비판적 동향에 과민하여 사소한 이유로도 필화사건을 일으켜 억압하곤 했다. 그 시발이 된 것은 1663년의 장정룡 사건이었다. 옹정제 시대에는 청조를 이적(夷狄)이라 비판한 여유량·증정의 사건이 있었고, 이에 옹정제는『대의각미록(大義覺迷錄)』을 저작하여 청조 지배의 정통성을 주장했다. 건륭제 시대에 들어서면서 탄압은 더욱더 가혹해졌다. 심지어『사고전서(四庫全書)』의 수집 목적 중 하나가 그 내용의 검열에 있었다고 하며, 기휘(忌諱, 황제의 이름자가 들어간 글자를 사용할 수 없는 것)에 저촉되어 금서로 전부 훼손된 것만 해도 수천 부에 달했고, 일부분을 뽑아내어 태워진 것은 헤아릴 수가 없었다고 한다. (위키 백과 참고)

는 다른 예술들도 함께 발전했는데, 산수화가 번성하고 잡극雜劇이 비약적으로 발전했다. 원대의 문화는 정부의 적극적인 지원으로 이뤄진 것은 아니지만, 사회적으로 이러한 여건이 마련되었던 것은 분명하다.

무엇보다도 중요한 것은 몽골족이 중국을 지배하면서 평화의 시기를 가져다주었고, 그와 함께 초기에는 경제적 번영도 함께 제공했다는 점이다. 또한, 중국이 그동안 이루지 못했던 정치적 통합도 몽골족이 제공했다는 사실도 중요하다. 쿠빌라이가 남송을 정복한 1270년대 중국 북부는 3백 년 동안 비한족의 지배를 받고 있었지만, 중국 남부는 이민족의 지배를 경험한 적이 없었다. 그런데 원 제국의 중국 통일 이후 남북은 서로를 재발견하는 새로운 경험을 하게 된다. 한족 지식인들이 원 제국을 지지하게 되는 이유 중 하나가 이와 같은 통합의 기쁨 때문이었다고 한다.[21]

또한, 원 왕조는 수도인 북경대도에 막대한 양의 쌀을 공급할 필요성 때문에 황하에서 베이징으로 연결되는 수로를 뚫고 기존 남북의 운하와 연결하여 항주에서 북경에 이르는 대운하를 완성했다. 이로써 중국의 남부와 북부를 잇는 중요한 경제적 연결망이 재건되었다. 운하는 건설과 유지에 막대한 비용이 들었지만, 훨씬 안전한 운송경로였다. 이 대운하는 그 뒤 명조와 청조에서 유용하게 활용되었으며, 오늘날에도 수도 베이징에서부터 남쪽까지 중국의 남북을 잇는 운송과 교통, 관광의 대동맥의 역할을 톡톡히 하고 있다.

이처럼 중국은 몽골족이 제공한 순조로운 상업적 환경에서 세계의 다른 지역과 활발하게 접촉할 수 있었다. 여러 칸국들 사이에서 벌어진 고질적인 전쟁조차도 이런 접촉을 가로막지는 못했다. 처음에 육로

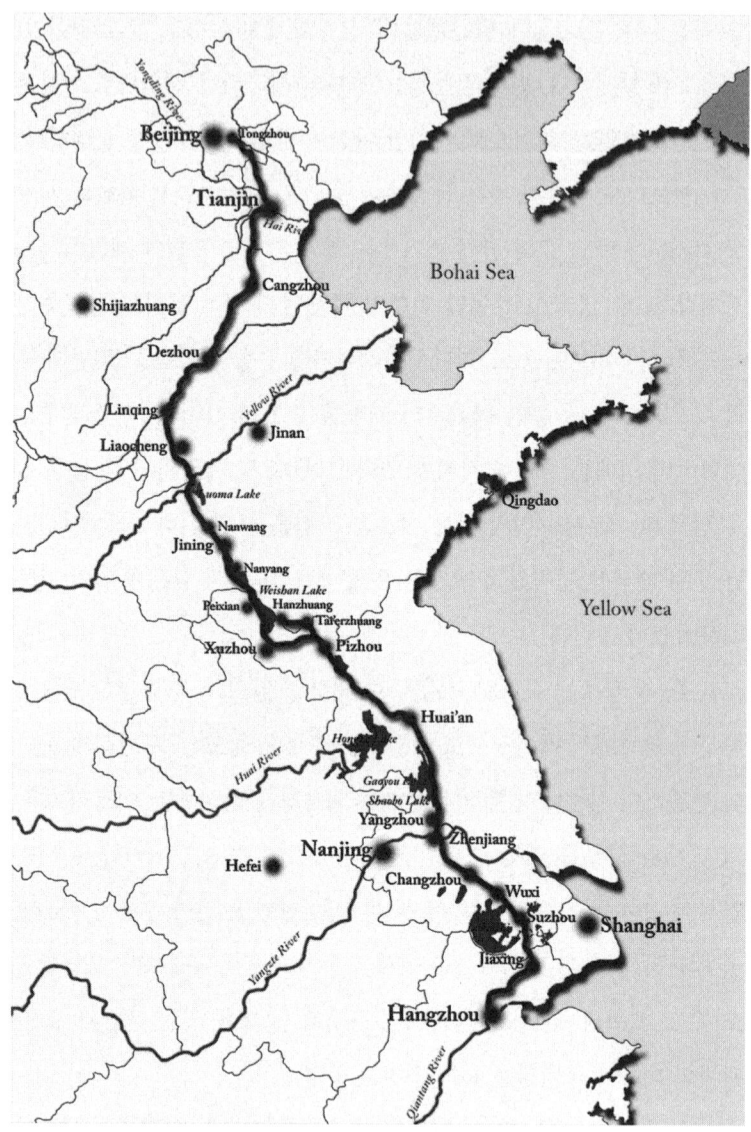

항주에서 북경으로 연결되는 중국의 대운하

로 중국에 갔던 마르코 폴로는 돌아올 때는 전쟁 때문에 페르시아까지 바닷길로 돌아와야 했던 것처럼 때로는 몽골 제국 내부에서 칸국들 사이의 전쟁이 동서의 교류를 가로막기도 했다. 그럼에도 기본적으로 이 시기만큼 중국이 다른 세계와 활발하게 교류한 때는 일찍이 없었다.

원대 중국에서는 한족 사이에서 인종주의에 가까운 반反몽골 감정이 유지될 수도 있었겠지만, 적어도 장기적인 관점에서 보면 이러한 정서가 널리 퍼졌는지는 의심스럽다. 한때 우리나라에서 선풍적인 인기를 끌었던, 홍콩에서 활동한 중국작가 김용의 역사 무협소설『영웅문』시리즈를 보면 이 같은 정서를 얼마간 맛볼 수도 있을 것이다. 한족 사이에서 몽골족에 대한 다소의 반감과 비호감에도 불구하고 일부 사람들 사이에서는 복장이나 이름에서 몽골풍 양식을 모방하는 경향도 나타났다. 명조에 들어와서 초대 황제 홍무제의 집권 이후에는 이러한 모방 풍습을 억압하려 했지만, 몽골족 자체에 대해서는 커다란 적대감을 갖지는 않았던 것 같다. 사실 명태조 홍무제는 몽골족을 비롯한 비한족 출신들이 중국에 머무는 것을 장려했고, 몽골군을 다방면으로 활용하기도 했다. 그러한 기조는 1449년 몽골계 부족인 오이라트족에게 명의 황제가 포로로 붙잡히는 '토목의 변'이 일어나기 전까지 계속되었다. 물론 이 사건 이후 명 나라에서는 반몽골 정서가 깊어졌다.[22]

＊　한국에서는『영웅문』1, 2, 3부로 번역 소개되었으나 원제는『사조영웅전(射鵰英雄傳)』(1957, 영웅문 1부),『신조협려(神鵰俠侶)』(1959년, 영웅문 2부),『의천도룡기(倚天屠龍記)』(1961년, 영웅문 3부)다.

'몽골의 평화'가 의미하는 것

13~14세기에 몽골 제국이 유라시아 대륙의 중요 부분을 모두 석권함으로써 동에서 서에 이르는 거대한 지역에 하나의 통일적인 연계가 이뤄졌고, 그 속에 '몽골에 의한 평화Pax Mongolica'가 유지되었다. 이러한 유라시아 대륙 동서에 걸친 몽골 세계 제국의 출현으로 세계사와 각 지역의 역사에 커다란 영향을 미쳤다.

먼저, 대제국의 등장에 따라 동서 간의 대대적인 인적 교류가 이루어졌다. 몽골 원정군에 참가한 전사들은 정복한 신천지에서 새로운 생활을 시작했다. 반면에 정복지의 유능한 인재와 장인들은 몽골 땅으로 강제 이주시켰다. 동아시아에서 중앙아시아의 초원지대와 오아시스를 거쳐 서아시아, 그리고 남러시아와 동유럽에 이르는 광대한 지역이 몽골이라는 통일 정권 아래 통합되면서 다양한 인간 집단들이 조직적으로 이동했다. 몽골의 대칸이자 원의 황제였던 쿠빌라이는 킵차크 초원 출신의 킵차크, 아스, 킹글리 등 유목민을 새로운 군단으로 조직하여 자신의 직속 친위군단으로 만들었으며, 운남 지역을 개발하는 데도 중앙아시아의 무슬림이나 위구르인을 대거 참여시켰다. 그뿐만 아니라 유라시아 각지의 몽골 제국의 칸국들은 자신들의 지배체제를 유지하기 위하여 인재들을 서로 주고받았다.[23]

이러한 인간 집단의 이동은 단지 몽골 제국 영내에서 그치지 않고, 도미노 현상처럼 주변 지역으로 파급되었다. 이를테면 투르크계 유목민들이 몽골 군대의 진격을 피해 아나톨리아 반도로 이주하면서 11세기 이후 계속된 이 지역의 투르크화가 더욱 촉진되었다. 이미 12세기 후반부터 투르크계 무슬림의 북인도 침략이 본격화되었는데, 몽골의 침략을 피하여 중앙아시아나 이란, 아프가니스탄에서 많은 무슬림이 이곳에 유입되면서 이 지역의 이슬람화를 촉진했다. 또한, 몽골 제국 내부에서의 대립과 투쟁은 몽골인 자신의 이주도 불러왔다. 예를 들면 훌라구훌레구 울루스에서 맘루크Mamluk 왕조로 망명해서 이집트 나일 강 삼각주 서쪽의 오아시스 바흐리야 지방에 정착한 사람들과 시리아 북부로 이주하여 이슬람화한 군단들도 있었다.

다음으로 동서 간의 교류가 비약적으로 촉진되었다. 제국 각지를 연결하는 역참이 정비되고 교통로의 안전이 확보되면서, 여행자들은 유라시아 대륙의 동서를 자유롭게 여행할 수 있게 되었다. 천주취안저우,泉州를 비롯한 중국 동남부의 항구 도시와 페르시아 만의 호르무즈 Hormuz를 중심으로 하는 서아시아 여러 항구를 연결하는 해상 루트가 활성화되었다. 몽골 제국의 출현으로 '아시아의 순환 교통로'가 완성되었던 것이다.

이러한 교통로를 이용하여 위구르 상인과 무슬림 상인들이 대규모 상업 활동을 전개했다. 몽골 제국을 축으로 하는 상업 망은 훌라구 울

---

* 맘루크는 '노예'라는 뜻이다. 이집트와 인도에서 시작한 노예 후손들이 만든 맘루크 왕조(1250~1517년)는 이집트와 시리아를 통치했다. 그들의 후예는 오스만 제국 점령(1517~1798년) 시기에도 이집트에서 중요한 정치 세력으로 남아 있었다. 1169년 이집트의 통치권을 장악한 쿠르드족 출신 장군 살라딘은 그 당시 이슬람군 전통을 그대로 답습해서 자신의 군대에 쿠르드·아랍·투르크족과 그밖의 다른 자유민을 기용하고 여기에 노예 군단을 더 추가시켰다. 후계자들도 이러한 방법을 따랐고 알 말리크 앗 살리흐 아이유브(1240~1249년 재위)는 왕조 내의 적대 세력과 십자군에 대항하여 자신의 술탄 지위를 보호하기 위해 투르크인 등의 노예를 가장 많이 사들인 사람으로 유명하다. 1249년 그가 죽자 술탄 자리를 놓고 내분이 일어나 맘루크 장군들은 아이유브 왕조의 후계자를 죽이고 자신들 중 1명을 술탄으로 추대했다. 이로부터 250여 년간 이집트와 시리아는 맘루크와 그 자손들의 지배를 받았다.

루스와 우호관계를 유지하고 있었던 제노바, 베네치아를 비롯한 이탈리아 상인과 비잔틴 상인의 참여로 지중해까지 확대되었다. 사실은 14세기부터 본격화한 이탈리아의 르네상스는 몽골 제국이 이룩한 세계적인 규모의 경제 발전이 그 배경이 되었다고 말할 수 있다. 이와 함께 맘루크 왕조 치하의 카리미Karimi 상인*도 지중해와 홍해, 인도양에 걸치는 해상 교역망을 통해 이 상권商圈에 참여했다. 특히 14세기 전반기가 되면 쿠빌라이와 카이두가 잇달아 사망하면서 몽골 제국 내의 분쟁도 종식되고, 이슬람을 수용한 훌라구가 맘루크 왕조에 대해서 유화정책을 취함에 따라 동서 교류에 더욱 유리한 환경이 조성되었다. 그 결과 한반도와 일본에서부터 중앙아시아, 인도, 서아시아, 북아프리카, 동유럽 일부까지 포함하는 유라시아와 북아프리카에 걸친 대규모 경제권이 형성되고 사람과 물건, 문화와 정보가 활발하게 교류되었다.[24]

또한, 몽골 제국 각지로부터 킵자크 칸국과 일 칸국, 차가타이 칸국을 비롯하여 왕족이나 지방 군주의 사신단이 매일같이 원의 수도인 대도大都, 지금의 베이징로 몰려들었다. 그들은 사실상 최고급 특산품과 진기한 물건을 휴대한 공식적인 통상 사절단으로 때로는 규모가 수백 명에 이르렀다. 따라서 거기서 거래되는 물품의 규모 또한 컸을 것은 말할 필요도 없다. 이처럼 세계 각지의 상인들이 원 나라의 수도로 몰려들었던 것이다.

---

* 이집트 홍해 연안을 거점으로 하여 예멘, 사우디아라비아, 인도를 상대로 무역을 하던 상인 집단을 말한다. 이들은 처음에는 주로 향신료 무역에 종사했지만, 차츰 다른 품목으로 거래를 확대해 거대한 국제 상인 집단으로 성장했다. 특히 이들은 14세기 초에는 이집트 맘루크 왕조의 지원으로 전성기를 누렸는데, 맘루크 왕조에서 유럽 상품 수입권을 비롯한 독점권을 인정받고, 대시 정부에 자본을 제공했다고 알려진다. (고마츠 히사오 외 지음, 『중앙 유라시아의 역사』, 소나무, 230~231쪽 참고)

종교인의 왕래도 매우 활발했다. 중국 도교 교단의 장로 장춘진인長春眞人, 1148~1227년은 호라즘을 원정 중이던 칭기즈칸의 부름을 받고 중앙아시아 각지를 여행했다. 또 네스토리우스파 기독교 사제 랍반 사우마Rabban Sauma, ?~1294년는 대도에서 훌라구 울루스로 순례 여행을 떠났으며, 그곳에서 다시 훌라구 울루스의 아르군 칸의 사신 자격으로 서유럽 각지를 여행했다. 나아가 1245~1247년에 로마 교황 인노켄티우스 4세의 사절로 중앙아시아를 거쳐 카라코룸을 방문한 프란체스카 수도사 플라노 카르피니, 1253~1254년에 프랑스 왕 루이 9세의 사절로 역시 몽골을 방문한 같은 교단의 수도사 루브루크, 대도에서 가톨릭 교회를 연 몬테코르비노 신부, 그리고 동서 각지에서 파견된 유학승 등 수많은 세계 사람들이 원 나라를 방문했다. 모로코 태생의 이븐 바투타가 각지에 살고 있는 무슬림의 도움을 받아 중앙아시아, 그리고 인도를 거쳐 중국을 방문할 수 있었던 것도 이러한 시대적 배경 때문에 가능했다. 마르코 폴로가 원 나라를 방문하고 그곳에서 오랫동안

*   도교 종파인 전진교의 도사로서, 본명은 구처기(丘處機)이고, 자는 통밀(通密)이다. 장춘자(長春子)는 전진교에서 받은 도호이며 장춘진인은 그 존호이다. 산동 성 서하(棲霞) 출신이다. 전진교의 개조 왕중양의 제자 북칠진(北七眞) 중의 한 명이며, 왕중양, 마옥, 담처단, 유처현에 이어 전진교의 5대 장문이었다. 전진교 용문파(龍門派)의 개조이기도 하다. 원 나라 때 전진교를 융성시킨 것은 구처기의 공적이 크다. 그는 1222년에 서아시아 원정 중의 징기스칸의 초청을 받아 고령에도 불구하고, 제자인 이지상 등과 함께 위구르, 알말리크, 탈라스, 사마르칸트를 거쳐 힌두쿠시 산맥 남쪽, 지금의 아프가니스탄 지역에서 휴식을 취하고 있던 칭기즈칸을 만났다. 불로장수의 비결을 묻는 칭기즈칸에게 전진교의 가르침을 설명했고, 칭기즈칸은 이에 보답하여 장춘진인에게 몽골 제국의 점령지 어디서라도 전진교를 보호하는 특혜를 베풀어 준다. 그의 제자 이지상이 정리한『장춘진인서유기(長春眞人西遊記)』와『현풍경회록(玄風慶會錄)』은 바로 서역 여행 때의 기록이고, 장춘진인 일행이 거쳐간 당시의 몽골 고원 및 중앙아시아에 대한 귀중한 자료로 현재에 내려오고 있다.『장춘진인서유기』는 한 때 오승은『서유기』의 원작으로 잘못 알려지기도 했다. 장춘진인은 서역에서 귀국한 후 대도에 있는 장춘궁(천진관)에 살면서 폭넓게 대중의 신앙을 모았고, 그 땅에서 생을 마쳤다. (위키 백과 참고)

살다가 고향으로 돌아가『동방견문록東方見聞錄』을 집필한 것도 이런 조건에서 일어난 일이었다.[25]

학술과 과학 분야의 교류도 활발했다. 이란에서 만들어진 천문과 역서들이 중국으로 전파되었고, 이를 바탕으로 당대 최고의 과학자 곽수경郭守敬이 편찬한 수시력授時曆*은 원 나라뿐만 아니라 명 나라에서까지 사용되었다. 14세기 전반 중국의 징더전景德鎭에서 생산된 청화자기도 동서 문화 교류가 낳은 물품 가운데 하나다. 중국의 우수한 자기 기술과 이란의 도자기 겉그림 기법, 그리고 코발트 안료가 결합되어 청화자기가 만들어진 것이다. 청화자기는 특히 서아시아에서 인기를 얻어 고가의 국제상품으로서 천주에서부터 선박으로 서방 세계에 수출되었다. 중국의 발전된 도자기 제작 기술은 이란에서 빼어난 도자기와 색타일 제조를 촉진시켰다. 같은 몽골 제국이었던 이란에서 발전한 세밀화 속에 중국 회화의 영향이 나타나고 있는 것도 동서 문화 교류의

---

* 1281년부터 시행한 역법으로서 허형(許衡)·왕순(王恂)·곽수경 등이 1276년부터 5년간의 준비기간을 두고 정밀한 천문관측을 하는 한편 역대의 역법을 참고하여 완성했다. 이름은『서경(書經)』의 '경수민시(敬授民時)'에서 따온 것이다. 수시력의 편자인 허형은 역대의 역리에 밝았으며, 왕순은 계산법에 정통했고, 곽수경은 관측 기계 제작과 천체관측에 탁월했다고 한다. 이들의 공동 노력을 통해 훌륭한 역법을 만들 수 있었는데, 나중에 곽수경이 수시력을 정리했기 때문에 곽수경만이 수시력의 제작자로 알려져 있다. 수시력은 원은 물론이고 이후 명(明)에서도 이름만 대통력(大統曆)으로 바꾼 채 거의 그대로 시행되어 1644년까지 약 4백 년간 사용된 역법이다. 이 역법은 중국 역사상 가장 우수한 역법으로 평가받고 있으며 그 영향은 우리나라에도 미쳤다. 고려 충선 왕 때 최성지(崔誠之)가 수시력법을 원에서 가지고 들어와 처음 시행했다. 그러나 일월식의 계산법만은 이용할 수가 없어 선명력을 그대로 답습했다고 한다. 이후 1442년(세종 24)에 이르러 수시력과 대통력을 참고하여『칠정산내편(七政算內篇)』을 편찬하면서 완전한 이해가 가능해졌고, 1653년(효종 4) 시헌력(時憲曆)으로 바꿀 때까지 사용했다. 이 역법의 가장 큰 특색은 천문관측에 신중을 기한 것이다. 왕순과 더불어 곽수경은 개력의 명을 받자 곧 이슬람의 천문기구를 본받아 간의(簡儀)·앙의(仰儀) 등의 새로운 천문기기를 제작하여 새로이 관측을 실시했다.

좋은 본보기라 할 수 있다.

이 시기의 동서 문화 교류는 한편으로 전염병의 유행도 불러왔다. 학자들의 연구에 따르면 페스트가 확산된 것도 동서 문화 교류의 한 결과라고 한다. 원래 페스트는 동물 중 설치류*에 나타나는 전염병이었는데, 몽골 제국 시대에 야생 설치류 동물이 많이 서식하는 중앙유라시아 초원을 통한 교역이 확대되면서 페스트가 급속히 확산되었던 것이다.[26] 흑사병黑死病이라고 불린 이 역병은 14세기 중엽 중동과 유럽 각지에서 맹위를 떨쳐 수천만 명의 사람들을 죽음으로 몰아넣었다. 원나라 시대 중국에서 발생한 역병 역시 흑사병이었을 가능성을 제기하는 사람도 있다.[27]

---

* 몽골을 비롯한 중앙아시아와 시베리아 초원에 서식하는 타르바가(Marmot)를 가리킨다. 타르바가에 기생하는 벼룩은 지금도 여름이면 몽골 초원에 '타할'이라는 페스트를 퍼트린다. (고마츠 히사오 외 지음, 『중앙 유라시아의 역사』, 소나무, 233쪽 참고)

6. 칸의 후예국들

칭기즈칸의 후예들이 세운 여러 칸국의 운명

원의 멸망과 몽골 제국의 운명

1368년 몽골 제국의 종주국인 원의 실질적인 마지막 황제 토콘 테무르는 명의 주원장에게 쫓겨 야밤에 수도 대도^{지금의 북경}를 탈출했다. 그는 막북 지역으로 도망갔다가 1370년 내몽골의 응창에서 사망했다. 일반적으로 이때 원 나라가 멸망했다고 보지만, 실제로는 원이 이때 멸망한 것은 아니다. 그 뒤에도 원 나라는 북원이라는 이름으로 20년간이나 더 버티었고, 화북을 사이에 두고 원과 명이 대치하는 형국이 벌어졌다. 토콘 테무르가 사망하자 황태자 아유시리다라愛猷識里達獵[*]는 옛 수도 카라코룸에서 아버지의 부음을 받고 대칸 자리에 올랐다. 그는 그때부터 1378년까지 그곳에 머물면서 다시 중국 왕조를 되찾을 희망을 품고 있었다. 1378년 아유시리다라가 죽자 그의 아들 투구스 테무르가 그 뒤를 이어 즉위했다.

---

* 토콘 테무르와 고려 공녀 출신의 기황후 사이에서 태어난 황자다.

하지만 운명의 갈림길은 1387년 요동에서 일어났다. 이 해에 잘라이르부 무칼리의 자손인 나하추Naghachu, 納哈出가 이끄는 20만 대군이 만주 북부에 진출해있던 명의 풍승馮勝에게 투항하면서 북원의 운명은 결판났다. 투구스 테무르는 그때 나가추와 연합하여 명군을 공격하기 위해 동몽골의 부이르 호수 부근에 와있었다. 하지만 나가추의 투항으로 모든 것이 뒤바뀌었다. 1388년 남옥藍玉이 지휘하는 명 나라 군대는 내외몽골 경계에 있는 부이르 호수에서 벌어진 회전에서 투구스 테무르와 그의 군대를 궤멸시켰다. 명 나라 군대에 패배하고 서쪽으로 도망가던 투구스 테무르는 몽골 중부를 흐르는 톨라강 부근에서 아리크 부케의 후손인 예수데르에게 피살되었다. 이로써 쿠빌라이의 직계 왕통은 단절되었다. 따라서 원의 멸망은 정확히는 이때라고 말할 수 있을 것이다.[1]

그러나 몽골 지배자들은 그 후로도 1백여 년 동안이나 대원大元이라는 국호를 사용했다. 예수데르 이후 여러 칸들이 올랐으나 그들은 대부분 칭기즈칸 가문이 아닌 실력자들에 의해 옹립되었다. 당시 몽골에서 힘을 갖고 있었던 아룩타이 타이시의 후원으로 1408년 즉위한 푼야스리는 권력 투쟁에서 패하여 중앙아시아의 티무르에게 망명한 왕족이었다. 그 후 오이라트의 수령 토곤은 아룩타이를 타도하고 몽골 전역을 장악하는데, 그의 아들 에센은 칭기즈칸 가문과 혼인을 통해 권력을 더욱 강화함과 동시에 동서 양방향으로 세력을 확대했다. 그는 동쪽으로는 싱안링을 넘어 여진족을 복속시키고, 서쪽으로는 차가타이 울루스의 동부인 모굴리스탄을 제압했다. 1449년에는 명의 정통제가 에셴에게 사로잡히는 이른바 '토목의 변土木之變'*을 일으킬 정도로 위세를 떨쳤다. 하지만 그 사건 뒤 에셴은 명 나라의 공격을 받으면서 어려움에 부닥쳤고, 1454년에는 내부의 반란으로 살해되고 말았다.[2]

에셴이 죽은 뒤 정치적 공백기를 거쳐 칭기즈칸 가문의 복권을 이룬 사람이 다얀大元 칸1487~1524년 재위이다. 그는 몽골 전역을 자신이 직

---

* 토목보의 변(土木堡之變)이라고도 한다. 명 나라 정통제 14년(1449년)에 발생한 명 나라와 몽골 부족을 통일한 되르벤 오이라트와의 사이에서 벌어진 전쟁에서 황제가 친정을 하다가 오이라트의 포로로 잡힌 사건을 말한다. 전쟁 당시 에셴족은 명군의 수급로를 차단하고 연승했으나 환관 왕진은 신하들의 충고를 무시하는 등 전횡을 일삼다가 피살당했으며, 결국 에셴군은 토목보(土木堡)를 포위하여 명 나라 황제 영종을 잡아갔다. 중국 역사상 외적과의 전쟁에서 황제가 포로로 잡혀간 최초의 사건이었다. 이 사건을 토목의 변이라고 한다. 환관 왕진의 전횡과 더불어 명 나라 초기의 안정적인 조정은 정통제 영종에 이르러 해이해지기 시작했고, 1449년에는 몽골계 부족인 오이라트(Oirāt)가 세력을 형성하고 무역의 확장을 위해 명과 교섭하였으나 여러 차례 결렬되었다.

1406년 명의 영락제는 몽골 부족들에게 조공 무역을 허락했는데, 마시(馬市)라는 형태로 교역을 하여 영종 때까지 관례화되었다. 명 나라는 이들로부터 말과 가축 등 그 부산물을 수입하고, 비단 등의 의류와 식량 등을 수출했다. 처음에는 50명 정도의 사절단 규모가 에셴 때에 이르러 3천 명까지 늘어났고, 주변 위구르의 상인들까지 가세하여 무역량이 늘어나고 밀무역도 성행했다. 이에 심각한 문제를 겪던 명 나라는 오이라트 부족에 대한 무역을 제한했고 1448년 사례감 왕진은 실제 인원에 대한 조공 무역만 허용했으며, 말 값도 오이라트가 제시한 가격의 20퍼센트만 지급했다. 이에 불만을 품은 오이라트는 정통제 14년(1449년) 명 나라 변방인 산시 성 다퉁(大同)으로 침입했다.

환관 왕진(王振)은 영종에게 직접 친정(親征)을 간청했으나 이부상서와 병부상서는 친정을 만류했다. 하지만 영종은 왕진의 건의를 받아들여 오이라트족을 친정하고자 50만의 군대를 이끌고 북진했다. 그런데 50만 명의 군사 중에는 문신(文臣), 귀족(貴族) 등 전쟁과 무관한 이들을 포함시켜 군대의 규모를 과시했다. 전투에서 비정예군이 오이라트족에게 대패했음에도 여러 군신의 말을 듣지 않은 채 왕진이 국정을 농단했다. 이들의 패전소식은 북경(北京) 조정에 큰 충격을 주었고, 남경(南京) 천도설이 나왔지만 병부시랑 우겸(于謙)이 "남쪽으로 도망하여 멸망한 송(宋)의 예를 못 보았느냐."며 "북경은 천 리이므로 사수하여야 한다."라고 강력히 주장하여 조정을 안정시켰다.

한편, 황제를 포로로 잡아간 에셴족은 전세의 유리함을 알고, 명과의 교섭을 시작하려 했으나 북경 조정은 영종의 이복동생인 주기옥(朱祁鈺)을 새로운 황제로 옹립하니 대종(代宗) 경태제(景泰帝)이다. 에셴족은 포로로 잡은 영종이 협상에 영향을 주지 못하자 1450년 아무 조건 없이 명 나라 조정에 그를 송환했다. 하지만 이미 이복동생인 대종이 즉위하여 황제가 되었으므로 영종은 태상황(太上皇)이 되어 궁에 유폐되었다.

접 지배하기 위해 차하르, 할하, 우량칸으로 이루어진 좌익左翼 3투멘과 오르도스, 투메트, 용시예부르로 이루어진 우익右翼 3투멘으로 재편하여 정권의 안정을 도모했다. 그러나 칸 지위를 계승한 차하르 왕가의 권위는 그 후 투메트를 상속한 다얀의 손자 알탄 칸의 등장으로 크게 손상되었다. 알탄은 명 나라를 압박하여 통공通貢을 요구하며 수시로 변경을 침략하는 한편, 서몽골과 청해에 이르는 광대한 지역을 지배했다. 그 결과 알탄이 건설한 후흐호트현재의 내몽골자치구 성도 후허하오터는 알탄 왕국의 정치적 중심지가 되었을 뿐만 아니라 경제·문화의 중심지로 변모했다. 특히 이곳은 알탄 시대에 번성한 티베트 불교라마교의 중심지이기도 했다.[3]

1604년 차하르 왕가에서 릭단이 대칸으로 즉위했다. 그는 몽골을 통일하기 위해 온 힘을 쏟았지만, 후금후대의 청 나라을 세운 누르하치奴兒哈赤, Nurhach, 1559~1626년에게 눌리고 말았다. 1634년 릭단林丹, 1604~1634년 재위은 청해 원정 도중 사망하고, 그의 아들 에제이Ejei는 대대로 전해오던 원 황제의 옥새를 누르하치의 아들 태종 홍타이지Hong Taiji, 皇太極에게 바쳤다. 이로써 원 나라는 명실상부하게 멸망했다.

차가타이 칸국의 부침과 성쇠

몽골 제국의 종주국 원 나라의 쇠퇴와 더불어 칭기즈칸의 후예들이 세운 여러 칸국들도 비슷한 운명에 처했다. 이들 칸국들은 원의 멸망 이전부터 부침을 거듭했지만, 원의 소멸을 전후하여 앞서거니 뒤서거

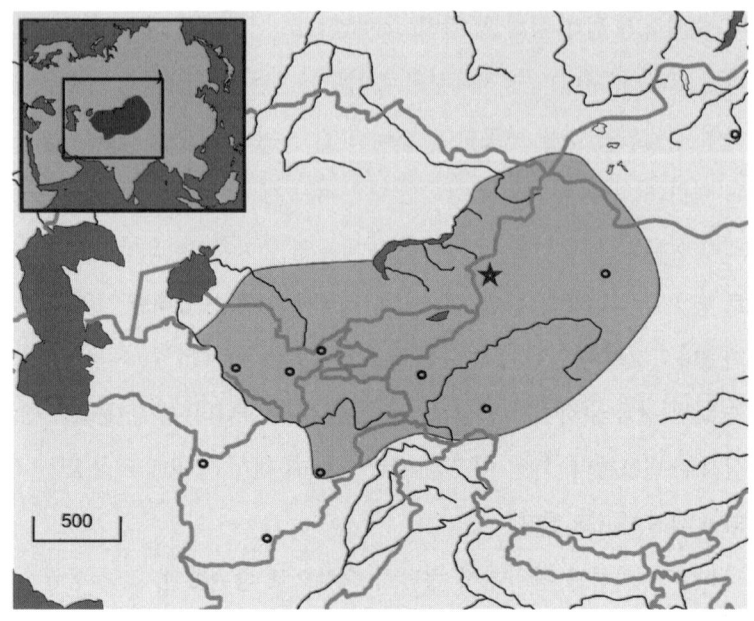

13세기 차가타이 칸국의 위치

니 하면서 역사 속으로 사라지고 말았다. 몽골 제국과 더불어 역사의 무대에서 그 이름을 남긴 칸국들은 수도 없이 많지만, 그것들은 네 칸국으로 불리는 차가타이 칸국, 오고타이 칸국, 일 칸국, 킵자크 칸국에서 유래되어 이합집산하며 역사를 이끌어갔다. 이들 칸국들의 변화를 통해서 13, 14세기 중앙아시아와 서아시아, 동유럽과 러시아 지역의 전체적인 역사적 흐름을 파악할 수 있을 것이다.

그 가운데 먼저 차가타이 칸국을 살펴보자. 차가타이 칸국은 칭기즈칸의 둘째 아들이자 몽골의 법전으로 알려진 '야사Yassa'의 관리인이었다. 차가타이는 위구르 지방에서 서쪽으로 부하라와 사마르칸드에 이르는 옛 카라 키타이 제국의 초원, 즉 일리, 이식쿨, 추강 상류, 그리고 탈라스 지역을 자신의 몫으로 받았다. 그는 카쉬가리아와 트란스옥시아나도 받았지만 이곳들은 정주민들의 땅이었으며, 트란스옥시아나에서 부하라, 사마르칸드 등의 도시는 대칸의 관료들에 의해 직접 통치되었다. 장춘진인長春眞人의 증언에 따르면, 차가타이의 통상적인 주거는 일리 남쪽이었다고 한다.[4]

차가타이는 장자인 주치의 혈통이 모호했으므로 후계자 계승 때 대놓고 주치를 메르키트족의 사생아라고 불러 칭기즈칸을 불편하게 했다. 그 이후에도 주치와 사사건건 대립했으며 이들의 대립 때문이었는지 후계자 자리는 온화한 오고타이 칸에게 넘어가게 된다. 차가타이는 주치와의 대립에서 보이듯이 성격이 불같고 타협을 모르는 성격이었지만, 자기 자신에게도 엄격하고 원리원칙을 철저히 지키는 인물이라서 칭기즈칸은 차가타이에게 몽골의 법전인 '에케 야사'의 관리역을 맡겼다고 한다. 일례로 오고타이가 칸이 된 이후 차가타이와 오고타이가 술자리를 했는데, 차가타이가 취중에 오고타이에게 실수를 했다. 다음 날 자신의 실수를 깨달은 차가타이는 아우에게 찾아가서 자신의 실수를 벌해달라고 청했다. 오고타이는 "형제끼리 그런 걸 가지고 그러십니까?"라며 웃어넘겼지만, 차가타이는 끝내 야사의 법전을 적용해서 스스로를 벌했다는 이야기가 전한다.[5]

중앙아시아를 배경으로 세워진 차가타이 칸국은 동유럽과 러시아

---

* 칭기즈칸이 선포한 법률의 법전을 말하는데, 그 내용은 부분적으로 전해지지만 사본은 남아있지 않다. 그 때문에 일부에서는 칭기즈칸의 법률은 존재했지만 이를 성문법전으로 만든 적은 없었다고 주장하기도 한다.

를 지배한 킵자크 칸국이나 중국을 지배하며 종주국 노릇을 한 쿠빌라이 칸의 원, 그리고 맘루크와 싸우고 페르시아 문화에 영향을 받은 일칸국 등에 비하면 그 이미지가 약한 편이다. 하지만 차가타이 울루스 지역 땅에서 대제국을 건설한 티무르가 나왔다는 점에서 그 의미가 크다. 차가타이 칸국은 중앙아시아라는 지리적 특성 덕분에 몽골 제국의 여러 칸국 가운데 가장 유목민족의 전통을 오래 간직했다. 차가타이 칸국은 칭기즈칸의 차남인 차가타이가 칭기즈칸에게 물려받은 영토를 바탕으로 세운 현재의 중국 신장 웨이우얼 자치구 지역에서부터 중앙아시아에 걸쳐 존재했다. 1370년 차가타이 칸국 내의 소부족 출신인 티무르에 의해 멸망했지만, 차가타이 칸국을 계승한 동차가타이 칸국 모굴리스탄 칸국은 18세기 초 준가르에 의해 멸망할 때까지 존속했다.

초기 차가타이 칸국은 칭기즈칸이 세운 몽골 제국의 지배 아래에 있었고 독자적인 권력을 인정받지 못했다. 차가타이 칸국의 칸을 자처한 것은 칭기즈칸의 손자인 훌라구였다. 사실상 몽골 제국의 마지막 대칸이었던 몽케 칸이 죽은 후인 1260년에 즉위한 알루구Alghu는 몽골 제국 중앙의 아리크 부케 대칸에게 반기를 들며 독자적 행보를 걷기 시작했다. 아리크 부케에게 반기를 든 알루구는 곧 아리크 부케의 지원을 받는 오고타이 칸국의 카이두와 대결하지 않을 수 없었다. 1266년, 알루구의 뒤를 이어 칸이 된 바락Baraq도 카이두와 계속 대결해야 했다. 3년간의 격렬한 전쟁으로 바락과 카이두는 모두 심대한 피해를 입었으며 1269년 양측은 잠시 휴전에 합의했다. 이때 카이두는 바락을 궁지에 빠뜨리기 위해 그에게 일 칸국을 공격할 것을 종용하며 지원군을 보냈다.[6]

1270년 바락은 이 제안에 넘어가 먼저 일 칸국을 공격했지만 카이두의 지원군이 배신하면서 일 칸국에게 대패하고 말았다. 1년 뒤 1271년 바락은 죽고 차가타이 칸국은 카이두가 지배하는 오고타이 칸국의 속국으로 전락하고 말았다. 이후 카이두는 이름뿐인 칸들을 즉위시켜 차가타이 칸국을 완전히 장악하려 했다. 하지만 곧 바락의 아들인 두아 Duwa를 비롯한 왕족들의 반란이 일어났고 차가타이 칸국의 지배에 어려움을 느낀 카이두는 두아와 타협하여 그를 칸에 올렸다. 두아는 영리한 인물이었다. 그는 자신을 칸 자리에 올린 카이두와 협력해 세력을 확장하며 때를 기다렸다.

그러던 중 1301년, 차가타이 칸국의 숙적 카이두가 사망했다. 카이두가 사망하자 두아는 즉시 오고타이 칸국의 계승 분쟁에 개입하여 1303년에 카이두의 장남인 차바르를 칸 자리에 올린 뒤 원을 비롯한 모든 칸국들과 평화협정을 체결했다. 하지만 평화협정은 오래가지 못했다. 평화협정이 체결된 지 3년 뒤인 1306년에 두아는 원 나라의 정종과 연합하여 오고타이 칸국을 공격, 차바르 칸을 추방하고 원과 함께 오고타이 칸국의 영토를 나눠 가졌다. 오고타이 칸국을 멸망시킨 두아 칸 이후에 즉위한 에센부카 칸과 케벡 칸에 의해 차가타이 칸국은 약 20여 년간 중앙아시아에서 주도적 위치를 차지하게 되었다.

그러나 케벡 칸이 사망한 1326년혹은 1325년 이후 차가타이 칸국의 국세는 급격히 기울기 시작했다. 각 유목 부족들은 독자적 권리를 행사하며 서로 분열했고, 칸은 부족장들에 의해 추대되고 부족장들에 의해 쫓겨나는 상황이 연출되었다. 거기다가 차가타이 칸국의 이슬람화로 인해 이슬람교와 전통 종교인 불교-샤머니즘 간의 갈등까지 더해지면서 차가타이 칸국은 나락으로 치달았다. 지금의 신장 지역에는 유목민들의 세력이 강했고, 마 와라 알나흐르 지방에는 정주 세력이 더 강했다. 전자는 스스로를 '모굴인'이라고 불렀고, 후자는 스스로를 '차가타이인'이라고 칭했다. 모굴인들은 차가타이인들을 '카라우나스^{혼혈아}'라 부르며 무시했고, 차가타이인들은 모굴인들을 '자타^{도적}'라고 부르며 적대했다.[7]

마침내 1348년, 현재의 신장 지역인 차가타이 칸국 동부 지역의 유력 가문인 두글라트부에서 투글루크 티무르^{Tughlugh Timur}를 칸으로 옹립하면서 차가타이 칸국은 동서로 분열되고 말았다. 동차가타이 칸국^{모굴리스탄}의 첫 번째 칸이 된 투글루크 티무르가 잠시 차가타이 칸국을 통합하고 여러 부족의 아미르^{'지배자'라는 뜻으로 유력 부족장을 말함}들을 격파하기도 했다. 하지만 이 같은 일시적 통합은 그가 죽은 1363년에 붕괴하고 말았다.

투글루크 티무르에 이어 차가타이 칸국을 장악한 것은 발라스부의 아미르인 티무르였다. 동차가타이 칸국의 장군이었던 티무르는 다른 여러 부족을 제압한 뒤, 1370년 서차가타이 칸국을 장악하고 티무르 왕조^{1370~1508년}를 세웠다. 티무르 왕조가 성립되면서 모굴리스탄 칸국도 그 지배하에 들어가게 되었다.[8]

15세기 중반, 티무르 칸국의 분열로 다시 자립한 모굴리스탄 칸국은 에센 부카 2세와 유누스 칸 시대에 전성기를 맞았다. 하지만 모굴리스탄은 도스트 무함마드가 유누스 칸에 대항하여 동쪽 투르판을 중심으로 위구르스탄 칸국을 세우면서 양분되었다. 16세기 초 위구르스탄의 만수르 칸이 모굴리스탄을 재통일하고 오이라트와의 전투에서 여러 차례 승리하며 위세를 떨쳤지만 그의 형제인 사이드 칸이 카슈가르를 중심으로 카슈가르 칸국을 세우면서 모굴리스탄 칸국은 다시 분열되었다.

카슈가르 칸국에서는 16세기 말부터 칸의 권위가 바닥으로 떨어지고 그 대신 호자Khoja라는 이슬람 귀족 가문이 권력을 잡게 되었다. 호자 가문은 카슈가르의 백산당과 야르칸트의 흑산당으로 분열하여 권력 투쟁을 벌였다. 1678년, 카슈가르 칸국의 마지막 칸인 이스마일 칸은 백산당의 영수 아팍 호자를 몰아내고 칸의 권력을 회복하려 했으나 도리어 아팍 호자가 불러들인 준가르의 칸 갈단에 의해 쫓겨나고 말았다. 이후 카슈가르 칸국은 준가르의 보호령으로 전락했으며 호자 가문이 권력을 완전히 장악하게 되었다. 1695년, 아팍 호자의 아들인 야흐야 호자Yahya Khoja가 죽은 뒤 마지막 칸인 아크바쉬 칸Akbash Khan이 즉위하여 준가르에 대항하려 했지만, 그 역시도 1706년 호자 가문에 의해 추방당해 무굴 제국으로 망명하면서 모굴리스탄 칸국의 역사는 끝을 맺었다.[9]

오고타이 칸국과 일 칸국의 운명

오고타이또는 우구데이 칸국은 칭기즈칸의 3남인 오고타이가 받은 발하쉬호 동쪽과 동북쪽 지역, 즉 이밀과 타르바가타이, 카라 이르티쉬와 우룽구 지역에서 시작되었다. 그러나 이 땅은 본래의 주인인 오고타이와 별 관계가 없었다. 1229년, 칭기즈칸이 사망한 지 2년 만에 쿠릴타이를 통해 몽골 제국의 대칸으로 선출된 오고타이는 1235년에 몽골 제국의 수도인 카라코룸을 건설하고 그곳에 자리를 잡았다.

1241년 오고타이가 사망하자 킵차크 칸국의 바투와 오고타이의 아들인 구유크 칸 사이에 분쟁이 발생했다. 결국, 구유크가 쿠릴타이를 개최하여 1246년에 대칸에 올랐다. 구유크의 즉위 이후 구유크와 바투의 대립이 더욱 격화되면서 재위 3년째인 1248년에는 전쟁 직전까지 치달았다. 하지만 구유크의 사망으로 그러한 불행은 피할 수 있었다. 구유크가 사망한 이후 바투는 칭기즈칸의 넷째 아들인 툴루이 가문과 손잡고 1251년 쿠릴타이를 개최하여 툴루이 가문의 몽케를 대칸으로 올렸다. 이에 구유크의 미망인 오굴 카이미시와 오고타이 가문의 왕자 시레문이 몽케를 제거하고 오고타이계 대칸을 세우려는 음모를 세웠지만 발각당해 몽케에 의해 숙청당하고 말았다. 그때부터 대칸의 자리는 툴루이 가문의 특권이 되었다. 대칸에 성공적으로 즉위한 몽케를 지지한 보답으로 바투는 자신의 울루스인 킵차크 칸국에서 실질적인 자치권을 인정받았다.[10]

몽케 칸의 숙청 작업으로 오고타이계가 몰락하자 오고타이의 4남 카시의 아들 카이두는 자신의 영지에 웅거하면서 복수를 준비했다. 그는 몽케에 의해 오고타이 가문이 숙청당할 때 제거될 처지였으나 미리 몽케에게 복종해서 위기를 모면했다. 그는 오고타이가 처음 받은 영지로 돌아와 때를 기다리며 실력을 키웠다. 마침내 1259년 몽케 칸이 사망하자 카이두는 본격적으로 활동을 시작했다. 그는 1271년에 차가타이 칸국의 바락을 궁지로 몰아넣었고 이후 차가타이 칸국을 복속시켰다. 차가타이 칸국을 복속시킨 뒤 원 나라의 쿠빌라이와 여러 차례 대립했으나 번번이 막혔다. 1294년에 숙적 쿠빌라이가 죽자 기회를 노려 1301년에 차가타이 칸국의 두아와 함께 대규모 공격을 감행했으나 패배하고 전투에서 입은 상처가 도져 사망했다.

카이두 사후 차가타이의 칸 두아는 카이두의 유언대로 카이두의 둘째 아들 오르스를 옹립하지 않고 첫째 아들 차파르를 지지해 둘 간의 분쟁을 유도했다. 두아의 지지 덕분에 차파르는 2년 뒤인 1303 년에 동생 오르스를 물리치고 칸에 올랐다. 차파르는 칸에 오른 지 얼마 되지 않은 1304년혹은 1305년 두아의 제의에 따라 전 몽골 제국 의 평화 협정에 동의했다. 하지만 평화 협정의 잉크가 마르기도 전인 1306년에 차파르와 차가타이 칸국 간의 전쟁이 다시 발발했다. 차가 타이 칸국은 오고타이 칸국의 영토를 유린했고 원 나라가 차가타이 칸국을 지원하고 나서자 차파르는 더 이상 버티지 못하고 항복했다. 차파르의 항복을 받아낸 두아는 원 나라와 함께 오고타이 칸국의 영 토를 분할한 뒤 차파르에게 작은 영지를 주었다. 하지만 두아는 그 뒤 차파르를 쫓아내고 그의 동생인 안기차르와 투그메에게 영지를 나눠 주었다.[11]

1307년 두아가 죽고 차가타이 칸국이 칸위 계승을 둘러싸고 내분에 휩싸이자 카이두의 네 아들 차파르, 오르스, 안기차르, 투그메는 힘을 모아 1310년에 반란을 일으켰다. 이들이 이끄는 반란군은 알말리크 근처에서 콘첵 칸이 이끄는 차가타이 칸국의 군대와 결전을 벌였으나 대패했다. 그 뒤 차파르는 원 나라의 무종에게로 망명했고, 이로써 오 고타이계 세력은 완전히 몰락하고 말았다.

다음으로는 일 칸국이 있다. 일 칸국은 칸국 가운데 가장 늦게 세워져 가장 빨리 문을 닫았다. 일 칸국은 몽케와 쿠빌라이의 동생 훌라구_{훌레구}가 서아시아 원정을 통해 건설했지만 곧 투르크 왕국으로 바뀌었다. 백성들 대부분이 투르크인이었기 때문에 어쩔 수 없는 일이었다. 14세기에 접어들어 7대 칸인 카잔은 이슬람교도로 개종했다. 이때가 일 칸국의 최고 절정기였다. 하지만 카잔이 세상을 떠나면서 혼란이 시작되었고, 1336년 여러 개의 작은 왕국으로 쪼개졌다. 그 가운데 일부는 티무르 제국에 흡수되었다.

오고타이계와의 경쟁을 통해 대칸에 오른 툴루이의 아들 몽케 칸은 자신의 동생인 훌라구에게 중동 원정을 명령한다. 훌라구는 1253년 몽골 지역을 출발했다. 그의 궁극적 목적은 아랍 이슬람권의 중심지인 아바스 왕조의 수도 바그다드를 정복하는 것이었다. 훌라구는 몽골을 떠난 뒤 중앙아시아의 여러 도시를 정복하고 1256년 마침내 암살로 유명한 과격한 이슬람 집단 이스마일파^{Ismail}*와 대면했다. 훌라구의 몽골군은 마침내 이스마일파의 아사신 세력을 괴멸시켰다. 그리고 1257년 11월 바그다드에 접근하여 항복을 권유했지만, 바그다드는 거부했다. 하지만 바드다드는 내분에 휩싸였고, 갈피를 잡지 못하던 칼리프는 1258년 2월 10일 마침내 항복했다. 바드다드는 약탈되었고 수많은 주민들이 살해되었다.**

---

*　십이 이맘파에 이어 시아파에서 두 번째로 큰 분파다. 일곱 이맘파로도 부른다. 시아파 제
　6대의 이맘 자파르 사디크의 죽음 이후, 장남 이스마일의 아들 무하마드 이븐 이스마일이
　제7대 이맘을 계승하여 일어난 파다. 8세기에 무하마드 이븐 이스마일이 죽자, 나중에 이
　스마일파의 교리가 오늘날의 신앙체계로 변화하면서 이슬람 전통의 더 깊은 밀교적 의미
　(바틴)로 명확히 집중되었다.
**　페르시아 측 자료는 이 시기의 사망자 수를 80만 명으로 집계했고, 이 수치는 이후 자주 인
　용되었다. 그러나 1262년 프랑스의 루이 9세에게 보낸 서신에서 훌라구는 "바그다드에서

칼리프 알 무스타심도 살해당했다. 칼리프의 살해와 관련해서는 여러 가지 이야기가 있지만 가장 일반적으로 인정되는 것은, 그가 융단으로 말린 채 밟히거나 차여 죽었다는 이야기이다. 이러한 처형 방식은 몽골족의 관습에 부합하는 것이었다. 몽골족은 왕족 또는 귀족 혈통의 사람을 처형하거나 영예롭게 죽이려고 할 때, 사망자의 피가 흐르지 않는 방법으로 죽이곤 했던 것이다. 이런 방식은 칭기즈칸의 오랜 동료였으나 후일 적이 된 자무카에게도 적용되었다는 이야기도 있다. 칼리프의 처형 방식을 선택할 때에도 이러한 의도와 동기가 작용했으리라 추측해볼 수 있다. 마르코 폴로의 기록을 비롯한 여러 자료에는 칼리프가 자신의 보물과 함께 탑에 갇힌 채 굶어 죽었다는 이야기도 전해진다. 이것은 쓸데없이 재물만 모으기보다는 군사력을 키우는 데에 그 재물을 썼어야 한다는 교훈을 강조하려는 의도에서 생겨난 이야기로 보인다.[12] 이로써 아바스 왕조는 멸망하고 말았다.

바그다드를 정복한 훌라구는 1260년 시리아 지역으로 원정을 나섰다. 당시 시리아 해안 지역에는 십자군이 세운 기독교 국가들이 남아 있었다. 십자군이 세운 공국 중 하나인 안티오키아 공국의 보에몽 6세는 지금이 이슬람 세력을 물리칠 기회라고 판단하여 몽골군에 합류했다. 그는 이교도와 거래했다는 이유로 파문당했다. 훌라구는 이들의 지원을 받아 파죽지세의 기세로 알레포를 점령하고 시리아의 여러 군소정권을 복속시켰다. 하지만 1260년 봄, 몽케 칸의 사망과 그 뒤로 이

20만 명 이상이 살해되었다."고 말하고 있다. 숫자의 진실은 어느 쪽일까? 정확한 숫자에 상관없이 엄청난 주민이 살해된 것은 분명하다. 몽골의 정복전쟁이 무자비했음을 보여주는 증거로 바그다드의 파괴와 주민 학살이 자주 거론된다.

어진 내분 때문에 훌라구는 그곳에서 말머리를 돌릴 수밖에 없었다.

훌라구는 시리아를 떠나며 자신의 군대를 장군 키트부카에게 맡겼다. 키트부카는 훌라구의 군대를 이어받아 다마스쿠스를 점령하고 시리아 지역의 아이유브 술탄 안나시르 유수프를 처리하여 시리아를 완전히 장악했다. 시리아를 완전히 장악한 키트부카는 이집트의 맘루크 왕조에 항복 권고를 보냈으나 당시 맘루크 왕조의 술탄인 쿠투즈는 이를 거부하고 바이바르스와 연합하여 키트부카와 맞섰다. 1260년 마침내 몽골군과 맘루크 왕조 군대는 아인잘루트에서 크게 격돌했는데 이전투에서 몽골군은 대패하여 총사령관인 키트부카까지 전사했다. 아인잘루트 전투의 패배 이후 전황은 결정적으로 바뀌어 몽골군은 이스라엘을 내주고 티그리스강 이북으로 북상했으며, 아인잘루트 전투 승리의 주역인 바이바르스는 경쟁자인 쿠투즈를 제거하고 맘루크 왕조의 유일한 권력자가 되었다. 이후 일 칸국과 맘루크 왕조의 국경선은 티그리스강으로 결정되었으며 약 1백여 년 동안 그대로 유지되었다.[13]

훌라구의 중동 원정이 끝난 뒤, 중동 원정 과정에서 행한 이슬람교도 학살이 문제가 되어 이슬람교로 개종한 킵차크 칸국의 칸 베르케와 훌라구 간에 적대감이 발생했다. 1261년 또는 1262년에 훌라구와 킵차크 칸국 사이에 베르케-훌라구 전쟁Berke-Hulagu War이라고 불리는 내전이 발발하면서 갈등은 정점에 이르렀다. 전쟁으로까지 치달은 이들의 갈등은 이후 몽골 제국의 분열을 촉발시키는 계기가 되었다.

이와 함께 동방에서 일어난 대칸 제위 계승 분쟁과 그를 이은 쿠빌라이 칸과 카이두 간의 갈등으로 크게 흔들리던 몽골 제국의 통일성은 돌이킬 수 없을 정도로 깨져버렸다. 그럼에도 몽골 제국은 1279년 남송을 완전히 정복할 때까지 중국에서 팽창을 계속했다. 하지만 이는 몽골족이 합심한 결과라기보다는 쿠빌라이의 개인적 사업이라고 할 수 있었다. 중앙아시아의 카이두와 차가타이 일족은 쿠빌라이와 그의 동맹국인 일 칸국과 적대했고, 킵차크 칸국은 같은 몽골족 정권에 대항하기 위해 비몽골계 국가와 동맹을 맺었다. 그 때문에 1260년대에 일어난 여러 사건을 '몽골 제국의 와해'로 보는 것은 일견 타당한 면이 있다.[14] 물론 14세기 초반 몽골 제국은 다시 한번 느슨한 연합체로써 연결망을 구축해 세계 제국의 면모를 이어가면서 60여 년간 '몽골의 평화'를 구가하지만 말이다.

일 칸국은 1256년부터 1295년까지 훌라구와 그의 직계 후계자들이 통치했다. 이 시기 통치자들의 종교는 불교였다. 하지만 1295년 가잔 칸이 즉위하면서 상황이 달라졌다. 그는 이슬람으로 개종을 선포했고, 불교식 건물을 철저히 파괴하라고 명령했다. 티베트 불교의 라마승들은 이슬람교도가 되거나 일 칸국을 떠나야 했다. 칭기즈칸의 성훈聖訓에 따르면 모든 종교에 자유가 허용되었으므로 이전 일 칸국의 '공식 종교'가 불교라고 말하는 것은 적절한 표현이 아니다.

가잔 칸의 즉위와 함께 그동안 있었던 불합리한 통치를 바로잡기 위한 시도가 진행되었다. 그는 일 칸국의 행정체계를 개혁하기 위해 몽골족 지도층을 향해 다음과 같이 말했다.

나는 페르시아 농민층을 옹호하지 않는다. …… 만약에 강탈이 편리하다면 모두 약탈해 버리자. 그런 일을 하는 데에 나보다 큰 힘을 가진 사람은 없다. 우리 함께 그것을 빼앗자. 그러나 너희가 미래를 위해 양식과 식량을 모으고 싶다면, …… 내가 너희에게 귀에 거슬리는 소리를 해야겠다. 너희가 고려해야 할 점이 있다. 만약 너희가 농민을 약탈해서 그들의 가축과 종자를 빼앗고, 그래서 그들의 농작물을 소진해 버린다면, 너희는 미래에 어떻게 할 것인가? …… 너희가 농민이 부인과 아이들을 때리고 고문할 때, 우리 부인과 아이들이 우리에게 소중한 것처럼 농민에게도 그들의 부인과 아이들이 소중하다는 사실을 명심해야 한다. 그들도 우리와 마찬가지로 인간이다.[15]

가잔 칸의 말 중 마지막 대목은 당시 몽골족 대부분에게는 새로운 생각처럼 느껴졌을 것이다. 그렇기 때문에 몽골족에게 큰 인상은 못 남겼을 것이다. 그럼에도 개혁 정책이 시작되었다는 사실은 중요하다. 가잔 칸의 개혁 조치는 몽골족과 피지배자인 페르시아인 사이의 일체감을 증가시켰다. 그의 정책은 그의 동생 올제이투에 의해 계속되었다. 몽골족의 역사서 『집사』를 저술한 라시드 앗 딘은 정적과 비방자가 있었음에도 가잔 칸 대에 이어 올제이투 치세에서도 재정을 담당하는 재상 지위를 유지했다. 올제이투는 수도를 아마 타브리즈에서 술타니야로 옮겼다.

올제이투의 아들 아부 사이드는 훌라구의 직계로서 일 칸국을 통치한 마지막 군주였다. 그는 어린 나이로 즉위했고, 그의 재위 초기는 당파싸움으로 얼룩졌다. 그래도 아부 사이드는 1327년부터 1335년에 세상을 떠날 때까지 라시드 앗 딘의 아들 기야스 앗 딘의 능숙한 도움을 받아 뛰어난 통치력을 보여주었다. 그는 성공적인 군주였고, 1322년에는 맘루크 왕조와 평화협상을 체결한 최초의 일칸이 되었다.

그러나 일 칸국은 아부 사이드의 죽음으로 무너졌다. 일 칸국의 퇴조는 너무 갑작스러워 역사학자들도 그 원인을 제대로 규명하지 못하지만, 어쨌든 화폐의 질이 퇴보한 것에서 보이듯이 이 시기 모든 것이 제대로 돌아가지 않았던 것은 분명하다. 결정적인 것은 그가 많은 노력을 했음에도 여러 부인 사이에서 어떤 아들도 갖지 못한 일이었다. 결국, 그의 죽음 후 훌라구 가문에는 마땅한 후보자가 없었다. 이제는 일 칸국을 장악할 힘을 갖춘 누구에게나 기회가 열려 있었다. 하지만 그럴 사람이 아무도 없었고, 결국 일 칸국은 붕괴했다. 그렇게 해서 14세기 후반에 티무르에 의해 정복될 때까지 효율적인 중앙정부를 페르시아는 갖지 못했다.[16]

몽골군의 서방정벌과 킵차크 칸국

칭기즈칸의 후예들이 세운 칸국들 가운데 킵차크 칸국은 가장 오랫동안 살아남았다. 킵차크 칸국은 칭기즈칸의 손자인 바투가 세웠다. 칭기즈칸의 큰아들 조치는 1227년 2월경, 아버지보다 6개월 먼저 아랄해 북쪽 초원에서 죽었다. 그는 출생에 대한 의구심 때문에 형제들 사이에서도 장남 대접을 제대로 받지 못했다. 칭기즈칸은 조치의 출생을 공식적으로 문제 삼지는 않았지만, 그들 사이의 틈은 넓어지고 있었다. 조치는 1221년 4월, 우르겐치 점령 전투에 참여한 것을 끝으로 1222년부터 1227년까지 은퇴하여 자기 속령에 있는 투르가이와 우랄스크Uralsk에 살면서 아버지가 추진한 원정에 참여하지 않았다. 이 우

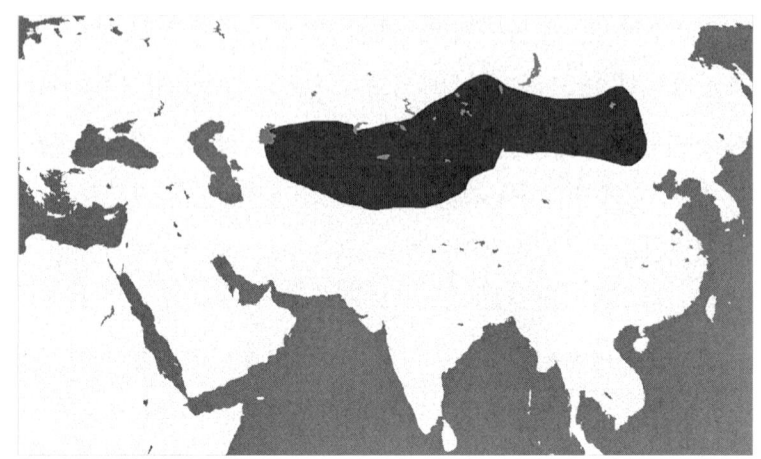

번성기를 구가하던 시절의 킵차크 칸국 영토

울한 움츠림은 칭기즈칸을 얼마간 불안하게 했으며, 그는 큰아들이 혹시나 모반을 꾀하고 있는 것은 아닌가 의심하기 시작했다. 하지만 조치의 이른 죽음이 그들 사이에 일어났을지도 모를 고통스러운 갈등을 막아주었다.[17]

킵차크 칸국은 몽골군의 서방 원정과 밀접하게 연관되어 있다. 호라즘 샤Sha를 추격하기 위해 파견된 몽골군 원정대는 몽골 지역으로 돌아오는 길에 러시아 남부를 통과했다. 이때 몽골군과 대적하기 위해 러시아 대공大公들이 보낸 군대들은 모조리 격파되었다. 하지만 몽골족은 그 지역을 점령하지 않고 그냥 자기들의 길을 갔을 뿐이다. 이에 당황한 노브고르트Novgorod의 한 연대기 작가는 1224년에 일어난 사건에 대해 이렇게 남겼다.

같은 해에 무슨 잘못 때문인지 알려지지 않은 부족이 왔는데, 그들이 누구이고, 어디에서 왔으며, 언어는 무엇인지, 어떤 인종인지, 종교는 무엇인지 아무도 정확하게 알지 못한다. 그러나 그들은 자신들을 타타르 Tartars라고 부른다.[18]

마치 안갯속에서 나타나서 안갯속으로 사라진 것 같았던 이들의 정체는 15년 뒤에 너무나 잘 알려지게 된다. 1235년 대칸 오고타이우구데이는 '쿠릴타이'를 소집하여, 칭기즈칸이 장남 조치에게 줄 영지를 확보하기 위해 서방으로 대원정을 단행하기로 결정했다. 몽골법에는 부모의 주거에서 가장 먼 곳을 큰아들의 영역으로 남겨주게 되어 있었다. 그 덕분에 조치 가문은 유럽으로 영지를 확보하러 가게 되었고, 몽골제국 공격의 한 날개를 이루게 되었다. 조치 가문의 영토는 이르티쉬의 서쪽으로 몽골의 말발굽이 닿는 곳까지, 즉 세미팔라틴스크, 악몰린스크, 투르가이 또는 악튜빈스크, 우랄스크, 아다지, 호레즘 본토를 포함했으며, 거기에 킵차크인들의 땅에서부터 볼가강 서쪽의 모든 정복지에 이르기까지였다. 여기에는 제베와 수베에테이의 원정으로 정복될 지역들까지 포함되어 있었다.[19]

---

*   노브고로드 공국은 12세기에서 15세기에 걸쳐 발트해에서 우랄 산맥 북부에 걸친 광대한 영역을 점유했던 중세 시대 러시아 국가다. 공국 주민들은 자신들의 나라를 '존엄한 대(大) 노브고로드'라고 불렀다. 이 공국은 한자 동맹의 동쪽 끝으로서 번영했다. 노브고로드는 본래 882년에 올레그가 키예프에 도읍하기 이전까지 루스민족의 실질적 수도로 기능했다. 882년부터 1019~1020년 사이에 노브고로드는 키예프 대공국에 속했으며, 키예프 대공이 노브고로드 공작을 임명했다. 노브고로드는 루스민족의 첫 번째 도시라는 전설에 따라서 일종의 정신적 중심지로 기능했다. 21세기 현재까지도 노브고로드에는 기독교가 전래되기 이전, 먼 먼 옛날에 숭배된 전통적 종교의 유적들이 남아 있다.

서방 원정대의 명목상의 총사령관은 조치의 아들이자 후계자인 바투였고, 후일 대칸이 된 구육과 몽케를 포함한 여러 몽골족 왕자들도 원정군에 함께 참가했다. 군사적으로 더 중요한 사실은 칭기즈칸의 대장군 수부타이도 원정군에 참가한 일이었다. 1237년 러시아 공국의 동쪽 지역에 살고 있던 볼가^{Volga}강 유역의 불가르족^{Bulgars}과 대헝가리의 바슈키르족^{Bashkirs}이 첫 공격 대상이 되었다. 그런 다음 1237년부터 1240년 사이에, 북쪽으로 불가르에서 남쪽으로 키예프^{Kiev}까지 러시아에 대한 일련의 정복이 이어졌다. 봄철의 해빙기 문제 때문에 몽골족이 노브로로드에서 후퇴한 때를 제외하면, 러시아의 패배는 전면적이었다.

전통적으로 몽골족이 러시아 공국들을 침략하여 벌인 파괴 행위는 매우 혹독했다고 알려지고 있다. 몽골족의 행위는 아일랜드에서 크롬웰이 자행한 행위*에 필적하는 잔인한 악마의 역할을 했다고 알려진다. 다른 지역에서의 몽골군 전쟁 수행 방식을 고려한다면 그곳에서의 행위도 짐작할 수 있을 것이다. 그러나 페르시아의 경우처럼, 몽골군이 일으킨 재앙의 범위와 보편성에 대해서 의문을 제기할 몇몇 근거가 존재하는 것도 사실이다. 1240년과 1242년에 스웨덴과 독일 기사단을 상대로 러시아 공국들이 거둔 승리를 보면, 러시아의 회복 정도가 상당했거나 몽골족이 러시아를 철저하게 파괴하지 않았을 수도 있다는 주장이 제기되는 것이다.[20]

---

* 아일랜드에서 가톨릭 파가 국정을 좌우하며 영국의 신교도를 학살하자, 올리버 크롬웰은 아일랜드로 진격하여 학살로써 학살을 보복했다. 그는 신교도 병사들을 아일랜드 동부에 정착시키고 아일랜드 사람들을 서부로 추방했다. 이로부터 아일랜드인의 장구한 고난이 시작되었다.

1241년 몽골 군대는 동유럽을 두 갈래로 공격했다. 이 가운데 하나는 폴란드로 진격했고, 독일 동부를 향해 나아갔다. 1241년 2월, 그 부대는 폴란드군과 튜턴Teuton 기사단 출신으로 급조한 실레지아Shilesia, 당시 폴란드 영토의 헨리 공Duke Henry이 이끌던 군대를 패퇴시켰다.

그 뒤 다시 몽골군은 헝가리로 진격했으며, 벨라 4세는 호라즘 샤처럼 아드리아해의 한 섬으로 도망쳤다. 그러나 그는 호라즘 샤와는 달리 적절한 때에 돌아와 1270년 사망할 때까지 사실상 왕국의 통치를 계속했다.

1242년 몽골군이 이 지역에서 어떤 군사작전 계획을 세웠는지는 아무도 모른다. 1241년 12월 대칸 오고타이가 사망했기 때문이다. 바투는 킵차크의 스텝지대로 철수했고, 이후 대규모의 몽골 정벌군대는 오지 않았다. 바투는 그 뒤 유럽 방면으로 더 이상 진출하지 않고 이곳에 자리를 잡았다.

1280~1290년대 킵차크 칸국의 공동통치자로 군림하던 왕자 노가이Nogai가 헝가리에 계속 개입하기는 하지만, 바투는 오고타이의 죽음이 의미하는 바를 인식하고 있었다. 바투는 대칸 후계자였던 오고타이의 아들 구유크와 타협할 수 없는 갈등관계에 있었고, 차가타이의 손자 부리와도 다투었다. 만약 구유크가 대칸으로 오르게 되면 그에게 엄청난 위험이 닥칠 것은 분명했다. 그의 입장에서는 먼 유럽에서 전쟁을 계속하는 것보다는 킵차크의 스텝지대에 정착하는 편이 자신을 보호하는데 유리했다. 결국, 구유크 대칸의 즉위는 1246년까지 지연되었고, 2년밖에 재위하지 못했기 때문에 바투에게 닥칠 수 있는 위험은 그만큼 미약했다.[21]

바투는 킵차크 스텝지대에 자리를 잡았다. 일반적으로 킵차크 칸국 혹은, '황금 군단Golden Horde'이라고 알려졌는데 이는 칸의 천막을 지칭하는 것으로 여겨진다.[*] 이것은 후대에, 그것도 러시아인들만 사용한 명칭이다. 보통 '킵차크 칸국'으로 불렸는데, 이러한 명칭은 몽골족이 이곳을 점령하기 전 이곳에 살고 있던 킵자크 투르크족 대부분이 그대로 남아서 몽골 제국에 흡수되었기 때문이다. 바투는 볼가 강변의 사라이Sarai에 수도를 세웠다. 킵차크 칸국은 러시아의 공국들을 지배하며 세금을 거두었다. 여러 공국의 통치자들은 칸에게 임명을 받아야 했다. 그들은 위임장을 받기 위해서 사라이로 오거나 어디든 칸이 있는 곳까지 여행해야 했다.

킵차크 칸국의 힘이 강력할 때는 군사적인 면이든 다른 방면이든 모든 것에 대해 철저하고 직접적으로 간섭했다. 킵차크 칸국은 기존 러시아 지배자들의 지배권을 인정하고 간접적으로 통치했지만, 반란에 대해서는 단호하게 대처했다. 물론 러시아 측의 반격도 간헐적으로 있었다. 드미트리 돈스코이 시절인 1380년 쿨리코보의 전투에서 러시아는 처음으로 몽골군에게 큰 승리를 거두었다. 하지만 이후 몽골의 반격으로 타격을 입었고 그 때문에 사실상 독립은 1세기 뒤에나 이루어졌다. 그러나 이후 통제는 느슨해졌다. 칸은 자신의 편의를 위해 모스크바 공작에게 세금징수를 위임했고, 그를 러시아 대공으로 인정했다. 이러한 행위는 칸국이 궁극적으로 몰락하는 계기를 만드는 데 일

---

[*] 호르드(Horde)는 이동식 천막이나 천막으로 이루어진 진영, 칸의 궁정을 뜻하는 몽골어 '오르드(ordo)'에서 나온 말이다. 바투 칸의 천막에는 금색 휘장이 항상 드리워져 있었기 때문에, 킵차크 칸국은 '황금군단' 또는 '금장한국(金帳汗國)' 등으로 불렸다.

조했다.[22]

몽골 제국의 중요한 인물이었던 바투는 1255년에 죽었다. 바투는 몽골 제국의 장로로서 제위 계승에도 커다란 영향력을 행사했다. 바투가 죽고 그의 아들과 손자가 연이어 집권했다. 그리고 1257년에는 바투의 동생 베르케가 칸이 되었다. 베르케는 조치 울루스를 무리 없이 이끌어간 대칸 뭉케 사후의 혼란한 시기를 슬기롭게 극복했다. 그는 이슬람교도였는데, 몽골 제국의 주요 인사 가운데 처음으로 이슬람교도가 되었다. 그 때문에 훌라구가 이슬람교도인 아바스 왕조의 마지막 칼리프를 살해하자 베르케가 이를 용서하지 않았던 것이다. 그는 훌라구 울루스와 대항하기 위해 맘루크 왕조와 손을 잡았다. 킵차크 칸국은 3대 베르케 칸에서 제9대 우즈베크 칸까지가 번성기였다. 그 사이 킵차크 칸국은 일 칸국, 차가타이 칸국, 오고타이 칸국 등과 서로 물고 물리는 세력 싸움을 계속했다. 그 과정에서 일 칸국과 오고타이 칸국이 멸망했고, 차가타이 칸국과는 때로는 평화, 때로는 전쟁관계를 지속했다.[23]

베르케의 뒤를 이은 뭉케 테무르 이후에는 왕통이 다시 바투의 후손에게로 넘어갔다. 13세기 말에 조치 일문의 노가이[Nogai]가 군대를 장악하고 한때 권력을 휘두르지만, 그의 지원을 받아 즉위한 뭉케 테무르의 손자 톡타는 장인 살지다이^{옹기라트족}를 중용하여 노가이에 대항했다. 양자의 싸움은 오랫동안 지속되었지만 최종적으로 톡타가 승리했다. 톡타가 죽은 후 조카 우즈베크가 외사촌 쿠틀룩 테무르^{옹기라트족}의 도움으로 정변을 일으켜 권력을 장악했다. 우즈베크는 톡타의 자식들과의 권력 투쟁을 유리하게 이끌기 위해 이슬람을 수용하고 무슬림이 되었다고 한다. 그는 성전^{聖戰, 이슬람에서는 '지하드'라고 함}을 내세워 정적을 타도하고 강력한 무슬림 군주로서 조치 울루스, 즉 킵차크 칸국을 통치했다.

우즈베크의 사후 그의 아들 자니 벡, 이어서 손자 베르디 벡이 차례로 제위를 계승했다. 1359년 베르디 벡이 죽은 뒤 바투 가문의 적통이 끊기고, 조치 울루스는 그 후 20년 동안 25명 이상이 칸 위에 오르는 혼란에 휩싸였다. 이러한 가운데 중앙아시아의 강자 티무르의 지원을 받아 킵차크 칸국 동부를 장악한 토가 테무르^{조치의 열세 번째 아들}의 7대손인 톡타미슈가 수도 사라이에 진출하여 칸국 전체를 다시 통합하는 데 성공했다.[24]

그러나 그 뒤 톡타미슈가 티무르에게 도전했다가 패배하면서 킵차크 칸국에는 통일적인 정권이 출현하지 못했다. 그 후 15세기에 들어서면서 볼강 중류의 카잔, 하류의 아스트라한, 크림 반도에 토가 테무르 후손의 독립 정권이 차례로 탄생했다. 바로 카잔 칸국, 아스트라한 칸국, 크림 칸국이었다. 이와 함께 우랄강 동쪽의 킵차크 초원에서는 조치의 다섯째 아들 샤반을 조상으로 하는 샤이반 울루스가 아불 하이르에 의해 통일되었다. 그 가운데서 일단의 유목민이 그의 지배를 벗어나서 모굴리스탄^{톈산 산맥 서부의 북쪽 기슭} 변경으로 이동하는데, 이들이 '카자흐'라는 이름으로 불린 유목민들이다. 이들은 후에 카자흐 칸국을 세웠으며, 오늘날 카자흐스탄의 출발점이 되었다. 이처럼 킵차크 칸국도 여러 개의 칸국으로 쪼개져 싸우다가 결국에는 모두 멸망하고 말았다.

원의 멸망과 함께 그의 손아래 형제국이었던 여러 칸국들은 사실상 역사의 무대 뒤편으로 사라졌지만, 몽골족의 영웅 신화는 아직도 끝나지 않았다. 바로 14세기 후반 칭기즈칸의 후예를 자처하는 정복 영웅 티무르가 등장했던 것이다.

7. 티무르 제국

칭기즈칸의 후예를 자처한 초원의 강자가 세운 제국

한 시대의 영웅 티무르의 등장

14세기 초반 통일되어 있던 차가타이 칸국은 1340년대 동서로 분열되었다. 유목 전사들은 자신들을 각각 '모굴' 또는 '차가타이'라고 칭하면서 상대편을 '카라우나스혼혈아' 또는 '자타도적'라고 부르며 적대시했다. 전자는 세리레치에 지역을 중심으로 전통적인 관습법에 의거하여 유목 정권을 유지하려 한 세력이고, 후자는 마 와라 알 나흐르를 중심으로 한 오아시스의 풍요로운 경제력을 바탕으로 하여 정권을 운영하려 한 세력이다. 마 와라 알 나흐르를 중심으로 한 서부 지역에서는 1346년 유명한 아미르인 카가간이 카잔 칸을 살해하고 실권을 장악했다. 그래서 이 시대를 일부 학자들은 '아미르국 시대'라고 부르면서 그 특징으로 칸의 권력이 쇠퇴하고 여러 유목 세력이 대두했다고 지적한다.[1]

1358년 카자간이 헤라트와 인도 방면의 원정을 준비하던 중 암살당하면서 이 지역은 다시 무정부상태로 빠져들었다. 핫지 바를라스, 바얀 술두스, 아미르 후세인 등이 난립하면서 이 지역은 봉건적 할거 상태에 놓이게 된다. 한편, 동부 모굴리스탄에서도 한때 혼란이 있었지만 투글루크 티무르가 칸으로 즉위하면서 칸의 권력이 확고해졌다. 투글루크 티무르는 이슬람을 수용하고, 카자간의 암살로 혼란에 빠진 마 와라 알 나흐르에 1360년과 1361년, 군대를 두 번이나 진군시켜 오랜만에 차가타이 칸국 전체를 통일했다. 바로 이때 한 시대를 풍미할 영웅 티무르Timur*가 역사 무대에 등장한다. 그는 중앙아시아를 중심으로 동서에 걸쳐 광대한 대제국을 건설한 정복자이면서 시대의 흐름을 잘 타고난 풍운아로 알려졌으며, 온갖 기행과 파괴의 악명을 떨친 인물이기도 하다.

티무르는 1336년 사마르칸트Samarkand 남쪽에 있는 케슈 근교의 작은 마을에서 태어났다. 아버지 타라가이는 칭기즈칸이 차가타이에게 부여한 4개 천호의 하나인 바를라스부의 명문에 속했지만, 이미 유력자로서의 지위를 상실하고 약간의 종자를 거느린 미미한 존재에 불과했다. 티무르는 청년 시절부터 천부적인 지휘관으로서의 능력을 발휘하여 점점 부하의 수를 늘려갔다. 1360년 모굴리스탄의 투글루크 티무르가 마 와라 알 나흐르에 군대를 파견하자 티무르는 재빨리 충성을 맹세하고 조상 대대로 살아온 케슈 주변 땅의 영유권을 인정받았다. 이듬해 티무르는 스스로 군대를 이끌고 온 투글루크 티무르에게서 바를루스부의 지휘권을 위임받았다. 하지만 그는 얼마 지나지 않아서 모

---

* 　그의 이름은 역사에서 '티무리 랑(Timuri-Lang)', 즉 '절름발이 티무르'로 알려져 있고, 그 것이 유럽인들에게 '타멀레인(Tamerlane)'으로 불리게 되었다. 티무르는 투르크어 '테무르'의 이란어 변형이다. 기록에 따르면, 그는 페르시아와의 시스탄 전투에서 오른손과 오른 다리에 부상을 입어 평생 절름발이였다고 한다. 그래서 '절름발이 티무르'가 되었다.

굴의 지배에서 벗어나기 위한 활동을 개시한다.[2]

당시 마 와라 알 나흐르에는 차가타이 칸을 따라 이주한 바를라스, 술두스, 잘라이르 부족 외에도, 몽골 제국 시대부터 존재한 유목 집단과 그 후에 새로이 형성된 여러 집단이 군사·정치적 세력을 이루고 있었다. 티무르는 이 가운데서 아미르 카자간의 손자로서 카라우나스 부를 거느리고 있던 아미르 후세인과 함께 손잡는다. 그러나 그들은 1365년 모굴군과의 전투에서 대패하여 아무다리야강 남쪽으로 도망갔다. 모굴군은 계속하여 사마르칸트까지 진격했지만, 여기서 전세가 역전되기 시작했다. 사마르칸트 주민은 무슬림 성직자들의 독려 속에 거세게 항전하는 반면, 포위군 사이에는 역병이 돌기 시작했던 것이다. 결국, 1365년 일리야스 호자는 트란스옥시아나에서 퇴각하여 일리로 돌아갈 수밖에 없었고, 그 얼마 후 그는 반란을 일으킨 두글라트 부족의 한 수령에 의해 살해되었다.[3]

티무르와 아미르 후세인은 트란스옥시아나를 완전히 해방했다. 티무르가 후세인의 여동생과 결혼함으로써 두 사람은 더욱 가까운 관계가 되었다. 그러나 야심만만했던 두 사람은 곧 경쟁자가 될 수밖에 없었다. 트란스옥이아나와 아프가니스탄에 발흐, 쿤두즈, 홀름, 카불과 같은 도시들을 아우르는 자신의 왕국을 소유하고 있던 후세인이 더 강력해 보였지만 사마르칸트의 문앞이라고 할 수 있는 케쉬와 카르시에 자기 영지를 확고히 장악하고 있는 티무르 또한 만만한 존재가 아니었다. 결국, 둘 사이에는 전투가 벌어졌고, 싸움에서 패한 티무르는 호라산으로 철수하지 않을 수 없었다.[4]

그 후 수년 동안 티무르는 호라산과 타슈켄트 사이를 오가며 모험에 가득한 협객 같은 생활을 했다. 그러던 중 티무르는 자신의 숙적이나 마찬가지인 일리의 모굴인들을 부추겨 다시 후세인이 장악한 마 와라 알 나흐르를 침공하도록 했다. 그는 모굴군이 마 와라 알 나흐르를 깨끗이 정리하자 자신의 군대를 앞세워 후세인에게 빼앗긴 지배권을 되찾았다. 후세인은 위기에 처하자 티무르에게 연합을 제의했고, 티무르는 흔쾌히 동의했다. 그 다음 구체적인 과정은 정확히 알 수 없지만, 아무튼 티무르는 그 과정에서 마 와라 알 나흐르의 통치권을 확실하게 장악했다. 후세인은 자신의 영역을 지키기 위해 노력했지만 결국 티무르에게 모든 것을 빼앗기고 순례 여행을 떠나는 신세가 되고 말았다. 하지만 후세인은 끝내 티무르의 부하에게 살해되고 말았다. 후세인이 지배하던 발흐의 성채는 파괴되었고 주민들도 무자비하게 학살당했다.[5]

칭기즈칸의 후예를 자처하다

1370년 4월 10일, 티무르는 발흐 정복을 마치고 유목집단의 우두머리 아미르와 지방 영주, 종교적 권위가 있는 사이드예언자 무함마드의 자손에 대한 존칭, 칭기즈칸 후손 왕자들의 지지를 받아 마 와라 알 나흐르의 군주임과 동시에 칭기즈칸과 차가타이의 후예이자 계승자임을 선언했다. 사실 그는 마 와라 알 나흐르의 군주인 것은 분명했지만, 칭기즈칸의 후예를 자처한 것은 근거가 없었다. 칭기즈칸 가문의 정통 후예가 아니라는 점이 항상 티무르의 마음을 짓눌렀다. 그래서 그는 후세인의 처

가운데서 카잔 칸의 딸인 사라이 물크 하눔을 아내로 취하고, 칭기즈 칸 가문의 사위구르간 지위를 얻었다. 또 티무르는 그의 통치 기간에 여러 명의 꼭두각시 군주들을 임명했는데, 그들의 유일한 자격은 비록 관계가 멀더라도 칭기즈 가문의 정통 후예라는 점이었다. 티무르는 그들의 이름을 빌려 자신의 여러 행위를 정당화하려 했다.[6]

더욱이 그는 칸이라는 칭호를 전혀 사용하지 않았다. 그는 칭기즈 칸의 후예의 딸을 취했다는 이유로 '구르간사위의 아미르지배자'라고만 자칭했다. 그는 1388년에 가서야 술탄이라는 이슬람식 군주 칭호를 사용하기 시작했고, 그가 임명한 군주들의 형식적인 지위는 계속 지켜졌다. 티무르는 마 와라 알 나흐르의 귀족들에게서 복종심을 확보하기 위해서는 정당한 법적 원칙을 내세우고 그 뒤에서 실권을 행사하는 것이 낫다는 사실을 잘 알고 있었다. 사실 이 무렵 티무르는 실권을 장악하기는 했지만 절대 권력을 갖고 있었던 것은 아니었다. 틈만 나면 그의 지위를 뺏으려는 세력이 여전히 건재했던 것이다.

티무르는 권력을 확고히 하기 위해서는 정벌 활동이 필요하다는 것을 알고 있었다. 그는 정권을 수립한 다음 해인 1371년부터 모굴리스탄과 호라즘 원정을 재개했다. 또 티무르에 의지하고 있던 킵차크 칸국의 왕자 톡타미슈를 지원하고 그를 돕기 위해 출전하기도 했다. 티무르는 호라즘을 지배하고 있던 후세인 수피에게 과거 차가타이 울루스 영토인 남부의 반환을 요구하며 출병했다. 호라즘은 티무르의 수중에 들어왔다. 하지만 1375년 사마르칸트에서 부하 두 사람이 반란을 일으키자 그곳에서 철군했다. 1377년에는 킵차크 칸국의 톡타미슈를 지원하기 위해 직접 출전했다. 그는 오로스를 격파하고 톡타미슈를 조

치 울루스의 칸으로 복귀시켰다. 이렇게 되면서 티무르의 위세는 킵차크 칸국에까지 미치게 되었다.[7]

티무르의 다음 목표는 과거 훌라구 울루스 영토, 즉 일 칸국이었다. 1335년 이곳에서는 제9대 아무 사이드 칸이 의문의 죽음을 당했으나 아들을 남기지 않아서 훌라구의 적통이 끊기고 말았다. 일 칸국의 영토는 몽골-투르크계 및 이란계의 유력집단이 자립하여 사분오열 상태로 군소 세력들이 난립하고 있었다. 1381년 티무르는 헤라트에 대한 진군을 기점으로 제1차 침공을 개시했다. 헤라트는 결국 티무르에 의해 점령되었다. 헤라트를 통치하던 기야스 웃딘은 항복하고 사마르칸트로 보내졌으며 성채는 파괴되었다. 1년 뒤 이곳에서 반란이 일어났으나 티무르의 셋째 아들 미란 샤에 의해 잔혹하게 진압되었다. 처형된 주민들의 해골로 탑을 쌓았고, 기야스 웃딘과 그의 가족도 처형되었다고 한다. 1383년에는 아프가니스탄의 칸다하르를, 1384년에는 동부 페르시아 전역을 장악했다.[8]

다음으로는 이라키 아잠, 아제르바이잔, 바그다드를 지배하고 있던 몽골계 잘라이르 왕조를 침공했다. 티무르는 1385년 먼저 잘라이르 왕조의 수도 술타니야를 제압하고 그곳에 군영을 설치했다. 아흐마드 잘라이르가 타브리즈로 도주했지만, 티무르는 그를 추격하지 않고 사마르칸트로 돌아왔다. 1386년부터 서부 이란에 대한 침공이 본격화되어 2년 동안 지속했다. 그 과정에서 기독교 국가인 아르메니아와 그루지아까지 진격하고, 거기서 다시 아나톨리아 동부로 나아갔다. 그리고 이스파한과 하마단을 폐허로 만들고, 시라즈^{이란 남부 파르스 지방의 중심 도시}에 입성하여 무자파르 왕조를 복속시켰다. 티무르는 이때 킵차크 칸국

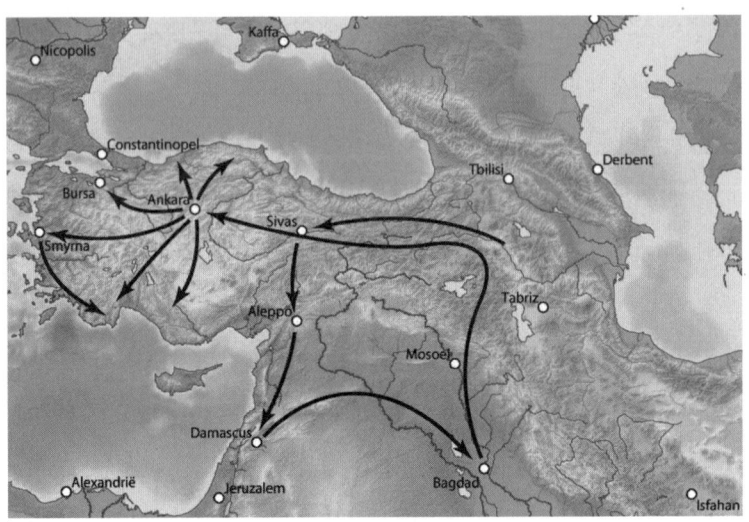

티무르의 원정과 그 제국 | (고마츠 히사오 외 지음, 『중앙 유라시아의 역사』, , 소나무, 242쪽 지
도)

의 톡타미슈 칸이 마 와라 알 나흐르를 침공했다는 소식에 사마르칸트
로 돌아왔다. 1388년 사마르칸트로 돌아온 뒤 티무르는 한동안 북방
초원에 대한 원정에 나선다.

　세 차례에 걸친 킵차크 초원에 대한 원정 끝에 톡타미슈를 제압한
티무르는, 1392년부터 이른바 서방 정벌을 위한 5년 전쟁에 나선다.
먼저 1393년 4월, 시라즈를 함락시켜 무자파르 왕조를 멸망시킨 다음,
파르스 지방의 지배권을 둘째 아들 우마르 샤이흐에게 맡기고 바그다
드로 향했다. 티무르는 그해 6월 시라즈를 떠나 이스파한과 하마단을
거쳐 10월, 드디어 바그다드 성문 앞에 도달했다. 잘라이르 왕조의 술
탄 아흐마드는 티무르에 대항하지 않고 이집트 맘루크 왕조로 도망쳤

고, 그곳에서 맘루크 왕조의 술탄 바르쿠크의 영접을 받았다. 그렇게 해서 티무르는 바그다드에 전투 없이 입성했다.[9]

3개월 동안 바그다드에서 휴식을 취한 티무르는 북쪽으로 전선을 옮겨 아르메니아, 그루지아, 남러시아 초원을 침공했다. 1394년에서 1395년의 일이었다. 티무르는 이때 데르벤트를 넘어 테레크 강변에서 톡타미슈를 격파한 후 그의 숨통을 끊기 위해 추격했다. 한편으로는 볼가강에서 돈강을 따라 북상하여 루시의 여러 나라를 침략한 다음, 방향을 바꾸어 흑해 연안의 아조프에 이르렀다. 그는 다시 아스트라한에서 볼가강을 거슬러 올라가 수도 사라이를 파괴한 다음, 그곳에서 겨울을 보내고, 이듬해 봄 데르벤트를 넘어 남하하여 이란을 거쳐 사마르칸트로 귀환했다.

마지막 꿈을 실현하지 못하고 떠나다

1396년까지 티무르는 서방 원정을 거의 달성했다. 티무르가 북방을 유린하는 동안 맘루크 왕조의 후원을 받는 아흐마드가 다시 바그다드로 돌아왔지만, 티무르는 이미 옛 홀라구 울루스의 절반 이상을 수중에 넣었고, 난적 톡타미슈를 분쇄하여 조치 울루스의 힘을 꺾었다. 티무르는 이제 새로운 목표를 향해 나아가고자 했다. 그가 노린 것은 명 나라였다. 칭기즈칸의 후예를 자처하며 몽골 제국의 부활을 노리고 있던 그에게 명 나라는 반드시 타도해야 할 숙적이었다. 1397년 티무르는 명 나라 사신을 접견하고 귀국시킨 다음, 모굴리스탄 변경에 요새를 구축하고 경작지를 늘여 식량 증산에 힘을 쏟았다. 명 나라 원정을 염두에 둔 조치였다. 우선 그는 4만의 선발대를 보내고 자신은 본대를 준비하고 조직을 편성하기 위해 사마르칸트로 귀환했다. 하지만 그의 명 나라 원정계획은 끝내 실현되지 못한다.[10] 다른 일들이 계속 터졌기 때문이다.

1398년 봄 티무르는 인도로 원정을 보낸 손자 피르 무함마드가 물탄에서 고전하고 있다는 전갈을 듣고 예정을 바꾸어 인도로 향했다. 티무르의 군대는 카불에서 펀자브 지방을 지나 그해 9월 24일 피르 무함마드와 합류했다. 그해 12월 10일 델리에서 북북동으로 11킬로미터 가량 떨어진 곳에 있는 로니Loni 성을 장악하고 그곳에 본영을 세웠다. 티무르는 델리를 공격하기 전에 거추장스러운 수십만 명의 힌두 포로들을 학살했다. 학살 명령은 치밀하게 수행되었다. 티무르가 델리를 공격하자 그곳을 지배하고 있던 술탄은 구자라트로 도망쳤다. 티무르의 군대는 도시를 약탈하고 주민을 살해했다. 티무르는 그곳에서 금은보화 등 막대한 전리품을 챙겼다. 티무르는 이때 사로잡은 석공들을 사마르칸트로 보내 중앙 모스크를 건설하게 했다.[11] 인도 원정은 처음부터 계획된 것이 아니었고, 각지에서 약탈과 살육이 자행된 파괴적이며 돌발적인 성격이 강한 사건이었다.

1400년 티무르의 관심은 다시 서쪽으로 향했다. 그해 아제르바이잔 방면을 통치하던 셋째 아들 미란 샤가 정신이 이상해졌다는 소문을 접하고 바로 출병한 티무르는 미란 샤의 측근을 처형하고 그루지아를 습격한 다음, 아나톨리아 동부에서 시리아로 진격했다. 이듬해 그는 다마스쿠스를 점령했다. 이때 다마스쿠스에 체류하고 있던 이븐 할

둔Ibn Khaldun, 1332~1406년은 티무르와 회견하고 그에 관한 기록을 남겼다. 이븐 할둔은 티무르를 지혜롭고 매우 명민한 인물로 평가하고 있다. 1401년 티무르는 모술을 통과하여 다시 한번 바그다드를 함락시켰다. 1402년에는 아나톨리아 동부 지역으로 세력을 확장하는 오스만 왕조의 술탄 바예지드 군대를 오늘날의 앙카라 부근에서 격파했다. 이 전쟁에서 오스만의 군주 바예지드는 포로가 되었다가 절망과 모멸을 견디지 못하고 몇 달 후에 사망하고 말았다. 처음 티무르는 자신의 적

⁑ 중세 이슬람 세계를 대표하는 역사가·사상가·정치가이다. 스페인 세비야에서 튀니스로 망명한 명문 할둔 가문 출신이다. 튀니스의 하프스 왕조를 섬겼으며, 이후 마린 왕조, 나스르 왕조, 베자야의 하프스 왕조 지방정권 등 지중해 세계의 이슬람 정권의 궁정을 돌아다녔다. 처음 하프스 왕조에서는 비서관으로 임명되었지만 그 지위에 만족하지 못했고, 마린 왕조에서는 음모에 가담했다가 투옥되는 등 인생의 쓴맛을 맛보았다. 3번째로 일하게 된 나스르 왕조에서는 무하마드 5세의 총애하는 신하가 되어, 카스틸리야 왕국의 외교사절로 임명되는 등 중용되었으나, 그의 지위가 높아지면서 재상 이븐 알하티브와 알력이 생겨, 물러날 수밖에 없었다. 4번째로 일하게 된 지방도시 정권인 베자야에서는 옛날부터 알고 지내던 하프스 왕조 왕자가 집권하면서 중용되었다. 하지만 연이어 일어난 전란 속에서 베자야 정권은 괴멸되었고, 전사한 술탄을 대신하여 적인 자이얀 왕조 군대에게 도시를 넘겨주는 역할을 떠맡았다. 이렇듯 이븐 할둔의 정치가로서의 인생은 유랑생활의 연속이었고, 이것이 후에 학자로서 그의 사상체계에 커다란 영향을 미치게 되었다.
베자야를 떠난 후 그는 정치무대에서 물러났다. 그는 1375~1378년 알제리의 오랑 지방의 칼라트 이븐 살라마 마을에 칩거하면서 학문연구의 길에 매진했다. 서아시아 이슬람사의 체계화를 시도하여, 아랍족·페르시아인·베르베르족 등의 역사 기록인『이바르의 책』이라는 제목의 세계사를 완성했다. 이 중 베르베르의 여러 종족사는, 이 민족의 기원·계통·변천 등을 서술한 최초의 문헌으로서 매우 중요한 의미가 있다. 이 저서의 권두에 실린 '역사서설(歷史序說)'은 사회의 형성과 변화의 법칙을 고찰하고, 문화사의 근본적인 여러 문제에 해답을 제시하려고 한 것으로써 세계적인 명저로 평가받고 있다. 이 저술로 그는 학계에서 확고한 지위를 쌓게 되었고, 1382년에는 이집트 카이로로 이주하여 활발한 강연 활동을 벌였다. 맘루크 왕조의 술탄 바르쿠크의 신임을 얻어, 다수의 학원에서 교수직을 역임했고, 마리크파의 대법관(大法官)에 임명되었다. 그 후 쿠데타에 관여한 것 때문에 정치적으로는 실각했으나, 학자로서의 명성은 쇠퇴하지 않았다. 티무르가 시리아 원정에 나서 다마스쿠스를 포위했을 때, 그의 명성을 들은 티무르에 의해 주둔지에 초대되었는데, 그때 이븐 할둔은 뛰어난 변설로 좌중을 압도했다. 티무르로부터 정중한 대우와 예우를 받은 이븐 할둔은 다시 이집트로 귀환한 후 여러 차례 대법관을 맡았고, 6번째 취임 직후 병을 얻어 죽었다. (위키 백과 참고)

이지만 술탄에 예의를 갖추어 대했다. 하지만 술탄이 도주를 기도했기 때문에 그를 울이 쳐진 가마에 싣고 가도록 했는데, 이로 인해 '철창'이라는 과장된 이야기가 생겨났다. 1403년 3월 9일의 일이었다.[12]

이어 티무르는 오스만 왕조의 조종祖宗의 땅인 부르사로 군대를 파견하고, 자신은 이즈미르당시 명칭은 스미르나까지 진격하여 성聖 요하네스 기사단의 요새를 공략했다. 하지만 티무르는 아나톨리아를 지배할 뜻은 없었다. 오스만 왕조는 한때 군주가 없는 시대를 맞아야 했고, 아시아 쪽의 영토는 오스만에게 영지를 빼앗긴 이전의 영주에게 위임되었다. 그와 같은 정복 활동을 신나게 펼친 티무르는 1404년 7월에서 8월 사이에 사마르칸트로 귀환했다.

그 사이 티무르는 앙카라 전투가 끝난 직후에 손자 할릴 술탄티무르의 셋째 아들인 미란 샤의 넷째 아들을 명 나라 원정 준비를 위하여 귀환시키고, 1403년에는 아제르바이잔 북방의 카라바흐에서 자신이 완성한 중앙아시아와 아프가니스탄에서부터 이란, 이라크에 이르는 제국의 여러 지역을 일족에게 분봉했다. 이때 맘루크 왕조는 명목상으로는 존속했지만, 티무르에게 복속하고 있었다. 따라서 티무르의 종주권을 인정하는 세력 범위까지 포함하면, 그의 지배 영역은 과거 몽골 제국의 서방 3 왕가킵자크 칸국, 일 칸국, 오고차이 칸국의 범위를 넘어 서쪽은 이집트와 소아시아 반도 서쪽 끝까지 이르렀다.[13]

거대한 제국을 정복했지만, 티무르의 욕망에는 끝이 없었다. 그는 70세의 노구에도 마침내 가슴 속에 품어왔던 마지막 희망인 중국 정벌의 길에 오른다. 1404년 11월 티무르는 20만 대군을 이끌고 사마르칸트에서 출발했다. 이때 티무르는 몽골에서 망명해온 칭기즈칸 가문의 왕자를 대동했다. 몽골 제국을 재건하여 그를 제위에 앉히고는 제국 전역을 호령하겠다는 꿈을 갖고 있었던 것이다. 그러나 티무르는 원정군이 키질룸을 횡단하여 오트라르에 이르렀을 즈음 갑작스레 발병하면서 1405년 2월 세상을 떠나고 말았다. 아무리 대단한 정복자라 하더라도 70세의 노인이 그것도 한겨울에 무리한 원정길에 나섰으니 문제가 되지 않을 수 없었던 것이다. 그가 죽고 난 뒤 티무르 제국은 혼란 속으로 빠져들게 된다.

풍부한 일화를 남긴 풍운아 티무르

문명교류사학자 정수일은 『실크로드 문명기행』이란 책에서 티무르에 대해 이렇게 평가했다.

역사에는 일세를 풍미한 영웅호걸들이 수두룩하지만, 티무르처럼 운세를 타고 세상에 두각을 나타낸 풍운아는 흔치 않다. 그는 선과 악, 공과 과, 행운과 불운이 엎치락뒤치락하는 세파를 마술사처럼 용하게도 헤쳐 나간 인물이다. 그리하여 그의 영욕에 대한 평가는 세월을 두고 엇갈려 왔으며, 늘 수수께끼 속의 인물로 사람들의 입에 오르내린다. 그의 파란만장한 70평생이 남겨 놓은 흔적에서 이러한 점을 읽어낼 수 있다.[14]

정수일 교수의 말처럼 티무르는 어떤 면에서 수수께끼 같은 인물이다. 그의 집안은 사실 별 볼 일 없었다. 그는 사마르칸트 남쪽의 한 마을*의 몽골 부족 가문에서 태어났다. 그는 여러 면에서 볼 때 젊은 시절부터 군사적인 재능이 뛰어났던 것은 분명해 보인다. 하지만 그의 성공은 군사적인 능력에 의해서만 가능했던 것은 아니었다. 그는 변신이 능했고, 복잡한 세력관계 속에서 적절히 줄타기하며 자신의 힘을 키웠으며, 기회가 오면 절대로 놓치지 않는 동물적 후각을 갖고 있었다. 그는 상관에 모반하는 일을 다반사로 꾀했으며, 한때 자신의 동지였던 아미르 후세인을 배신하고 끝내는 모살하기까지 했다.[15] 그는 칭기즈칸의 직계가 아니라는 신분적인 한계를 극복하기 위해 칸의 후예를 취했으면서도 끝내 칸을 칭하지 않으면서 배후에서 움직이는 용의주도한 면모도 갖고 있었다.

티무르는 잔혹한 학살과 파괴로 악명을 떨치고 있다. 그의 군대가 지나간 곳에는 해골로 탑을 쌓았다고 할 정도였다. 그러나 티무르도 칭기즈칸처럼 장인과 기술자, 학자 등은 살려주었다. 티무르는 원정으로 정복한 지역을 약탈하고 잔혹한 살육행위를 저질렀다. 티무르는 저항하는 곳에 대해서는 무자비한 약탈과 학살을 저질렀지만, 오아시스의 도시들은 가급적 보호하려고 애썼다. 티무르가 파괴자로 악명을 떨쳤음에도 성공한 요인의 하나가 여기에 있었다. 그는 오아시스와 도시

---

* 티무르가 태어난 곳은 사마르칸트에서 남쪽으로 80킬로미터쯤 떨어진 '녹색 도시'라는 뜻의 샤흐리사브르 부근의 호쟈이루그 마을이다. 원래 이 자그마한 도시의 이름은 케슈로서 7세기 현장 스님이 인도로 가면서 이곳을 지난 바 있다. 지금 이곳 시 중심의 큰 광장에는 티무르의 대형 동상이 세워져 있으며, 그 뒤편에는 티무르가 제국을 건설하고 기념으로 지은 악사라이 궁전 잔해가 남아 있다. 이 궁전은 1380년에 짓기 시작해 티무르가 죽은 해인 1405년에 완공했다고 한다. 궁전 기둥에는 "누가 내 힘을 의심하면 내가 지은 이 궁전을 보여주라."는 티무르의 호기 어린 한 마디가 아랍어로 새겨져 있다. (정수일 지음, 『실크로드 문명기행』, 한겨레출판사, 171쪽 참고)

의 경제적 중요성을 깨닫고 도시의 번영을 위하여 노력했다. 오아시스 정주 지역은 언제나 유목 정권의 경제적 기반을 이루고 그들의 수탈의 대상이 되었다. 이는 중앙 유라시아 역사 전 과정을 통해 확인되는 현상이다. 도시 근교에서 성장한 티무르는 오아시스와 도시의 이러한 경제적 가치를 누구보다 잘 알고 있었다. 그는 수도 사마르칸트와 고향 케슈에 궁전과 모스크, 정원을 비롯한 많은 건축물을 짓는 한편, 바자르^{시장}를 건설하고 도로를 정비하여 상업을 진작시키려고 노력했다. 그러나 무엇보다도 중요한 것은 그의 정복 활동으로 지배 영역이 확대되면서 상인들의 활동 범위가 넓어지고 통상 활동이 활발해졌다는 점이다. 티무르는 도시를 정복할 경우, 저항하지 않으면 생명 보증금만 징수하고 약탈도 파괴도 하지 않았다. 이와 함께 각지에서 관개시설을 정비하는 일에도 힘을 쏟았다.[16]

특히 티무르는 수도인 사마르칸트 건설에 많은 공력을 기울였다. 그는 정복지에서 사로잡은 많은 기술자를 사마르칸트로 보내 건축물과 사원들을 건설하는 데 동원했다. 티무르의 사마르칸트 건설의 산물 가운데 하나가 중앙아시아 최대의 사원이라고 하는 비비하눔^{Bibi-khanym} 사원이다. 1390년 인도 원정에서도 돌아온 티무르가 이슬람 세계에서 가장 웅장하고 화려한 사원을 짓겠다고 결심하고 만든 것이 이 사원이라고 한다. 제국 각지에서 차출한 2백 명의 공장과 5백 명의 노동자, 그리고 대리석 운반을 위해 인도에서 끌어온 95마리의 코끼리까지 동원되었다. 그는 매일 아침 작업 현장에 나가 작업을 독려하고, 음식물을 제공하고, 주화로 포상까지 하면서 사원을 건설했다. 그렇게 해서 높이 35미터에 달하는 쪽빛 돔을 비롯해 50미터 높이의 미나라

비비하눔 사원

예배시간을 알리는 첨탑, 가로 167미터, 세로 109미터의 대리석 안뜰과 천장을 받치는 4백 개의 대리석 기둥이 세워졌다.[17]

그런데 이 사원에는 전설 같은 흥미로운 이야기가 깃들어 있다. 비 '운명의 키스' 전설이 그것이다. 비비하눔 사원은 티무르의 9명의 왕비 중 애비 비비하눔이 인도에 원정을 간 남편이 돌아오면 선물하기 위해 지은 사원이라는 것이다. 모든 공정이 순조롭게 진행되고 있었는데 아치 하나가 미완으로 남아 있었다. 비의 미모에 홀린 이란 출신의 건축가는 공사의 완공을 조건으로 비에게 키스를 요구했다. 왕비는 자기 말고는 누구와도 키스를 허용한다고 했으나 건축가는 응하지 않았다. 비는 40개의 달걀을 색칠해 '겉모양은 다르지만 알맹이는 같지 않은

가.'라는 말로 그를 설득하려 했다. 그러자 건축가는 한 그릇에는 깬 달걀일설에는 찬 샘물을 넣고 다른 그릇에는 꿀일설에는 하얀 포도주을 넣어 그에게 내밀면서 '겉모양은 같아도 알맹이는 다르지 않은가.'라며 왕비를 몰아세웠다. 왕비는 할 수 없이 키스를 허용했다. 그리고 키스 자국은 왕비의 볼에 반점으로 남았다. 원정에서 돌아온 티무르는 이 반점을 단서로 내막을 알게 되었고, 가차 없이 건축가를 사형에 처하고 애비는 미나라예배를 알리는 첨탑에서 던져 죽게 했다. 이 일이 있은 후 티무르는 제국 내의 여성들에게 천으로 얼굴을 가리도록 특명을 내렸다고 한다.[18]

중앙아시아에서 티무르는 신화 속의 인물처럼 알려져 있다는 걸 여기서도 알 수 있다. 그가 지배했던 시대가 중앙아시아로서는 가장 빛나는 한때였다고 말할 수 있을 것이다. 그런 점 때문에 중앙아시아에서는 칭기즈칸보다 티무르가 더 빛나는 존재가 되고 있다. 칭기즈칸은 사마르칸트를 파괴했다면 티무르는 새롭게 건설했다. 중앙아시아가 칭기즈칸 시대에는 된서리를 맞았지만 티무르 시대에는 활기찼던 것이다.

행정체계가 취약했던 제국의 운명

무시무시한 악명과는 달리 티무르는 개인적으로 체스를 즐기는 '온화한 인물'로 문화 진흥에도 관심이 많았다고 한다. 실제로 그의 집권과 함께 그가 자신의 제국의 중심으로 정한 사마르칸트는 당대 최대 규모의 대도시로 성장하고, 문화 또한 발전했다. 그는 페르시아어와 투르크어를 유창하게 사용하고, 학자들과는 역사와 과학에 대해 토론하기를 즐길 정도의 학식을 갖고 있었다고 한다. 그는 이슬람교도였지만 결코 경건한 신도는 아니었던 듯하다. 그에게 이슬람은 어쩌면 정치의 한 수단이었을 수도 있다. 그는 정복 활동을 성전으로 자리매김하고, 이슬람의 기치를 내걸면서 자기의 행위를 정당화시켰다.[19]

티무르는 중앙아시아에서는 영웅 대접을 받는 인물이다. 특히 우즈베키스탄에서는 거의 국부國父처럼 취급되고 있다. 반면, 중동과 인도에서는 무자비한 학살자, 파괴자로 취급받는다. 유럽에서도 비교적 높은 평가를 받았는데, 이는 당시 유럽의 공적이던 오스만 제국의 군대를 격파했기 때문이었다. 이처럼 보는 시각과 처한 환경에 따라 그의 평가가 엇갈리고 있다. 또한, 그는 동서에 걸친 왕성한 정복활동을 펼쳤던 한 시대의 영웅으로 그와 관련된 일화도 무수히 많다. 그중에서도 그의 무덤과 관련된 일화는 많은 사람의 입에 오랫동안 오르내리는 가장 유명한 이야기이다.

1941년 6월 21일, 구소련 고고학자들에 의해 티무르의 무덤이 발굴되었다. 그의 무덤은 도굴을 방지하기 위해 지하 공간 아래에 용의주도하게 숨겨져 있었다. 무덤을 발굴하고 관을 해체해보니 시신 한 구는 다리가 불구고, 다른 한 구는 목이 잘려 있었다. 기록에 따르면 티무르는 이란과의 전투에서 부상을 입어 평생 불구가 되었다고 한다. 그래서 '절름발이 티무르'로 불리게 되었던 것이다. 이로써 그 불구의 다리 주인이 바로 티무르라는 것이 확인되었다. 그런데 이 무덤의 발굴과 관련해서는 역사적인 일화가 회자되고 있다. 무덤 발굴 현장에 허술한 옷차림을 한 세 노인이 나타나 책 한 권을 펼쳐 보이면서 관에 손을 못 대게 했다고 한다. 그 책에는 "티무르의 무덤에 손을 대지 말

라. 손을 대면 전쟁이 일어나리라."라는 경구가 적혀 있었다. 발굴단은 실없는 노인들의 이야기라며 쫓아냈다. 그러나 신기하게도 바로 그 이튿날, 즉 1941년 6월 22일 히틀러가 소련을 침공한 것이다. 그 후 중앙아시아에서 일어나는 크고 작은 모든 전쟁은 티무르 무덤에 손을 댄 탓이라고 이곳 사람들은 믿게 되었다고 한다.[20]

티무르는 일생 동안 끊임없이 정복전쟁을 벌이며 대제국을 건설했다는 점에서 종종 칭기즈칸과 비교된다. 하지만 그는 뛰어난 군사적 업적에도 불구하고 칭기즈칸에는 못 미친다고 평가받고 있다. 우선 그는 원정으로 정복한 지역을 한번에 확실히 장악하지 못했다. 티무르는 호라즘 왕조를 세 번이나 정복했고, 일리에는 무려 6, 7차례나 원정했다. 동부 페르시아는 두 번, 서부 페르시아는 최소 세 번, 러시아킵차크 칸국에도 두 차례의 원정을 단행했다. 이 과정에서 오스만 제국, 킵차크 칸국, 차카타이 칸국을 비롯한 여러 칸국들, 인도의 술탄국, 중앙아시아 일대의 여러 국가는 전면전에서는 티무르에게 모두 패배하고 무너졌지만, 그가 휩쓸고 지나간 뒤에는 금방 다시 일어서곤 했다.[21]

또한 티무르는 칭기즈칸과 비교할 때 정치적 역량이 부족했던 것으로 평가받는다. 칭기즈칸은 위대한 군사 전략가이면서 부족을 통합하고 나아가 몽골 제국의 기틀을 마련한 정치조직가였다. 반면 티무르는 뛰어난 군사 전략가였지만 제국을 조직적으로 체계화하는 데서는 한계를 보였다. 이는 결국 몽골 제국과 티무르 제국이라는 체제의 차이로 연결되었다고 말할 수 있을 것이다. 칭기즈칸은 처음부터 체계와 조직을 중요하게 보았고, 원정 활동 또한 자신이 직접 나서기보다 부하나 자식들에게 맡기는 방법을 주로 썼다. 칭기즈칸은 꼭 필요한 경우에만 자신이 직접 나섰던 것이다. 반면 티무르는 평생 진두에서 싸웠으며, 티무르 제국은 철저히 티무르 개인을 중심으로 구성되었다. 그러한 두 영웅의 차이는 곧 그들의 사후 몽골 제국과 티무르 제국의 운명에도 큰 영향을 미쳤다. 몽골 제국은 칭기즈칸 사후 쉽게 혼란에 빠지지 않고 계속 영역을 확장하면서 세계 제국의 면모를 구축했으나 티무르 제국은 더 이상의 발전을 이루지 못했다.

티무르는 자기 아들이나 손자를 군단과 함께 정복지로 파견하면서 언제나 유력한 부하를 후견인으로 임명하여 왕자들의 행동을 감시하고 통제하도록 했다. 이와 함께 그는 그들의 통치에 개입하기도 하고, 지배 영역을 교체함으로써 왕자들이 자립하여 자기의 대항 세력으로 성장하는 것을 원천적으로 차단했다. 그는 심복에 대해서도 항상 경계를 늦추지 않았다. 그들의 지위와 직책은 자손들에게 약속되고 사회적 우위도 보증되었다. 그렇지만 극소수 예외를 제외하면 그들에게 영토와 군대를 동시에 주지는 않았다. 국가의 주요 직책을 임명하는 데도, 군대나 토지 같은 권력 양성의 기반이 될 수 있는 것을 함께 주지 않았다. 그러니 결국 티무르 제국은 모두 티무르 개인을 중심으로 하여 구성될 수밖에 없었다. 인생 대부분을 원정으로 보낸 티무르는 필요한 일을 부하에게 할당하여 처리하게 할 뿐, 빈틈없는 행정체계를 구축하지 않았던 것이다. 그 때문에 티무르가 죽자 제국은 순식간에 분열 위기를 맞이하고, 각지의 왕족이 후계자 자리를 놓고 치열한 싸움을 벌이게 되었다.[22] 제국은 티무르 사후 1백여 년간 지속했으나 그의 시대에 있었던 영광은 그대로 유지되지도 못했고 절대로 재현되지도 않았다.

8. 중세 일본

고대 일본의 천황 국가 확립

622년 고대 일본 역사에서 천황 중심의 국가체제를 구축하는 데 큰 역할을 한 쇼토쿠 태자聖德太子가 세상을 떠났다. 그러자 쇼토쿠와 함께 정권을 운영하고 있던 소가 씨蘇我氏는 반란을 일으켜 권력을 재차 독점하려 했다. 그들의 기도는 일시적으로 성공하는 듯 보였다. 그러나 645년 당의 유학파들이 천황가와 힘을 합쳐 소가 씨 정권을 타도했고, 고토쿠孝德 천황이 즉위했다. 고토쿠 천황은 즉위 이듬해인 646년 이른바 '개신의 조'로 불리는 개혁 조치를 발표했다. 『일본서기』에 보이는 개신의 조는 왜국 사회를 근본적으로 혁신하는 내용으로 이루어져 있다. 하지만 학자들은 그 내용의 상당 부분이 윤색되었기 때문에 당시의 사실을 그대로 전한다고 보기 어렵다고 보고 있다.[1] 아무튼, 이때의 개혁을 당시의 연호에 따라 '다이카 개신大化改新'이라고 부른다.

그런데 얼마 뒤 천황과 나카노오에 황자 사이에 권력 투쟁이 벌어졌다. 그 싸움에서 황자가 승리함으로써 친당-신라 노선이 후퇴하고 친백제 노선이 대두했다. 권력 투쟁에서 패한 고토쿠 천황이 사망하자 655년 황자는 옛 고교쿠 천황이었던 어머니를 사이메이 천황으로 앉혔다. 660년 나당 연합군에 의해 백제가 멸망한 뒤 백제에서 부흥운동이 일어났고, 백제 부흥군은 왜국에 구원병을 요청했다. 663년 백제 부흥군과 왜국의 원군이 나당 연합군과 백촌강白村江에서 격돌했으나 왜군은 참패하고 말았다.

이에 아스카 조정은 나당 연합군의 침공에 대비하여 성을 쌓는 등 내적으로 심각한 위기의식을 갖게 되었다. 667년 나카노오에 황자는 왕도를 아스카에서 오미로 천도하고 이듬해 정식으로 즉위하여 덴지天智 천황이 되었다. 덴지는 국가적 위기 상황을 타개하는 과정에서 지배체제를 강화하는 조처를 취했다. 그는 백제 망명귀족들의 지식을 적극 활용하여 각종 제도를 정비했으며, 670년에는 전국에 걸쳐 호적을 작성했다. 역설적이게도 위기 상황이 지배체제의 정비를 촉진하는 계기로 작용했다.

천황 국가 일본日本의 정체성이 확립되는 것은 이즈음이라고 할 수 있다. 목간과 당시의 실물 사료들을 통해서 '일본'이라는 국호가 성립되고 '천황'이라는 일본 군주의 호칭이 처음 사용된 것은 덴무天武, 673~686년, 지토持統, 690~697년 시대로 확인되고 있다. 천황에 대한 신격화가 이루어지기 시작한 것도 덴무의 시대였다.

일본의 가요집『만요슈萬葉集』에 천황을 신에 비유하는 것도 덴무·지토 천황 시대부터다. 덴무 시대부터 천황을 본격적으로 '현인신現人神'으로 신격화하기 시작했다. 이것은 덴무 천황 자신이 이른바 '진신壬

#의 난'이라는 반란을 통해 극적으로 집권에 성공했기 때문이다.[2]

덴무와 그의 뒤를 이은 지토는 중앙집권적인 관료제를 정비하는 한편, 윗대 천황의 기록과 상고의 여러 사건을 정리하는 등 국사 편찬에도 관심을 기울였다. 그들의 시대를 통해 율령체제가 모습을 갖추었고, 중앙집권국가로서의 기틀도 마련했다. 그들은 또한 '해 뜨는 나라'라는 의미의 일본을 국호로 사용함으로써 천황으로 상징되는 나라 이름을 새롭게 하고자 했다. 이렇게 마련한 천황제 국가의 기틀이 그 뒤 오늘날까지 계속되었다는 사실은 놀라운 일이 아닐 수 없다. 세계 모든 나라에서 수없이 많은 국가명과 왕조 교체가 있었지만, 일본은 그 것 없이 지금까지 이어지고 있는 것이다.

그런 점에서 볼 때 일본인들에게 천황은 단순한 상징적 존재일 수가 없다. 결국, 그 때문에 일본과 동아시아의 역사를 둘러싼 분란의 한복판에는 일본 천황이 존재하고 있다. 2천 년 동안 일본인들의 삶의 한 부분이 되고 있는 천황이란 존재는 일본인들에게는 신성불가침의 영역이지만 주변국의 입장에서는 단지 일본의 왕일 뿐이다. 그러나 일본 천황은 2차 세계대전과 태평양 전쟁의 전쟁 범죄자임에도 불구하고 그에 상응하는 처벌을 받지 않았다. 주변국으로서는 도무지 이해할 수 없는 일이다. 그러나 일본인의 입장은 다르다. 천황을 둘러싼 일본과 주변의 생각 차이만큼 역사 인식의 차이가 존재하

※ 671년 병상의 덴지 천황은 차기 왕위 계승자로 내정되어 있던 동생 오아마 황자 대신에 자신의 아들 오토모 황자를 후계자로 삼으려 했다. 이에 왕위 계승을 둘러싸고 충돌이 일어났으며, 이 과정에서 오아마 황자는 불리한 조건에도 불구하고 거병을 해서 한 달 만에 승리를 거둔다. 이것이 고대 일본 최대의 내란이라고 평가받는 '진신의 난'이다. 내전에서 승리한 오아마 황자는 673년 덴무 천황으로 즉위했다.

며, 그것은 현재의 동아시아 분쟁의 바탕에 남아 있는 하나의 불씨라고 할 수 있다.

헤이안 시대의 섭관정치와 국풍화

710년 일본 겐메이 천황은 나라 분지의 북쪽 경계에 있는 헤이조쿄平城京로 천도했다. 당의 장안을 모방한 계획도시였다. 규모는 장안 성의 1/4 정도였지만, 성벽이 없는 것이 특징이었다. 전성기에는 인구가 약 20만 명에 이르렀다고 한다. 헤이조쿄로 수도를 옮기고 당 나라의 문물과 제도를 적극 도입한 80여 년간을 '나라 시대奈良時代, 710~794년'라고 부른다. 나라 시대는 794년 간무桓武 천황이 수도를 지금의 교토인 헤이안平安으로 옮기기 전까지 계속되었다. 나라 시대의 일본은 당의 문물을 배워오기 위해 약 20년마다 견당사遣唐使를 부지런히 보냈으며, 한반도의 통일신라와도 많은 교류를 했다. 일본은 630년 1차 견당사를 파견한 뒤 894년까지 계속했다. 견당사는 외교 활동과 함께 대륙의 발달한 문물과 기술·제도를 받아들이는 중요한 통로가 되었다.[3]

견당사와 함께 당에 많은 인물이 파견되었는데 그 가운데는 유학생들도 많았다. 조선항해술이 발달하지 않았던 당시로써는 당까지 가는 길이 쉽지 않았다. 더욱이 8세기 이후에는 신라와의 관계가 여러 차례 긴장관계에 놓이면서 북로를 이용하지 못하고 멀리 동중국해를 횡단하는 난로를 이용할 수밖에 없는 상황이 되면서 그 위험성은 더욱 커

도다이지의 야경

졌다. 그럼에도 당에 가는 사람들은 많았고, 그들 가운데 일부는 고향으로 돌아오지 못한 채 그곳에서 생을 마치기도 했다.

나라 시대에는 불교가 융성했는데, 도다이지東大寺를 비롯해 수많은 사찰이 세워졌고, 대불大佛도 조성되었다. 이를 바탕으로 불교 세력은 정치에도 일정한 영향력을 갖게 되었다. 또한, 천황 권력의 정당성을 세우기 위해『고사기』,『일본서기』같은 역사서도 편찬되었다.[4]

이를 통해 천황 가문이 신성시되고 권위를 확립하는데 성공했다. 그런 와중에도 황위의 계승을 둘러싸고 황족과 귀족들의 정쟁이 계속되었으며 궁전과 사원의 조영으로 국가 재정이 파탄에 이르렀다. 또한, 나라 말기에는 율령제가 동요하고 반전수수법^{班田收授法}*도 제대로 시행되지 않는 등 위기가 조성되었다.

770년 쇼토쿠 천황의 뒤를 이어 고닌 천황이 즉위했다. 이로써 진신의 난 이후 1백 년 동안 계속된 덴무 천황계가 끊기고 덴지 천황계가 다시 복위했다. 그러나 고닌 천황 즉위 뒤 정세가 혼란스럽고 홍수와 전염병 등 자연재해가 계속되어 민심이 흉흉했다. 이에 정부는 수도를 784년 야마시로의 나가오카쿄^{長岡京}로 옮겼다. 그러나 여전히 정국의 불안은 계속되었다. 그러자 794년 간무 천황은 이러한 곤란한 상황을 타개하기 위해 다시 수도를 옮기게 된다. 새로운 수도는 '평안낙토^{平安}^{樂土}'의 염원을 담아 '헤이안쿄^{平安京}'**라고 이름을 지었다. 이때부터 무신 정권이 등장할 때까지 '헤이안 시대^{794~1185년}'가 열렸다.

나라 시대와 헤이안 시대에 정치적 실권을 장악한 것은 후지와라 씨^{藤原氏} 가문이었다. 후지와라 씨는 덴지 천황이 되는 나카노오에 황자와 함께 소가 씨를 몰아내고 '다카이 개신'에서 공을 세운 나카토미노 가마타리에게 후지와라^{藤原}라는 성을 내리면서 시작되었다. 그들은 가타나리의 아들 후지와라노 후히토^{藤原不比等}에 이르러 조정에서 가장

---

* '다이카 개신'의 한 부분으로, 호적과 계장(호구대장)을 만들어 나라에서 공민(백성)에게 공지(논밭)를 나누어 준다는 것이다. 하지만 이때 실제로 시행되었는지 의심되는 부분이 없지 않다.

** 현재의 교토시의 옛 이름 중 하나다. 794년부터 1868년까지 천 년간 일본의 수도였다. 간무 천황은 794년에 수도를 세웠고 당 나라의 수도 장안을 모방해 건설했다. 미나모토 씨가 권력을 차지해 가마쿠라 막부를 세우는 1185년까지 정치적 중심지였다. 그 때문에 794년부터 1185년까지를 일본의 역사에서 헤이안 시대로 부른다. 막부 시대 비록 정치적 힘은 막부의 쇼군이 차지했지만, 헤이안쿄는 황궁과 천황이 있는 곳으로써 공식적인 수도로 계속 남아있었다. 1868년에 천황의 거처가 도쿄로 옮겨지면서 교토는 수도로서의 생명이 끝났다.

유력한 집안이 되었다.

그런데 후히토 사후 권력을 장악한 무치마로, 후사사키, 우마카이, 마로 등 네 아들이 737년에 천연두로 모두 요절했다. 이후 그들을 선조로 둔 네 가문, 즉 남가, 북가, 식가, 경가가 권력을 두고 경쟁을 벌였다. 처음에는 식가가 번성했으나 810년 헤이안 시대 초기에 일어난 황실의 권력 투쟁 사건인 구스코의 변樂子の變을 계기로 북가가 권력을 장악했다. 북가 번영의 기초를 닦은 것은 후지와라노 후유쓰구였다. 그는 구스코의 변이 발생한 뒤 사가 천황의 신뢰를 얻어 천황의 비서실장에 해당하는 역할을 맡았다. 그의 아들 후지와라 요시후사藤原良房는 사가 천황의 황녀를 아내로 맞고 여동생 준시를 닌묘 천황의 후궁으로 들여 권력을 잡았다.

그 뒤 요시후사는 정변을 일으켜 다른 씨족들을 제거했으며, 자신의 여동생 준시가 낳은 미치야스를 황태자로 옹립하는 데 성공했다. 요시후사는 황실과의 친인척 관계를 이용하여 권력을 강화했으며, 866년에는 오텐몬의 변応天門の変을 일으켜 정적들을 한 차례 더 제거한 뒤 섭정攝政, 셋쇼이 되었다. 그때까지는 황족이 취임하는 것이 통례였던 당시, 섭정은 천황이 어리거나 여제일 경우 정치를 대행하는 일을 말한다. 요시후사는 그러한 통례를 깨고 황족이 아닌 자로서 최초의 섭정이 되었다.

섭정 자리는 요시후사의 양자 모토쓰네에게 계승되었고, 모토쓰네는 섭정과 동일한 업무를 담당하는 관백關白, 간바쿠이 되었다. 이러한 섭정과 관백이 정권을 장악한 상태를 '섭관셋칸 정치'라고 부른다. 섭관 정치는 1068년 후지와라 가문의 피가 섞이지 않은 고산조後三條 천황

이 제위에 오를 때까지 이어진다.[5]

헤이안 시대 초기 일본은 대륙의 선진 문물을 적극 받아들이려고 노력했다. 하지만 9세기 이후 일본은 대륙과의 관계에서 새로운 방향을 찾기 시작했다. 이 무렵 당 나라는 물론이고, 신라와 발해까지도 쇠퇴를 거듭하면서 일본은 이들 나라와의 관계를 새롭게 모색하게 되었다. 일본은 외래의 문물보다 자신들의 고유한 가치, 일본적인 가치를 찾는 것으로 방향을 전환했다. 이러한 현상을 '국풍화國風化'라고 말하는데, 일본은 이를 통해 문학과 학술, 문화적인 면에서 일본적 특성을 보다 본격적으로 발현할 수 있었다.

이 가운데 가장 주목할 것이 '가나假名 문자'의 발전이다. 나라 시대 이전 일본은 한자를 사용해 일본어를 표현했으나 한자는 일본어 언어 구조와 맞지 않아서 사용하는데 불편한 점이 많았다. 그래서 나라 시대에 일본의 시가집인『만요슈萬葉集』를 만들면서 한자 본래의 의미와 관계가 없는 한자의 음과 훈을 이용해서 일본어를 표현하기 시작했는데, 이를 '만요가나萬葉假名'라고 한다. 이 만요가나가 헤이안 시대에 들어와 한층 간략해지면서 '히라가나ひらがな, 平假名'로 발전했다. 또한, 이와 함께 가타카나カタカナ, 片假名도 고안되어 한문의 훈독 등에 사용되었다. 그렇게 해서 11세기 초에는 가나 문자의 자형이 거의 완성단계에 이르렀다.

하지만 히라가나는 주로 궁정 여성들이 사용했으며 공적인 정치 세계의 남성 귀족들은 여전히 한자와 한문을 사용했다. 조선에서도 한글이 창제되었지만, 사대부와 공식문서는 여전히 한문이 사용된 것과 마찬가지라고 할 수 있을 것이다. 그러나 가나 문자의 고안으로『겐지이

야기源氏物語, げんじものがたり』*로 대표되는 가나 문학이 발전할 수 있었다. 이 작품은 일본 문학을 세계적으로 알리는 데 일정한 역할을 했다고 평가되고 있다.[6] 그뿐만 아니라 헤이안 시대에는 미술과 건축에서도 국풍화 현상이 일어나 일본적인 특색을 갖는 작품들이 많이 등장했다.[7]

일본의 상징 사무라이

오늘날 일본을 상징하는 이미지 중에서 가장 대표적인 것으로 무엇이 있을까? 일본이 세계 최강의 경제대국으로 성장할 것이란 전망이 대두하던 1980년대에는 전자상품이 있었다. 소니, 샤프, 파나소닉으로 대표되는 전자상품은 30~40년간 세계를 지배하며 그 명성을 떨쳤으며, 일본을 첨단전자산업의 최강국으로 만들었다. 90년대 이후에는 도요다로 대표되는 일본의 자동차가 한동안 세계를 석권했다. 자동차는 아직도 여전히 최강의 선두주자 군에 속해 있지만, 전자산업은 한국의 삼성과 LG 등에 밀려난 상태이다. 일본은 철강, 조선, 기계 등 전통적인 산업에서 세계 최강의 명성을 날렸으며, 여전히 정밀기계 등 제조

---

* 일본 헤이안 시대 중기(11세기)에 지어진 소설이다. 작가는 통상 무라사키 시키부(紫式部, 973년경~1014년, 또는 1025년경)라는 여성이라고 알려져 있지만, 복수작가설, 후대창작설도 있다. 54첩에 달하는 장편으로 8백여 수의 와카(和歌)가 들어있다. 일본 문학의 여명기를 장식한 최고 걸작이라고 평가받는다. 이야기는 헤이안 시대를 배경으로 천황의 황자로 태어나 신하계급으로 떨어진 히카루 겐지(光源氏)와 그의 아들 세대까지의 이야기를 그리고 있다. 등장인물은 5백 명에 가깝고 4대의 천황 70여 년에 걸친 장편이다. 작가는 궁정 귀족 사회의 진상을 포착하고, 인간의 운명을 깊고 예리하게 응시하고 있다. 성격묘사라든지 자연묘사에서 세세한 부분에까지 빛을 발하는 완성도 높은 작품으로 평가받는다. (위키 백과 참고)

업의 경쟁력은 독일과 더불어 세계 최강을 자랑하고 있다.

그러나 이런 현대적인 경제상품 외에도 일본은 세계에 자신들의 확고한 이미지를 구축하고 있는 문화상품들을 적지 않게 확보하고 있다. 그것들은 대부분 중세와 근세 막부 시대에 만들어진 것들로서 일본도, 게이샤, 다도茶道, 꽃꽂이, 정원庭園, 일본화, 우키요에浮世繪, うきよえ, 판화[*], 스모, 분라쿠, 가부키, 노 같은 것들이다.[8] 이것들은 우리가 알고 있는 것보다 훨씬 세계화되어 있으며, 그 영향력 또한 만만치 않다. 물론 이는 일본의 현재 국력과도 관계가 있겠지만, 전근대 사회에서 마련된 일본의 문화적 역량 자체가 결코 간단치 않다는 증거이기도 하다.

일본과 일본인의 특성을 소개하는 것으로 미국의 인류학자 루스 베네딕트가 쓴 『국화와 칼』이라는 책이 있다. 이 책은 제2차 세계대전 말기 일본과 태평양에서 전쟁을 벌이고 있던 미국이 일본에 대해 파악하기 위해 전쟁공보처에 근무하던 인류학자 루스 베네딕트에게 연구를 의뢰해서 나온 결과물이다. 베네딕트는 폭넓은 2차 자료 수집을 바탕으로 2년간의 연구 끝에 일본인의 독특한 국민성과 문화를 주제로 한 연구 결과를 내놓았다. 연구는 1944년에 시작되었으나 책은 전쟁이 끝난 뒤에 발간되었다. 비록 베네딕트는 일본 현지에 한 번도 가보

---

[*] 7세기에서 20세기 초에 걸쳐 일본 에도 시대에 성립된, 당대 사람들의 일상생활이나 풍경, 풍물 등을 그려낸 풍속화를 말한다. 현재는 일반적으로 '우키요에'라고 하면 여러 가지 색상으로 찍어낸 목판화인 니시키에(錦絵)를 말하는 경우가 많으나 육필화 등도 이 범주에 들어간다. 우키요에가 처음 유럽에 소개된 이후부터 19세기 유럽 화가들은 기존의 전통적인 미술 이론을 거부하고 새로운 작품과 화가로서의 개성을 획득하기 위한 운동을 시작했으며 그 첫 기반을 다진 것이 인상파였다. 인상파 화가로는 클로드 모네, 마네, 메리 카사트, 드가, 르누아르 등이 있는데, 그들의 작품은 우키요에로부터 크고 작은 영향을 받은 것으로 알려지고 있다. (위키 백과 참고)

지 않고 주로 2차 자료에 의존해서 연구를 했지만, 일본에 대한 예리한 분석이 돋보이는 책으로 평가받고 있다. 다음과 같은 책 소개가 이를 잘 설명해준다.

이 책의 제목이 암시하는 것은 일본 국민의 이중적·모순적 특성이다. 극도로 섬세한 미감을 지녔으나 동시에 칼의 냉혹함을 숭배하는 것이 베네딕트가 간파한 일본 국민이다. '그러한 모순은 모두가 진실이다. 일본인은 최고도로 싸움을 좋아하면서도 동시에 얌전하며, 군국주의적이면서도 동시에 탐미적이며, 불손하면서도 예의 바르고, 완고하면서도 적응성이 풍부하며, 충실하면서도 불충실하며, 용감하면서도 겁쟁이이며, 보수적이면서도 새로운 것을 즐겨 받아들인다.' 그는 '전쟁 중의 일본인' 등 책의 초반부에서 일본인 특유의 모순적 성격, 즉 공격적이며 동시에 수동적이고, 호전적이고 심미적이며, 무례하며 공손하고, 충성스러움과 동시에 간악하며, 용감하면서 비겁한 양립할 수 없는 듯 보이는 행동양상을 보이는 민족성을, 위계서열의식, 은혜와 보은, 그리고 의리에 대한 독특한 도덕체계, 죄와 악에 대한 의식이 결여된 대신 수치심을 기본으로 하는 일본의 문화체계로 설명하면서, '손에는 아름다운 국화, 허리에는 차가운 칼을 찬 일본인'으로 결론짓고 있다.[9]

이 책이 전쟁 중인 적국에 대한 정보를 목적으로 연구된 것이라는 점에서 일말의 편견이 작용했을 수도 있다고 볼 수 있다. 그럼에도 일본과 일본인에 대한 이만한 연구가 흔치 않다는 평가를 받고 있다. 어쨌든 베네딕트가 말한 국화가 평화, 섬세함, 예의 바름, 탐미를 상징한다면, 칼은 전쟁, 무사, 공격성, 파괴를 상징한다고 볼 수 있다. 대조적인 측면을 동시에 가진 이중성의 일본인을 상징하는 표현이다. 하지만 일본과 가까이 살고 있는 우리들의 감정 상태는 양면을 동시에 보기보다는 한 측면에 강하게 쏠리고 있는 것이 현실이다. 실제로 일본인과 접해보지 못한 많은 한국인에게 떠오르는 일본인의 이미지는 국화보다는 '칼' 쪽에 가깝다. 칼은 전쟁과 제국주의, 그리고 사무라이를 생각나게 한다. 이때 사무라이는 자결, 무자비함, 주군에 대한 충성 따위를 떠올리게 한다. 이제 이쯤에서 우리는 본론으로 들어가야 할 것 같다. 일본을 대표하는 이미지 가운데 하나인 무사 이야기를 하려는 것이다.

그런데 한국이나 중국과 달리 일본에서 무사계급이 중요한 것은 이들이 중세 시대 일본 사회를 지탱하는 중요한 기반이었다는 점이다. 한국과 중국에서는 10세기를 전후한 시기에 사회변동과 함께 새로운 사회 세력으로 '사대부'가 등장했고, 이들은 과거를 통해 중앙 정계의 관료로 진출하여 사회를 지배하는 세력이 되었다. 반면 일본의 경우는 이와는 달리 귀족들이 세습을 통해 관료가 되는 전통이 계속 유지되었으며, 시험을 통한 관료 선발은 거의 미미한 수준에 그쳤다. 그 대신 메이지 유신 이전까지 '무사武士'라고 불리는 계층이 지배 세력으로서 존재했다. 그런데 이 무사는 단순히 '무력을 가진 존재'라는 일반적인 의미보다는 일본 역사상 고대에서 중세로 넘어가는 시기에 등장해서 근대화 이전까지 지배층으로 군림한 계층을 가리키는 역사적인 실체이다.[10]

무사는 '쓰와모노兵', '모호노후武士', '사무라이侍' 등 여러 명칭으로 불렸다. 이들은 자신들이 갖고 있던 군사적 기능으로 지배계급에 봉사하는 집단이었으며, 이들이 사무라이 가문으로 세습되기 시작한 것은

11세기 중반에 이르러서라고 여겨진다. 무사는 군사전문가로서 명확한 자기 정체성을 갖는 최초의 사회집단으로 평가되고 있다.[11]

무사와 장원공령제

그런데 우리가 일본의 중세 시대를 생각할 때 가장 먼저 무사를 떠올리게 되는 것은, 무사가 일본 중세 시대를 대표하는 지배계급이었다는 점도 있지만, 그것을 바탕으로 한 영화나 소설, 또는 대중매체의 영향도 클 것이다. 그렇다면 일본에서 무사들은 언제부터 본격적으로 역사 무대에 등장하는 것일까? 그건 대체로 10세기 초라고 말할 수 있겠다. 물론 훨씬 이전인 나라 시대710~794년에도 무사라는 용어 자체는 보이지만, 특정한 사회 신분으로서의 의미를 갖게 되는 것은 10세기부터라고 말할 수 있다.

고대 일본에서는 농민들을 징발해서 군대를 구성했지만 9세기 후반부터 농민의 유랑과 도망이 심해져 율령에 의한 지배를 할 수 없게 되었다. 그에 따라 10세기에 접어들면서 대부분 농민 군대는 해체되었고, 군당群黨[*]과 해적들이 날뛰면서 토지를 침탈하게 되자 지방 사회는 무정부 상태로 전락했다. 이에 중앙 정부는 군사지휘관을 지방에 파견해서 치안을 담당하도록 했고, 무력의 사용이 사회적으로 용인되었다. 지방의 치안을 확보하는 역할을 맡은 것은 황족의 분가를 비롯

---

[*] 사전적 풀이는 '여러 사람이 모여 이룬 무리'지만, 실제로 무리를 이룬 집단이 도적떼로 변하는 것은 순식간의 일이었다.

한 중하급 귀족 계층이었다. 그들은 스스로 무장을 하고 지방에 내려가서 도적떼와 해적들을 진압했으며, 그 뒤에는 국의 지방장관인 국사國司, 고쿠시가 되거나 그 관아인 국아國衙, 고쿠가의 관리가 되었다. 그들은 일종의 직업적인 전사 집단으로 당시에는 '쓰와모노兵'라고 불렸다. 바로 이들이 무사계급의 시조라고 할 수 있다.[12]

무사가 된 사람들은 지방의 유력 토호나 유력 농민의 자제들로서 농업에 종사하지 않은 사람들이거나 수렵·어로 등에 종사하는 비농민층이었고, 그들은 무예 훈련을 통해 전업 무사가 되어 갔다. 무사들은 전투를 위해 집단을 형성하는 일이 많았고, 나아가 일족과 낭당郎黨, 종자을 이끌고 무사단으로 성장해갔다. 무사단의 우두머리 가운데는 황족이나 귀족의 자손들이 적지 않았다. 이들은 우월한 신분을 바탕으로 무사들의 신망을 얻은 다음 몇 개의 무사단을 통솔하는 군사귀족으로 변신했다. 이들을 동량棟梁이라고 불렀는데, 간무 헤이시桓武平氏와 세이와 겐지淸和源氏*가 가장 유력했다.

무사들이 집단으로 역사에 모습을 드러내며 존재를 과시하는 것은 바로 권력 투쟁 과정에서 벌어진 대규모 반란 사건이었다. 10세기 중엽 고쿠가의 관리로서 지방 관아를 담당하고 있던 무사들이 일족의 내분이나 포상에 대한 불만 때문에 고쿠가에 반항하고 그것이 확대되어 국가에 대한 대규모 반란 사건으로 발전하는 일들이 벌어졌다. 다이라노 마사카도의 난939~940년과 후지와라노 스미토모의 난939~941년이 대표

---

*　　미나모토 씨 혹은 겐지라고 불리는 일족의 한 파다. 이들은 미나모토(源)라는 우지(氏)를 쓰는 씨족으로, 일본에서 황족이 신하의 신분으로 강등될 때 하사하던 성씨 중 하나이다. 이 중 가장 유명한 것이 세이와 겐지(淸和源氏) 유파였다.

적이다. 이때 중앙정부는 다른 무사 세력을 동원하여 이 반란을 진압했는데, 그 과정에서 지방무사단의 실력이 입증되었다. 이때 공을 세운 무사들은 수도 교토로 올라와 궁정의 경비나 귀족의 호위를 담당하기 시작했다. 본래 '사무라이侍'는 '상급 귀족을 호위한다'는 뜻이었는데, 이때 이르러 일본의 무사를 가르키는 말이 되었다. 이처럼 중앙에서 무사 가문이 형성될 무렵, 지방에서는 무사들이 고쿠가의 군사력으로 편입되어 갔다. 그러면서 고쿠시의 거처를 무사가 경호하거나, 고쿠시가 주최하는 사냥이나 신사의 행사에 무사가 봉사하는 체제가 만들어졌다.[13]

10세기 무사 집단이 처음 형성될 때만 해도 무사는 무예가 뛰어난 몰락 귀족의 성격이 강했다. 하지만 11세기 중엽부터 군사전문가인 동시에 토지 개간자 혹은 그 관리자의 성격을 띠게 된다. 10세기 후반부터 11세기 초에 걸쳐 무사와 농민들이 공동으로 지역을 개발하는 움직임이 각지에서 일어났고, 중앙정부는 개간을 허용하고 이들의 개간지를 '보保'라는 새로운 지방행정 단위로 인정했다. 기존의 군郡과 향郷도 개편되어 각각 독립된 행정단위가 되었다. 국의 지방장관인 국사는 개발 책임자인 무사개발영주, 지방영주들을 군사郡司, 향사郷司, 보사保司 등에 임명하여 징세를 맡겼다. 일부는 고쿠가国衙의 관리를 맡기도 했다. 시간이 지나면서 관리들은 점차 토지에 대한 지배권을 강화해나갔고, 코쿠시国司가 총괄하는 공령公領*을 마치 자신의 토지처럼 관리했다.[14]

한편, 중앙정부는 이들의 영지를 새로운 과세 대상지로 삼으려 했

---

* 이를 국아령(國衙領)이라고도 했다. 국가가 관리하는 공공지인 셈이다.

는데, 이를 피하려고 지방 영주들 가운데 자신이 그 땅의 관리자가 되는 조건으로 영지를 상급 귀족이나 사찰·신사에 기진寄進, 물품을 기부하여 바침하는 사람들이 나타났다. 이때 기진된 영지를 장원莊園이라고 했다. 기진을 받은 상급귀족 등은 자신들의 권익을 더 강화하기 위해 대 귀족이나 천황가 등에 다시 기진했으므로 장원은 점차 천황가나 섭관가에 집중되었다.

장원에서는 조세를 납부하는 것이 원칙이었지만 기진 받은 상급 귀족의 정치력에 따라 조세를 면제받고, 고쿠시의 토지 조사를 거부할 수 있는 권한을 부여받았다. 그 결과 고쿠시의 지배권이 미치지 않는 장원이 증가했는데, 12세기 중반에는 공령의 반 이상이 장원으로 바뀌었을 정도다. 한편, 고쿠시가 지배하는 공령의 지배 방식도 변화했다. 일국의 지배권 전체를 상급 귀족이나 대사원 등에 주는 일이 벌어졌으며,* 그에 따라 공령의 수익이 상급 귀족 등에게 돌아감으로써 공령도 장원처럼 되어 버린 것이다. 이처럼 장원과 공령을 바탕으로 형성된 일본 중세 시대의 토지제도를 장원공령제莊園公領制라고 한다. 이 것은 11세기 중엽에 각지에서 형성되기 시작하여 12세기 중엽에는 일반화했으며, 이는 중세 시대 일본을 지탱하는 기본적인 토지제도가 되었다.[15]

---

*　　이를 지행국제(知行国制)라고 한다.

섭관정치의 몰락과 원정의 등장

1068년 헤이안 시대 오랫동안 권력을 장악해온 후지와라 가문의 피가 섞이지 않은 고산조 천황이 즉위했다. 고산조는 섭관 가문의 눈치를 보지 않고 과감히 국정 개혁을 추진했으며, 그 뒤를 이어 시라카와白河 천황 또한 그 유지를 이어갔다. 1086년 천황 자리를 어린 아들 호리카와堀河에게 넘겨준 시라카와는 원청院廳을 열고 천황의 후견인으로서 정치의 실권을 장악했다. 이를 원정院政, 인세이이라고 했는데, 섭관정치가 종식되고 천황의 아버지인 상황上皇이 실권을 장악한 것이다.

일반적으로 천황은 죽을 때까지 퇴위하지 않는 것이 보통이었지만, 섭관정치가 시작되면서 천황이 아무런 이상이 없어도 그 자리에서 물러나는 경우가 많았다. 그리고 대개의 경우 퇴위한 천황은 출가해서 승려가 되었는데, 이를 법황法皇이라고 했다. 원院이란 퇴위한 천황, 즉 상황의 주거를 가리키는 말이었지만 처음에는 상황 자신을 지칭하게 되었다. 이러한 원정은 원청에서 이뤄졌으며, 이는 도바鳥羽, 고시라카와後白河 상황으로 이어지며 1백여 년 동안 계속되었다. 상황은 그때까지 섭관가에 억눌려 있던 중하급 귀족이나 측근을 중심으로 정치를 행하고, 지방에서 세력을 확대하고 있던 겐지源氏나 헤이시平氏의 무사들을 임명해 군사적 기반으로 삼았다.

원정이 성립되면서 지행국제知行国制*가 확대되어 원 자신이 많은 지

---

*　일국의 지배권 전체를 상급 귀족이나 대사원 등에게 수여하는 제도를 말한다. 이 지배권 전체를 수여받은 이들을 지행국주(知行国主)라고 한다. 지행국제에 의해 공령의 수익도 지행국주에게 귀속됨으로써 공령(公領)도 사실상 장원(莊園)처럼 되어갔다. 이처럼 일본

행국의 수익을 장악했다. 그에 따라 공령은 마치 원이나 원이 임명한 지행국주·국사의 개인 영지처럼 되어버렸다. 당시의 국가 관료제도의 최정상에 있는 천황은 원칙적으로 사유재산을 갖지 못하게 되어 있었지만, 원정을 행하는 상황은 최대의 권문세가이자 최대의 장원영주가 되었다. 원은 자신의 정권을 지탱하는 근신近臣*과 무사들에게 지행국과 장원을 나눠주었다. 원정을 통해 토지와 무력인 무사들을 거느린 상황은 안정적인 통치기반을 확보할 수 있었다.

그러나 원의 권력으로도 통제할 수 없는 것이 있었으니 바로 고후쿠지興福寺, 엔랴쿠지延曆寺 등 대사원이었다. 대사원은 막대한 장원을 소유하면서 무장 세력을 거느리고 있었고, 국사와 갈등이 빚어질 때는 종교적 권위를 내세워 수도에 올라와서 무력시위를 벌이곤 했다. 전제권력을 휘둘렀던 시라카와 상황조차도 교토의 치수治水, 엔랴쿠지의 승도僧徒, 도박의 세 가지는 마음대로 할 수 없다고 토로할 정도였으니 그 위세를 짐작할 수 있을 것이다. 이러한 상황이었으므로 원은 무사를 고용하여 경호와 진압을 맡길 필요가 있었고, 이는 무사의 중앙 정계 진출로 이어졌다. 이 과정에서 특히 원과 결탁하여 눈부시게 발전한 것이 간무 헤이시桓武平氏 일족이었다.[16]

1156년 '호겐의 난保元の乱'으로 불리는 황실의 내분이 발생했다. 고시라카와 천황이 즉위할 무렵 일본은 천황과 상황 간의 대립이 심각했다. 스토쿠 천황이 상황이 된 다음에도 권력을 놓지 않으려 하자, 고

의 중세 토지제도는 장원·공령제로 이뤄졌다.

* 왕을 가까이서 모시는 신하.

시라카와 천황이 무력으로 이를 타도하고자 했다. 이를 위해 고시라카와 천황은 다이라노 기요모리平清盛와 미나모토노 요시토모源義朝를 끌어들였고, 이들의 힘을 바탕으로 승리할 수 있었다. 일본 역사학계에서는 일반적으로 '호겐의 난'에서부터 일본의 중세 시대가 시작된다고 보고 있다.

1159년에는 공훈 보상에 불만을 품은 요시토모가 반란을 일으켰으나 다이라노 기요모리에 의해 진압되고 말았다. 이를 계기로 기요모리는 최고의 무가 실력자가 되었다. 그는 고시카라와 상황의 신임을 바탕으로 승진을 거듭해 조정의 최고 관직인 태정대신이 되었고, 아들 시게모리 등 일족들도 고위직에 올랐다. 또한, 기요모리는 딸 도쿠코를 다카쿠라 천황의 황후로 삼았으며, 그 아들 안토쿠安德 천황이 즉위하자 외척이 되어 권세를 휘둘렀다. 기요모리 일족은 수많은 지행국과 5백여 개의 장원을 소유하는 등 경제적 기반으로 볼 때에 섭관가와 다를 바 없게 되었다. 하지만 이러한 권력 독점은 오히려 반대 세력의 결집을 촉진해 헤이시 정권의 몰락을 앞당기는 결과를 가져왔다.[17]

다이라 기요모리의 전횡이 극에 달하자 이에 불만을 품은 고시라카와 법황의 황자 모치히토와 미나모토 요리마사源賴政가 '타도 기요모리'를 외치며 군사를 일으켰다. 이를 계기로 미나토모 요리토모源賴朝를 중심으로 시나노, 오우미, 시코쿠, 규슈 등 각지에서 기요모리 일가에 반발하는 무사단이 봉기했다. 요리토모는 자신의 가문을 따르는 동국 지역 무사들의 활약에 힘입어 1180년 10월에 가마쿠라鎌倉 지역을 장악했다. 전쟁은 5년간이나 계속되었고, 마침내 1185년 3월 미나모토 요리토모는 단노우라 해전에서 헤이시 일족인 다이라 기모요리에 결정적인 승리를 거둠으로써 그를 자결로 몰아넣었다. 이를 두고 '겐페이 전쟁源平戰爭'이라고 부른다.

이러한 내전의 배후에는 광범위한 지방영주 층이 있었다. 요리토모를 따르는 무사들인 지방영주들은 내전에서 승리함으로써 적군이 갖고 있던 토지를 몰수하여 그것을 다시 자신들이 분배받을 수 있었던 것이다. 적군의 토지를 몰수하여 재분배하는 조치는 내전 시기 내내 광범위하게 진행되었으며, 이런 과정에서 요리토모를 따르는 무사 대부분이 그와 주종관계를 맺었다. 요리토모는 이를 바탕으로 더욱 군사력을 강화할 수 있었고, 마침내 기모요리를 물리칠 수 있었다.[18]

가마쿠라 막부 정권의 등장

겐페이 전쟁이 진행되는 동안 요리토모는 간토지방関東地方에서 나오지 않았다. 그는 가마쿠라鎌倉를 중심으로 간토 지역을 장악한 가운데 새로운 정권을 수립하는 데 힘을 쏟았다. 그가 근거지로 삼은 가마쿠라는 도카이도東海道의 요충으로 남쪽이 바다에 면해있고 3면이 구릉으로 둘러싸인 군사적 요충지였다. 요리토모는 1180년 10월 후지가와 전투 직후 사무라이도코로侍所라는 기관을 설치하여 고케닌御家人*을 통제할 수 있도록 했다. 이때 고케닌은 요리토모와 같은 막부의 수장과 주종관계를 맺은 무사를 가리키는 말이었다. 그해 12월에는 요

---

* 주로 가마쿠라 시대 쇼군과 주종관계에 있던 무사를 뜻하는 말로 점차 무사의 신분을 나타내는 말이 되었다.

리토모의 거처가 완성되자 동국 지역 무사 311인이 모여 요리토모를 '가마쿠라의 주군'으로 추대하는 행사를 거행했다.

이러한 세력을 바탕으로 1181년부터 요리토모는 조정과 교섭을 시작했고, 1183년 10월 조정으로부터 동국 지역에 대한 지배권을 부분적으로나마 승인받았다. 이로써 정권의 합법성을 확보한 가마쿠라 군사정권은 1184년 일반 정무와 재정을 관장하는 공문소公文所, 소송과 재판을 관장하는 몬추조問注所 등의 통치기관을 정비했다. 그리고 1185년 장원의 군사경찰업무를 관장하기 위한 총추포사總追捕使를 설치했다. 총추포사에는 장원을 관리, 통제하기 위한 관직으로 슈고守護와 지토地頭가 있었다. 슈고에는 유력 고케닌이 주로 임명되었으며 이들은 국내의 고케닌을 지휘, 통솔했다. 지토는 각국의 장원과 공령에 임명되어 연공의 징수와 토지 관리, 치안 유지 임무를 맡았다. 요리토모는 자신의 고케닌들을 슈고와 지토에 임명함으로써 전국의 군사경찰권을 장악할 수 있었다.[19]

1189년 드디어 요리토모는 동북부를 장악하고 있던 후지와라 씨를 멸망시키고 일본 전역에 걸쳐 군사지배권을 확립했다. 내란을 종식시킨 요리토모는 1192년 최고 관직인 정이대장군征夷大將軍, 쇼이타이쇼군에 임명되었다. 우리가 줄여서 '쇼군'이라고 부르는 자리이다. 쇼군은 원래 나라·헤이안 시대 때 에미시 정벌을 위해 동쪽 지역에 파견된 장군의 명칭이었는데, 요리토모가 천황으로부터 이 직책을 받음으로써 막부의 수장을 가리키는 말이 되었다. 이렇게 탄생한 전국적인 무사정권을 우리는 가마쿠라 막부鎌倉幕府라고 부른다. 가마쿠라 막부의 수립 이후 1868년 메이지 유신 때까지 약 7백 년 동안 일본 특유의 막부체제가 지속되었다.

막부를 세운 미나모토노 요리토모는 자신의 휘하 무사들과 주종관계를 맺고 그들을 고케닌으로 삼아 권력의 기반을 확고히 했다. 가마쿠라 막부는 교토에 있던 중앙 귀족들을 그대로 두고, 무사계층을 가마쿠라로 집결시킨 뒤 새로 싯켄執權과 렌쇼連署와 같은 직책들을 만들었다. 조정은 교토에 그대로 존속하고 있었고, 고쿠시를 파견하여 전국의 일반 행정을 이전처럼 유지했다. 하지만 막부의 직할지와 여러 고케닌의 영지는 막부의 지배를 받음으로써 사실상은 이원적 지배체제로 전국이 운영되었다. 또한, 막부는 고케닌들을 통솔하는 사무라이도코로侍所, 고케닌 간의 소송을 담당하는 몬추조, 일반 사무를 관장하는 만도코로政所 등 독자적인 정치기구를 설치했다. 지방에는 치안담당자 슈고守護와 장원관리인 지토地頭를 두었는데, 그 자리에 휘하의 고케닌을 임명함으로써 지방에 대한 통치권을 확보했다.[20]

무사들은 지방에 살면서 자신의 영지 확대에 힘쓰는 한편, 막부로부터 지토에 임명되어 영주들의 장원을 관리했다. 막부의 권력이 강화되면서 지토의 권한도 확대되었다. 그들은 영주에게 연공을 납부하지 않거나 농민들을 과도하게 부리는 등의 불법 행위를 일삼았다. 장원영주들은 이를 억제하려 했지만, 지토의 불법 행위를 막을 수가 없었다. 결국, 장원영주들이 지토에게 장원 관리 일체를 맡기고 일정액의 연공만 받거나 토지를 분할하여 지토의 영유권을 인정해 주지 않을 수 없게 되었다. 그렇게 되면서 지토는 영주화되었고, 무사들의 토지에 대한 지배권 또한 강화되었다.

그런데 가마쿠라 막부 정권은 두 가지 점에서 획기적인 의의를 갖고 있었다. 하나는 일본 역사상 최초의 사무라이, 즉 무가가 지배하는 정권을 세웠다는 점이다. 이후에도 한동안은 천황·조정 세력과 사찰 세력이 여전히 권력 일부를 가지고 있었으나, 무인권력이 점점 우위를 점하게 된다. 또 하나는 당시까지만 해도 변방이었던 간토, 즉 동부 일본에 권력의 중심인 막부가 설치되었다는 점이다. 유사 이래 일본 역사의 중심은 한반도나 중국과 가까운 규슈, 기나이 등 서부 일본이었다. 그런데 이때 비로소 간토 지방의 발전을 바탕으로 막부가 설치되었으며, 일본의 정치, 경제 발전의 중심지도 동부로 확대되어 갔다.[21]

가마쿠라 막부를 지탱한 것은 쇼군과 그의 가신인 고케닌 사이의 유대였다. 이 양자의 관계는 봉공奉公과 어은御恩의 관계였다. 고케닌이 전쟁 시에 자신의 무사단을 이끌고 쇼군을 위해 군사적 봉사를 하고, 쇼군은 그에 대한 대가로 획득한 토지를 분배해주는 것이다. 요리토모가 다이라 기모요리를 몰락시킬 때 그는 동부 일본에 2천 명 이상의 고케닌을 거느리고 있었다. 요리토모 사후 막부의 쇼군직은 2대, 3대까지는 그의 후손들이 계승했다. 하지만 3대 쇼군이 암살되고 난 다음에는 교토에서 적당한 인물을 영입하여 쇼군으로 삼았다. 이때 요리토모의 처가인 호조北條 씨는 싯켄執權이라는 자리를 만들어 대대로 이를 독점함으로써 실권자가 되었다.

1219년 3대 쇼군 사네토모가 요리이에의 아들 구교에게 암살당해 막부 정권이 흔들리는 상황이 일어났다. 그러자 1221년 5월 이를 간파한 고토바後鳥羽 상황이 막부 토벌을 기치로 군사를 일으켰다. 그러나 요리토모의 미망인으로 사실상 가마쿠라의 주군이었던 호조 마사코를 중심으로 동국 지역의 무사들이 막부에 결집함으로써 고토바 상황

의 기도는 실패로 끝나고 말았다. 막부군은 불과 1개월 만에 고토바 상황의 군대를 궤멸시키고 교토를 점거했으며, 천황은 폐위, 상황은 유배되고 소유 토지를 빼앗겼다. 이 사건을 '조큐의 난承久の乱'이라고 한다. 가마쿠라 막부는 상황 측으로부터 몰수한 토지를 고케닌에게 분배하고 교토에 로쿠하탄다이六波羅探題를 설치하여 천황을 감시했다. 조큐의 난으로 막부는 천황에 대해 한층 더 우위를 점할 수 있게 되었다.[22]

조큐의 난은 집권정치의 기틀을 새롭게 마련하는 계기가 되었다. 1224년 요시코키가 사망한 뒤 싯켄이 된 야스토키는 싯켄의 보좌역인 렌쇼에 이어, 유력한 고케닌으로 구성되는 평정중評定衆을 설치했다. 평정중은 막부의 최고 의사 결정기관으로서 중요 정무를 합의하고 재판을 관장했다. 종래 막부의 정치·재판의 결정권은 기본적으로 쇼군에게 있었지만, 야스토키 이후 싯켄이 주도하는 고케닌의 합의체, 즉 평정회의로 넘어갔다.

야스토키는 막부 기구를 개편하는 한편, 무사 정권의 근본 법전인 고세바이시키모쿠御成敗式目를 제정했다. 합의 정치를 지탱하는 지도 이념을 확립하고 조큐의 난 이후 빈발하는 지토와 장원영주의 분쟁에 대한 공정하고 객관적인 재판 기준을 마련할 필요가 있었던 것이다. 이 법전은 요리토모 이래 무사 사회의 관습을 근본적인 기준으로 하면서도, 무사들이 모두 납득할 수 있는 도리를 또 하나의 기준으로 성문화한 무사들의 법률이었다. 다만 그 적용은 어디까지나 막부의 세력 범위에 한정되었다.[23] 이 법은 공가의 율령에 대하여 무가 스스로 법률을 갖겠다는 표현이었으며, 그 후 수백 년간 무가정치의 근본법전이 되었다. 이것은 한문을 모르는 무사들을 위해 일본 고유의 문자인 가나로 만들었다고 한다.

이러한 과정을 거쳐 막부 통치가 안정되어갈 무렵 이번에는 외부로부터 위협이 닥쳐왔다. 몽골의 침입이 있었던 것이다. 13세기 초반 몽골 초원에서 일어난 몽골 제국은 수십 년 만에 동으로는 고려를, 남으로는 중국 북부를, 서로는 동부 유럽에 이르는 광대한 지역을 정복하고 남송과 일본, 동남아 지역으로 진출할 채비를 하고 있었다. 원의 위협에 대해 교토의 천황 측은 조건을 받아들이고 수교할 것을 원했으나, 막부의 호조 씨는 이를 거부하고 결전을 선택했다. 1274년 약 3만 명의 원·고려 연합군이 북규슈를 침략했다. 그러나 이들은 제대로 싸워보지도 못한 채 태풍을 만나 1만 3천 명의 전사자만 내고 물러갔다. 그 후 남송을 정벌한 원은 1281년 14만 명의 대군을 이끌고 재차 일본을 침략했다. 그러나 이때에도 역시 태풍이 불어 3만 수천 명의 생존자만 데리고 철수할 수 있었다.[24] 여기서 일본의 '가미카제神風' 신화가 등장하게 된다.

몽골의 침략은 일본의 승리로 끝났으나 그 후유증은 컸다. 전쟁에서 큰 손실을 입은 고케닌의 경제적 상황은 날로 악화되었다. 막부의 고케닌들은 머나먼 규슈까지 동원되어 싸우느라 큰 손실을 보았지만, 막부는 고케닌들에게 제대로 보상해줄 수가 없었다. 또한 송, 고려와의 교역이 확대되면서 대량으로 유입된 송의 화폐, 즉 송전宋錢 때문에 물가가 올라가는 등 생활비도 증가했다. 이런 와중에 경제적으로 곤궁에 빠진 고케닌들 가운데는 은급지나 지토의 권한까지 팔아넘기는 자들이 생겨났다. 이와 함께 막부 내부에서는 그동안의 집단지도체제가 쇠퇴하고 호조 씨의 종가인 도쿠소得宗 가문이 전제권력을 행사하는 상황이 나타났다. 이렇게 되면서 가마쿠라 막부에 대한 코케닌들의 충성도가 약화되기 시작했다. 이를 틈타 고다이고後醍醐천황이 막부 타도를 기도했으나 1331년 발각되어 유배를 당했다. 그러나 이 사건을 계기로 각지에서 고다이고에 동조하는 세력들이 들고일어났으며 결국 1333년 가마쿠라 막부는 멸망하고 말았다.[25]

무로마치 막부와 전국 시대

호조 다카토키 일족이 집단으로 자살하면서 가마쿠라 막부가 무너진 뒤 교토로 돌아온 고다이고 천황은 친정해야 한다는 생각에 사로잡혀 기존의 원, 섭정, 관백도 모두 부정했다. 그러나 현실적으로 무사 세력은 완전히 배제할 수 없었다. 이에 고다이고 천황은 공가公家, 즉 귀족과 무가武家가 함께 협력해서 통치하는 '공무협조公武協調' 정책을 추구했다. 이러한 새로운 질서를 당시의 연호를 따서 '겐무 신정建武新政'이라고 한다. 그러나 의욕적으로 시작한 겐무 신정은 2년 만에 무너지고 말았다. 내분 때문이었다.

고다이고 천황은 가마쿠라 막부를 무너뜨리는 데 공을 세운 아시카가 다카우지足利尊氏를 견제하기 위해 닛타 요시사다新田義貞에 의존했다. 이에 불만을 품은 다카우지는 1335년 요시다마를 공격하여 격파하고 고다이고에 대해 압박 수위를 높였다. 1336년 다카우지에 의해 폐위된 고다이고는 요시노로 도망가 자신이 정통 천황이라고 주장하며 남조를 열었다. 이렇게 해서 북쪽에 있는 교토의 조정북조과 남쪽에

있는 요시노의 조정남조이 대립하는 남북조 시대가 열렸다.[26]

남북조 시대는 60여 년간 지속되다가 1392년 조선 왕조가 수립되던 해에 무로마치室町의 3대 쇼군인 아시카가 요치미쓰足利義満가 남조를 흡수하여 전국적인 지배권을 확립함으로써 해소되었다. 요치미쓰는 태정대신의 칭호를 획득한 뒤, 정치를 안정시켜 새로 건국한 명, 조선과의 외교관계도 열었다. 요치미쓰는 당시의 국제관계를 배경으로 명과의 조공 무역에 적극 나섰다. 그는 1407년 일본국왕을 자청하며 명과의 조공관계를 맺고 이후 16세기 중반까지 17차례에 걸쳐 조공무역 사절단을 파견했다. 이를 '감합勘合'이라는 증표가 있어야 할 수 있었다고 해서 '감합 무역勘合貿易'이라고 한다. 조선과도 1419년 조선 태종의 대마도 정벌로 왜구 세력이 제거되자 활발히 교류를 전개했다.[27]

가마쿠라 막부의 정치가 싯켄에 의한 전제 통치의 성격을 가졌다면, 무로마치 막부의 정치는 유력 무장 세력, 즉 슈고守護들의 연합정치적인 성격을 띠었다. 그 가운데 쇼군을 보좌하는 간레이管領 직을 맡은 4개의 가문이 강력한 영향력을 행사했는데, 아시카가足利, 시바斯波, 호소카와細川, 하타케야마畠山 등이었다. 지방에서는 슈고가 각지를 통제

---

*　무로마치 막부는 넓은 의미로는 아시카가 다카우지가 1336년 겐무시키모쿠(建武式目)를 제정하고 1338년 정이대장군(征夷大将軍)에 취임한 때부터 15대 쇼군 아시카가 요시아키가 1573년 오다 노부나가에 의해 교토에서 추방당하기까지의 237년간을 가리킨다. 그러나 고다이고 천황의 겐무 신정(建武新政)기를 포함한 최초의 약 60년간을 남북조 시대, 1467년 오닌의 난(応仁の乱) 이후를 전국 시대(戦国時代)로 구분하여 별도로 다루어, 1392년 메이토쿠의 화약(明徳の和約)으로 남북조가 통일된 이후부터 1493년 메이오 정변(明応の政変)까지의 약 1백 년간을 가리켜 좁은 의미의 무로마치 시대라고 구분하기도 한다. 무로마치라는 말은, 3대 쇼군 요시미쓰가 1378년 교토의 기타오지무로마치(北大路室町)라는 상황의 옛 거처에 새로운 저택을 지으면서 생겨났다. 이후, 역대 쇼군을 무로마치도노(室町殿)라 부르게 되면서 그 정권을 무로마치 막부라고 부르게 되었다. (위키 백과 참고)

하고 있었다. 1352년 아시카가 다카우지는 이들에게 장원 조세의 일부를 수취할 권한을 부여했다. '반제령半濟令'으로 불리는 이 조치는 슈고의 성장에 결정적인 역할을 했다.

반제령이란 본래 장원 영주에게 납부해야 할 연공 중에서 군량미라는 명목으로 그 절반을 슈고에게 주고, 슈고가 이를 다시 지방 무사에게 분급하는 제도였다. 원래는 전쟁이 치열했던 오미, 미노, 오와리 등 3개국에서 1년간 한정적으로 시행한 제도였으나 점차 영속적이고 전국적인 제도로 확산되었다. 그리하여 슈고는 점차 국내의 무사를 자신의 사적 가신단으로 편성해서 영국領國 전체를 지배해나갔다.[28] 처음 슈고는 막부가 파견한 단순한 지방행정관이었지만 시간이 흐르면서 자신의 가신단과 영지를 갖는 영주처럼 변해갔다. 이들을 슈고 다이묘守護大名라고 부른다.

그런데 이때 일본 정국을 근본적으로 뒤바꾸는 사건이 일어난다. '오닌의 난應仁の亂'이다. 이 사건의 직접적인 원인은 쇼군 가문의 후계자 계승 싸움에 있었다. 차기 쇼군 자리를 놓고 가쓰모토 세력과 모치토요 세력이 대립하다가 1467년 마침내 무력 충돌을 벌이게 되었으며, 이를 계기로 전쟁은 지방으로까지 확산되었다. 전쟁은 누구의 압도적인 승리도 없이 10년이나 끌었다. 1477년 전쟁은 끝났지만, 정국 상황은 처음과 많이 달라져 있었다. 무엇보다도 이 과정에서 쇼군의 권위가 추락했고, 이에 의존하던 중앙의 유력 귀족과 사원 세력도 크게 위축되었다.

또한, 슈고 다이묘들은 자신들의 영지로 내려갔으며 이들은 더 이상 쇼군의 통제를 받으려 하지 않았다. 이에 따라 유력 슈고들이 교토에 머물며 막부 정치에 참가하는 체제도 사실상 붕괴했다. 각 지역에서는 슈고 다이묘와 재지영주들이 귀족과 절의 영지를 침탈하여 자신의 영지로 삼는 일들이 빈번하게 일어났다. 이에 따라 무사와 더불어 중세의 지배층을 형성했던 귀족과 사원, 신사神社 세력은 더욱 약화되었다. 슈고 다이묘들도 상속을 둘러싼 내분이 거듭되면서 몰락했고, 슈고의 영지를 지방에서 대신 다스려온 유력 가신들에게 지위를 빼앗기는 일이 비일비재하게 일어났다. 하극상으로 불리는 이런 풍조는 전국 시대의 일반적인 특징이 되었다. 그리하여 오닌의 난 이후 약 반세기가 지나면서 유력 슈고 다이묘는 거의 몰락하고 새로운 세력인 '센코쿠 다이묘戰国大名'가 각지에서 할거하기 시작했다.[29]

전국 시대가 되었다. 하극상, 신의와 도덕의 붕괴, 극단적인 힘의 논리, 권모와 술수의 난무, 끊임없는 전쟁 ……. 중국의 전국 시대처럼 일본의 전국 시대도 힘이 지배하는 시대였다. 이 시기 각지의 슈고 다이묘들은 중앙의 통제를 받지 않고 자신의 영지를 독립적으로 다스리는 군주나 마찬가지였다. 그들을 센코쿠 다이묘라고 불렀다. 그들은 자신만의 법分國法을 만들어 시행했고, 지방에 거주하는 사무라이들은 자신이 거주하는 조카마치城下町로 옮기게 하여 가신들에 대한 지배를 강화했다. 군사와 농업이 완전히 분리되어 무사들은 전쟁에만 동원되도록 했으며 영지 내의 농경지를 정확히 파악하여 세금을 징수하기 위해 토지조사를 시행하고 인구와 호구도 파악했다. 이들은 자신의 영지에 대해 일원적으로 지배함으로써 그때까지 남아 있던 장원 내의 조정이나 사찰 세력을 약화시켰다. 이러한 센코쿠 다이묘들의 시책은 전국 시대의 분열을 끝내고 일본을 통일하는 도쿠가와 막부 시대에도 대부분 계

승되었다. 따라서 이 시기에 근세 일본의 초석이 놓였다고 말할 수 있겠다.[30]

1백 년에 걸친 전쟁의 시기를 끝내는 초석을 마련한 것은 오다 노부나가織田信長였다. 그는 서양에서 들여온 조총을 적극 이용한 새로운 전법으로 경쟁자들을 물리쳤다. 1573년 노부나가는 교토에 들어가 명목상으로만 존재하던 무로마치 막부를 멸망시키고, 사찰 세력의 저항도 잔인하게 진압했다. 그러나 그는 1582년 부하 장수의 배반으로 목숨을 잃음으로써 일본 통일의 대업을 마무리 짓지 못했다.

오부나가의 뒤를 이은 것은 토요토미 히데요시豊臣秀吉였다. 그는 오부나가의 세력을 장악한 뒤, 이를 발판으로 1590년 일본의 전국통일을 이루었다. 일본을 통일한 히데요시는 과감한 정책을 시행했다. 세원을 확보하기 위해 전국적인 토지조사를 실시했고, 농민들이 갖고 있던 무기를 몰수하여 반란의 가능성을 차단했다. 그러나 그는 1592년 무모하게 조선침략을 감행하여 조선을 전쟁터로 만들고 동아시아 삼국을 전쟁의 소용돌이 속으로 몰아넣었다.

조선에서 전쟁이 완전히 끝나기도 전인 1598년 히데요시가 사망했다. 그가 사망하자 전쟁도 끝났으며 일본 내부에서는 다시 권력 투쟁이 벌어졌다. 도쿠가와 이에야스德川家康는 1600년 세키가하라関ヶ原 전투에서 히데요시의 아들 히데요리를 지지하는 세력을 물리치고 새로운 권력자가 되었다. 일본의 권력을 장악한 도쿠가와 이에야스는 쇼군이 되어 새로운 막부 시대를 열었다. 그의 도쿠가와 막부는 1867년 메이지 유신으로 타도될 때까지 260여 년을 지탱했다.

9. 고구려, 백제, 신라, 발해

만주와 한반도 여러 국가의 발흥과 쇠퇴

삼국 시대인가 오국 시대인가

세계 어디를 보아도 고대사는 의문투성이인 경우가 허다하다. 그것은 그 시대를 객관적으로 보여줄 기록이 부족하고 부정확하기 때문이다. 설령 명확한 기록 자료가 남아 있더라고 그것을 누가 썼는가에 따라서 그 내용이 달라지며, 그 문헌의 진위나 진실 여부를 판별하는 것도 쉬운 일이 아니다. 문헌 기록 자료를 보충해줄 수 있는 것이 유물이나 유적이지만 이 또한 불충분하며 그에 대한 해석도 각기 다를 수 있다. 한국 고대사도 당연히 이 같은 문제를 안고 있다. 한국 고대사를 둘러싼 논란은 수없이 많고 앞으로도 그 문제를 쉽게 해소하기는 어려울 것이다. 물론 그 점은 다른 나라의 역사도 마찬가지이다.

한국 역사의 첫 출발점이 되는 고조선의 건국 시기와 강역, 중심지역과 그 유물들, 중원 국가들과의 관계, 그리고 고조선을 가능케 한 고대 문명 등 무수히 많은 것들이 여전히 논쟁거리로 남아 있다. 고조선과 관련된 논란에 대해서는 이미 앞에서 다루었으므로 여기서 다시 거론할 필요가 없을 것이다. 그런데 고조선과 함께 공존하다가 고조선 멸망 이후 오랫동안 존속한 부여와 삼한 등에 대한 연구는 대단히 부족한 상태이며, 그러다 보니 오히려 이와 관련된 쟁점은 크게 드러나지 않고 있다. 연구가 축적되어야 하고 그와 관련된 구체적인 내용이 있어야 쟁점도 나오는 법이다.

반면, 그다음 국가들, 즉 고구려, 백제, 신라, 가야 등에 대해서는 많은 연구가 축적되어 있지만 동시에 쟁점도 많다. 주로 중국 문헌에 의존해야 하는 한계가 있기는 하지만 이 시대와 관련된 기록 자료들도 광범위하게 존재하기 때문에 넓은 범위에서 역사적 실체를 규명하는 데에는 큰 어려움이 없다. 『삼국사기』와 『삼국유사』 등 우리나라의 기록 자료들도 일부 존재하고, 유물과 유적 또한 부족한 기록 자료들을 보충해 줄 정도는 발굴되고 있다.

그럼에도 여전히 이 시기의 역사적 사실에 대한 해석을 둘러싸고 많은 쟁점이 존재한다. 예를 들면 광개토 왕 비문이 남아 있어서 그 시기의 역사적 실체 규명에 많은 도움이 되고 있지만, 명문 해석을 둘러싸고 한국과 일본 학자들 사이에 큰 견해 차이를 보이고 있다. 백제 왕이 왜왕에게 주었다고 알려진 '칠지도七支刀'에 대한 해석이나 소위 '임나일본부설'의 실체를 둘러싸고도 다양한 견해가 제기되고 있다.* 한

---

* 우리가 삼국 시대로 부르는 시기의 역사와 관련해서는 주로 일본과 견해 차이를 보이는 것들이 많다. 이는 일본의 최고의 정사로 평가되는 『일본서기』의 기록 때문이다. 일본서기는 720년에 편찬된 것으로 알려져 한국의 현존하는 최고의 정사인 1145년에 편찬된 김부식의 『삼국사기』보다 그 연대가 훨씬 앞선다. 하지만 이 일본서기는 많은 내용이 조작되었다는 것이 구체적인 부분에서 확인되어서 그 내용의 상당 부분이 진위를 의심받고 있는 실정이다. 특히 한국 고대사와 관련하여 일본서기에서 허위로 의심을 받고 있는 내용은 초기 역사 부분이다.

국 고대사를 둘러싼 논쟁은 이처럼 국가에 따라 입장이 갈리는 것도 있지만, 국내적으로 견해차를 보이는 부분도 적지 않다.

우리가 쉽게 접할 수 있는 문제 가운데 하나가 '삼국 시대', '삼국통일'이라는 용어의 사용도 그런 경우라 할 수 있을 것이다. 우리는 그동안 아무런 문제의식 없이 이 같은 표현을 사용해왔고, 지금도 교과서에서는 이 용어를 그대로 사용하고 있다. 하지만 이러한 용어가 부적절하다는 문제 제기는 꾸준히 있어 왔고, 지금에 와서는 여기에 공감하는 인식도 상당히 확산되고 있다. 그럼에도 여전히 이 문제 대해서는 의견의 일치를 보지 못하고 있다.

삼국이란 고구려, 백제, 신라를 의미하지만, 이들 국가와 병존하면서 오랫동안 한국 고대사의 한 부분을 차지한 국가로 부여와 가야, 그리고 발해가 있다. 이들 국가 중에서 가장 먼저 시작된 부여의 경우, 기원전 4~3세기경에 이미 그 실체가 중국 문헌에 등장하고 있으며, 494년 고구려에 의해 멸망하기까지 대략 8백 년 이상 존속했다. 그런데 김부식의 『삼국사기』의 기록에 따르면, 고구려는 기원전 37년에 건국되어 668년에 멸망했고, 백제는 기원전 18년에 시작되어 660년에 멸망했으며, 신라는 기원전 57년에 시작되어 935년에 문을 닫았다. 또한, 가야는 기원후 42년에 시작되어 562년 신라에 병합되면서 사라졌다.

그렇다면 이들 다섯 국가가 병존한 시기는 가야가 시작된 42년부터 부여가 멸망한 494년 동안 무려 452년간이나 된다. 물론 고구려, 백제, 신라가 병존한 기간은 백제의 건국부터 멸망까지의 기간으로 678년간이나 된다. 그러나 이 678년 가운데 452년은 가야와 부여도 함께 존재한 시기였다. 그렇게 보면 삼국 시대란 표현은 수정되는 것이 마땅

하지 않을까? 또한, 신라에 의한 삼국통일에 대해서도 비슷한 문제를 제기할 수 있다.* 사실 신라가 멸망시킨 것은 고구려와 백제뿐만 아니라 가야까지 포함된다. 그렇다면 이 또한 삼국통일이 아니라 사국통일이 맞는 것은 아닐까? 여기에 이미 부여를 멸망시킨 고구려가 있으니 오국통일이라고 하는 것은 어떨지?[1]

이미 고대사와 관련해서 삼국 시대라는 사고가 고착된 사람들에게는 이런 식의 질문이 아마도 쓸데없게 들릴지도 모른다. 그러나 우리가 이런 문제의식을 느끼는 것은 당연히 필요한 일이다. 모든 학문이 그렇듯이 역사학도 의문을 제기한 데서 발전이 있기는 마찬가지이다. 물론 아직은 우리에게 삼국 시대라는 표현이 익숙하고 또 이를 바꿀만한 충분한 논리적 근거가 마련되었다고 보기 어려운 점도 없지는 않다.[2] 따라서 우리는 삼국 시대, 삼국통일이라는 용어를 적절한 형태로 사용하도록 할 것이다. 그렇지만 여기서 이런 문제 제기를 전면적으로 수용하지는 못하더라도 이 같은 문제의식을 느끼고 한국 고대사를 보는 것은 필요하다는 점은 지적하고 싶다.

그런데 고구려, 백제, 신라, 발해는 고대 국가의 영역에 포함되지만, 통일신라와 발해는 중세, 또는 중세로 넘어가는 과도기에 존재한 국가이다. 이런 점 때문에 고대사 부분에서 다루지 않고 중세사 부분에서

---

* 신라의 삼국통일론에 대해서 부정적인 견해를 피력하는 사람들은 신라가 당 나라라는 외세를 끌어들여 같은 민족인 고구려와 백제를 무너뜨렸을 뿐만 아니라 고구려의 영토 대부분을 흡수하지 못한 채 당에 넘겨주고 말았다는 점을 지적한다. 따라서 이는 통일이라고 말할 수 있는 근거를 상실한다는 것이다. 게다가 고구려가 멸망한 뒤 그 지역에 '고구려 계승'을 표방하며 발해가 건국되었으므로 신라와 발해의 남북국 시대가 성립된 것으로 보아야 한다는 주장도 제기되고 있다.

함께 다루게 되었다. 이는 한국사의 특징과도 약간은 관계가 있다. 사실 한국사의 경우 많은 왕조 국가들이 중국과는 달리 상당히 오랫동안 존속했다. 고대사에 등장하는 고구려, 신라, 백제, 부여가 모두 7백 년 이상 긴 기간 존속했으며, 중앙집권국가로 발전하지 못했다고 평가되는 가야조차도 5백 년 이상 존속했다. 고구려와 백제의 경우는 김부식의 『삼국사기』의 기록과는 달리 역사가 최소한 1~2백 년은 앞당겨지는 것이 타당하다고 보는 견해가 많다는 걸 감안하면 삼국은 거의 1천 년의 역사를 갖고 있다고 볼 수 있다.

이들 한국사의 고대 국가들은 중국 왕조들보다 최소한 2~3배의 긴 존속기간을 갖고 있다. 그러다 보니 삼국, 특히 신라는 그 성격이 단순히 고대 국가로만 한정 짓기 어려운 점이 있다. 그 긴 기간 동안 국가의 성격에 많은 변화가 있었다는 이야기이다. 결국, 그 때문에 삼국과 발해는 모두 중국사에서 중세사에 해당하는 당 나라와도 밀접한 연관 관계를 갖게 되었다. 고구려는 중국의 제2제국 시기라고 할 수 있는 수·당과 오랫동안 전쟁을 계속했으며, 백제와 고구려 모두 당에 의해 멸망했다. 발해는 당의 시대에 건국되어 거란에 의해 멸망했다. 신라도 발해와 거의 비슷한 시기에 고려에 의해 사직의 문을 닫았다.

만주와 한반도 북부에서 발전한 고구려

김부식의 『삼국사기』에 따르면, 세 나라 가운데 건국 연대가 가장 빠른 것은 신라이다. 그다음이 고구려, 백제의 순이다. 신라는 기원전

57년, 고구려는 기원전 37년, 백제는 기원전 18년으로 되어 있다. 그러나 이 건국 순서를 믿는 사람은 그다지 많지 않은 것 같다. 아마도 통일신라에서 고려로 이어지는 정통성을 유지하기 위해서 이 부분은 윤색되었을 것으로 보는 것이 많은 사람의 생각이다. 한국사를 연구하는 학자들은 대체로 만주 지역에서 시작된 고구려가 가장 먼저 출발했다고 보고 있다.[3] 한영우 교수는 고구려는 기원전 2세기 이전에 성읍 국가로 출발했으며, 기원전 1세기에 주몽에 의해 한층 규모가 큰 연맹왕국으로 발전했다고 보고 있다. 구체적인 표현은 차이가 있더라고 대부분의 한국사 개론서들은 이런 입장을 취하고 있다.

고구려는 압록강 주변의 산악지대에서 시작되었다. 이곳은 농토가 부족했으므로 약탈에 의지하지 않을 수 없었다. 고구려는 열악한 자연조건을 극복하기 위해 전문 군사집단을 양성하여 초기부터 강력한 팽창 정책을 추구했다. 비류국, 행인국, 조나, 주나, 개마국, 조다국 등 주변국을 복속시키며 영역을 확대했으며, 한반도 북부 동해안의 동예와 옥저에도 세력을 뻗어 조공국으로 삼다가 이를 통합했다. 1세기 초에는 부여와 전쟁을 치러 세력을 강화했으며, 1세기 말에는 낙랑국을 멸망시키는 등 주변 소국들의 통합에 성공했다.

또한, 말타기와 활쏘기에 능했던 고구려군은 2세기 초에는 한 나라의 동방 군현을 공격하며 요동 진출을 시도했으며, 북중국의 중심인 태원太原 지방*을 공략하기도 했다. 고구려는 보병 위주의 주변국들과 달리 기마 문화를 갖고 있어서 영역을 확대하는 원동력이 되었다. 고

---

*   지금의 북경 근방 지역을 말한다.

구려는 건국 신화에서 볼 수 있듯이 자신들이 천손의 자손이라는 강한 자부심을 느끼고 있었고, 고조선의 후예라는 자각 속에서 옛 영토를 회복하고자 하는 강한 목표의식을 가졌다. 그 때문에 고구려는 건국과 함께 빠른 속도로 영토를 확장했고, 주변국들을 압도하게 되었다.[4]

유목국가로 출발한 고구려는 평야지대를 차지하면서 철제 농기구와 소를 활용하며 급속히 농업국가로 변모해갔다. 특히 제9대 고국천왕179~197년 재위 때의 재상 을파소는 흉년이나 춘궁기에 국가가 농민에게 양곡을 빌려주었다가 수확기에 갚게 하는 진대법賑貸法이라는 구휼제도를 시행했다. 고구려는 농경 문화와 기마 문화가 함께 어우러져서 군사력과 경제력, 문화 능력을 고루 갖춘 국가로 발전할 수 있었다. 또한, 고구려는 5부족 연맹체로 구성되었지만, 왕과 부족의 대가大加들 사이에는 엄연한 차별이 있었으며, 중앙집권화가 되어가면서 이들 대가는 중앙 귀족으로 편입되었다. 그에 따라 계루부, 소노부, 연나부, 환나부, 관나부의 5부는 점차 행정단위인 방위명부로 변해갔고, 정치는 국상을 중심으로 다양한 관직이 만들어지면서 정비되어 갔다. 군대의 구성 또한 점차 귀족에서 일반인으로 그 대상 범위가 늘어나면서 국가의 역량도 커졌다.[5]

고구려의 대외팽창은 4세기에 접어들면서 큰 전기를 맞게 된다. 그 무렵 중국의 통일 왕조인 진 나라가 무너지고 북방 유목민족의 이동과 정복 활동이 활발해지면서 동아시아 전체가 격동기에 휩쓸렸다. 이런 국제적인 변동기를 맞아 고구려는 남으로 낙랑군과 대방군을 병합하고, 서로 요동 진출의 지배권을 둘러싸고 유목민 출신의 왕조와 각축을 벌였으며, 북으로는 송화강 유역에 자리 잡고 있던 부여를 복속시

컸다. 고구려는 강해진 국력을 바탕으로 요동으로 진출하기 위해 중국과 대립했으며, 이를 위해 동천 왕 때 요동의 서안평을 공격했다. 그러자 위魏 나라는 두 번에 걸쳐 고구려를 대대적으로 공격했다. 이때 고구려는 수도인 국내 성이 함락되고 왕은 동해의 옥저 땅까지 피난 가야 할 정도로 큰 타격을 받았다.[6]

그러나 미천 왕 때에 고구려는 다시 요동으로 진출했다. 그때 중국은 삼국을 통일한 진晉 나라가 내분으로 세력이 약해져 있었다. 미천 왕은 3만 명의 군대를 이끌고 현도 성을 공격하여 8천여 명의 포로를 사로잡고 다시 서안평을 공격하여 요동 진출의 발판을 마련했다. 이러한 고구려의 급속한 대외 팽창은 4세기 후반 남쪽으로부터 백제, 서쪽으로부터 모용연前燕의 반격을 받아 일시적으로 위기에 봉착했다. 중국 전연의 모용연이 4만의 군대를 이끌고 쳐들어왔으며, 이때 고구려는 수도 환도 성이 불타고 선왕의 무덤이 파헤쳐지는 수모를 당했다. 또한, 남쪽에서는 백제 근초고 왕의 공격으로 고구려의 고국원 왕은 평양 성 전투에서 전사했던 것이다.

위기를 맞은 고구려는 통치체제를 정비하고 새로운 전략을 세워 넓어진 국경을 방비하고자 했다. 소수림 왕은 불교를 받아들여 지배층과 백성 사이에 두루 사상적 통일을 꾀하고 교육기관인 태학을 설립해 인재를 길렀다. 또한, 373년에는 통치의 기본골격이 되는 법제인 율령을 반포하여 지배 질서를 확고히 마련했다. 고구려는 이를 바탕으로 삼국 가운데 가장 먼저 고대국가 체제를 정비하고 삼국 사이에서 주도권을 장악했으며, 광개토 왕, 장수 왕, 문자 왕 치세에 눈부신 발전을 이루었다.[7]

광개토왕릉비의 복제품

특히 고구려의 광개토 왕은 열여덟 살의 젊은 나이로 왕위에 올라 대대적인 정복사업을 벌여 고구려를 동아시아의 강국 반열에 올려놓 았다. 그는 먼저 4만 명의 병력으로 백제를 공격하여 임진강 일대를 차지했다. 이는 백제에 대한 보복이었으며 요동 공략을 앞두고 후방의 위협을 없애려는 조치이기도 했다. 이어서 북쪽의 거란을 향한 원정에 나서 6백~7백 개의 촌락을 파괴하고 가축을 빼앗았다. 그리고 고구려는 다시 백제를 공격했다. 광개토 왕은 백제 본토 깊숙이 공격해서 여러 성을 빼앗은 뒤 한강을 건너 백제의 수도로 진격했다. 반격에 실패한 백제는 남녀 1천 명과 좋은 베 1천 필을 바치고 항복하고 말았다. 광개토 왕은 백제 왕의 동생과 대신들을 인질로 데리고 군대를 돌렸다. 고구려는 임진강 이북 지역을 완전히 차지했으며, 신라 또한 공략하여 고구려에 복속하도록 했다.

남쪽의 위협을 제거한 고구려는 이제 서북으로 북위와 후연에 대한 공격에 나섰다. 남방원정 동안 고구려를 침략한 이들에 대한 응징을 위해서였다. 고구려 군대는 요하를 건너 후연 영토 깊숙이 진격하여 요동, 요서 지방을 모두 정복했다. 이로써 고구려는 고국원 왕 때의 수모를 갚았으며, 한 나라에 빼앗겼던 고조선의 옛땅을 7백 년 만에 되찾았다. 고구려는 그 여세를 몰아 동북방의 부여와 말갈까지 완전히 굴복시켰다. 이렇게 해서 고구려는 북으로 흑룡강, 남으로 임진강, 동으로 연해주, 서로는 내몽골과 중국 북부에 이르는 광대한 지역을 차지한 대제국이 되었다. 광개토 왕의 정복사업과 고구려가 천하의 중심이라는 고구려인의 자부심은 광개토왕릉비廣開土王陵碑[*]에 그대로 나타나 있다.[8]

---

* 현재 중화인민공화국 지린 성 지안현 통거우에 있는 고구려 제19대 광개토 왕의 능비다. 414년 광개토 왕의 아들 장수 왕이 세웠으며, 응회암(凝灰岩) 재질로 높이가 약 6.39미터, 면의 너비는 1.38~2.00미터이고, 측면은 1.35~1.46미터지만 고르지 않다. 대석은 3.35× 2.7미터다. 네 면에 걸쳐 1천 775자가 화강암에 예서로 새겨져 있다. 그 가운데 150여 자는 판독이 어렵다. 내용은 대체로 고구려의 역사와 광개토 왕의 업적이 주된 내용이며, 고구려사 연구에서 중요한 사료(史料)가 된다. 또한 전한(前漢) 예서(隷書)의 서풍으로 기록되어 있어 금석문 연구의 좋은 자료가 된다. 이 비석은 조선 후기까지 확인된 적이 없었다. 그러다가 청의 만주에 대한 봉금제도가 해제된 뒤에야 비로소 발견되었다.

광개대토 왕의 뒤를 이은 장수 왕 또한 분열되어 있던 중국의 여러 왕조와 다각적인 외교를 펼치면서 고구려를 동아시아 최강대국으로 발전시켰다. 427년 장수 왕은 고구려의 수도를 평양으로 옮겼다. 광개토 왕 시대를 통해 대륙국가로 발전한 고구려가 장수 왕 대에 와서 평양으로 도읍을 옮긴 이유는 무엇이었을까? 대내외적인 조건을 감안한 조치였을 것이다. 이와 관련 역사학자 김기협은 이런 평가를 하고 있다.

광개토대왕 이후 고구려는 반도를 깔고 앉아 있는 모습의 대륙국가였다. 그런데 장수왕이 남쪽으로 왕도를 옮긴 것은 무슨 까닭이었을까? 광개토왕에서 장수왕에 걸친 국토 확장은 서북방에 집중된 것이었으므로 새 제국의 중심은 그 방향으로 옮겨졌을 것이다. 그리고 규모가 큰 제국은 방위상 가장 민감한 방면에 수도를 두어 대비 자세를 취하는 것이 상례다. 427년 장수왕의 천도는 당시 상황에 비추어 선뜻 이해가 가지 않는 방향이었다.

북위가 북중국의 패권을 장악해감에 따라 그와의 첨예한 대결을 회피하면서 배후지역의 발전을 도모한 움직임으로 이해된다. 또한, 당시 고구려 제국의 복합적 구조에도 이유가 있었을 것으로 생각한다. 압록강 유역에서 한강 유역에 이르기까지 반도의 서북부 일대는 고구려의 판도 중 농업이 가장 발달한 지역이었다. 5세기 이후의 고구려에서는 이 지역이 산업구조가 다른 여타 지역과 차별되는 제국의 핵심부로 자라나 있어서, 그 지역의 중심부로 수도를 옮긴 것이 아닌가 생각된다.[9]

장수 왕의 평양 천도는 옛 수도에 자리 잡은 다섯 부족의 세력을 약화시키고 왕권을 강화시키는 방법이기도 했을 것이다. 평양으로 수도를 옮긴 고구려는 남쪽으로 공격의 방향을 돌렸다. 고구려의 남하 정책에 위기를 느낀 백제는 북위에 구원을 청하는 한편, 신라와 동맹을 맺어 대항했다. 그러나 고구려의 기세는 신라와의 동맹으로도 막아낼 수 없었다. 475년 장수 왕은 3만 명의 병력으로 백제의 서울 한성을 함락시키고 도망치는 개로 왕의 목을 베었다. 고구려에 한강 유역을 빼앗긴 백제는 수도 방어에 유리한 금강 유역의 산간 지역인 웅진지금의 공주으로 옮겼다. 반면 고구려는 한강 유역을 포함하여 죽령, 조령 일대로부터 남양만에 이르는 선까지 국토를 넓혔다.

고구려는 광개토 왕과 장수 왕 치세에 가장 강성한 위용을 자랑했다. 이 시기 고구려는 만주와 한반도에 걸치는 넓은 영토를 개척하고 안으로는 국가체제를 정비해 동북아시아의 패자로 군림했다. 이러한 고구려의 모습은 중국이나 북방 유목민족의 천하 질서와는 다른 고구려만의 또 다른 독자적인 세계였다. 그러한 고구려의 세계에는 물론 한반도의 백제와 신라를 포함하여 북방의 부여, 거란, 읍루말갈, 후연 등도 포함되어 있었다.[10]

백제의 성립과 발전

백제는 한강 유역의 토착 세력과 고구려에서 이탈한 유이민 세력의 결합으로 성립된 나라이다. 건국 설화에 따르면, 백제의 시조는 고구려의 왕자인 비류와 온조 형제이다. 이들은 고구려를 탈출하여 지금의 인천 지역인 미추홀과 한강 유역에 각각 나라를 세웠으나 얼마 후 미추홀에 있던 비류가 자기 세력을 끌고 와서 온조 세력에 합류했다. 백제는 비류계와 온조계가 연합해서 지배 세력을 형성한 것으로 파악하기도 한다. 처음에는 형인 비류계가, 나중에는 온조계가 주도권을 쥔 것으로 보기도 한다.

백제의 초기 수도는 풍납토성風納土城이 유력한 것으로 지목되고 있다. 풍납토성은 기원 전후에 만들어진 것으로 여겨지고 있는데, 길이가 4킬로미터, 높이가 9미터, 성벽 아래쪽 너비가 40미터에 이르는 대형 토성이다. 이러한 거대한 성을 쌓기 위해서는 수준 높은 기술과 엄청난 인력을 동원할 수 있는 강력한 사회조직이 존재해야 가능한데, 이는 국가 조직이 이미 형성되었다는 증거로 파악된다. 이것은 기원 전후 시기에 문화적, 경제적으로 발달한 백제 국가가 한강 유역에 존재했음을 말해준다. 백제 초기 지배자들의 무덤이 석촌동 일대에서 발견되는데, 이들 백제고분군은 한 면의 길이가 50미터가 넘는 대형 적석무덤으로 되어 있다. 이 무덤은 고구려의 장군총과 같은 형태로 백제 지배층이 고구려에서 이주해왔음을 증명해주는 것이다.[11]

백제가 건국 초기부터 이렇게 빨리 성장할 수 있었던 것은 한강 유역의 비옥한 농경지대 덕분이라고 여겨진다. 한성 백제인들은 비옥한 농경지대와 한강 수로를 이용한 활발한 교역 활동, 그리고 지배층의 선진 문화를 바탕으로 급속히 성장했다. 특히 한강 유역을 확보함으로

＊ 서울 송파구에 있는 토성 유적이다. 풍납토성이 처음 발견된 것은 1925년의 대홍수 때이며, 지난 1997년 아파트 공사를 계기로 다량의 백제 유적과 유물이 발견되어 학계의 주목을 받았다. 이 유적이 바로 한성 백제 시대(온조 왕~개로 왕)의 이른바 '하남위례성'이라고 여겨지고 있다.

써 그들은 한의 군현인 낙랑군과 대방군이 삼한 지역에 영향력을 미치는 것을 차단하고 중계 무역권을 장악, 빠르게 발전할 수 있었다. 백제는 3세기 중엽 고이 왕 때 6좌평을 두어 중요 업무를 분장했으며, 율령을 반포하여 관리들의 등급과 복장 등을 제정하고 군사 등 국가제도를 정비했다. 초기 백제는 마한 54개국 중 하나였지만, 이 무렵부터는 마한 영토의 대부분을 차지한 고대 국가로 발전했다.

백제는 4세기에 강력한 고대 국가로 성장했다. 근초고 왕은 대대적인 정복사업을 펴는 한편, 왕권 강화에 힘썼다. 그의 대에 왕위가 형제상속에서 부자상속으로 바뀌었으며, 왕비족도 진 씨로 고정되었다. 근초고 왕은 먼저 낙동강 유역의 몇 개 소국을 정복한 다음, 이어서 영산강 유역의 마한 소국들을 정복하여 영토를 남해안까지 확대했다. 그는 다시 북으로 눈을 돌려 옛 대방大方* 땅으로 나아가 고구려군을 물리치고 5천 명을 포로로 잡았다. 근초고 왕은 정예부대를 이끌고 평양 성으로 쳐들어갔고, 이때 마침 사냥하러 나왔던 고구려의 고국원 왕을 살해하는 전과를 올렸다.

백제는 근초고 왕의 치세 동안 현재의 경기도, 충청도, 전라도와 낙동강 중류 지역, 강원도, 황해도 일부를 차지하며 위세를 떨쳤다. 백제는 이러한 국력을 기반으로 중국 남조의 왕조들과 교류하는 한편, 왜와도 긴밀한 관계를 유지했다. 이때 백제인들 상당수가 일본으로 건너가 활약했으며, 멀리 바다를 건너 중국의 요서 지방과 산동 반도 일대

＊   한강 이북 경기도 지역과 자비령 이남 황해도 지역을 가리킨다. 대방군(帶方郡)은 중국의 삼국 시대의 군벌 공손강(公孫康)이 204년에 설치한 행정구역이다. 본래는 진번군의 일부였으나 기원전 82년에 낙랑군에 편입되었다가 이때에 분할되어 군으로 승격되었다. 대방군은 314년 고구려에 의해 멸망한다.

를 점령하기도 했다. 백제의 중국 지배에 대해서는 완전한 영토적 지배였다는 주장과 상업적인 거래를 위한 진출이라는 주장, 당시 상황에서는 그것이 불가능하다는 주장 등으로 의견이 분분한 상황이다. 하지만 중국 측 기록에 나타난 백제의 해외 영토 지배 사실을 전면적으로 부인할 수 없는 것은 분명하다. 이러한 기록들을 통해 백제가 활발한 대외진출을 할 만큼 충분한 국력과 해양 능력을 갖추고 있었음을 확인할 수 있다.[12]

그러나 이후 광개토 왕의 공격이 계속되고 장수 왕의 남하 정책으로 백제는 큰 위기를 맞게 되었다. 장수 왕이 공격해오자 신라와 동맹을 맺고 맞섰으나 개로 왕이 전사하고 위례성도 함락되어 웅진으로 천도하지 않을 수 없었다. 백제는 그 뒤 신라와의 동맹을 강화하고 이를 위해 왕실 사이에 혼인까지 맺었다. 백제는 신라와의 동맹을 기초로 고구려의 공격을 효과적으로 물리쳤으며, 내적인 정비를 통해 재기의 발판을 마련할 수 있었다. 538년 국력이 어느 정도 충실해지자 성왕은 수도를 평야지대인 사비^{지금의 부여}로 옮기고 국호를 남부여라 하여 중흥을 꾀했다. 또한, 백제는 중앙에 22부를 두어 통치제도를 정비하고 불교를 진흥시켜 사상적 통일도 도모했다. 551년 백제는 고구려가 왕위계승을 둘러싸고 지배층 사이에 분열이 일어난 틈을 타서 신라와 함께 공격을 퍼부어 한강 유역의 땅을 다시 회복할 수 있었다.

그러나 2년 뒤 동맹군이었던 신라는 백제의 땅이었던 한강 하류 지역을 급습해서 빼앗았다. 신라의 배신에 격분한 백제는 신라를 공격했으나 경주로 통하는 첫 관문인 관산성^{지금의 옥천} 싸움에서 성 왕이 전사하고 3만 명의 병사가 몰살당하는 패배를 겪었다. 이후 백제는 신라와

철천지원수가 되었고, 그에 따라 한반도의 패권을 둘러싸고 삼국 간에 치열한 각축전이 전개된다.[13]

신라의 늦은 출발과 발전

신라는 한반도 동남부의 외진 지역인 경주에서 출발했다. 경주는 알찬 양산촌을 비롯한 6촌민이 모여 사로국을 이루는 곳이었고, 신라는 박·석·김 3개 성씨집단이 왕위를 차지했다. 하지만 초기의 왕들은 6촌 전체를 통제하지 못하고 6촌의 지배자들과 회의를 통해 나라를 다스렸다. 그래서 초기 왕의 호칭은 연장자를 의미하는 이사금이었던 것이다. 박혁거세가 기원전 57년에 건국했다고 알려졌지만 신라가 자신의 존재를 드러내기까지는 상당한 시간이 필요했다.

신라의 건국 설화에 따르면, 고구려나 백제와는 달리 사로국에 살던 6개 촌의 우두머리들이 하늘에서 내려온 박혁거세를 왕으로 받들었다고 한다. 이는 박혁거세와 6촌장들이 서로 연합하여 나라를 세웠음을 의미한다. 고조선이 멸망한 뒤 많은 이주민이 남쪽으로 몰려들었고, 경주 지역에도 스스로 고조선의 이주민이라는 사람들이 많이 몰려들었다. 이들은 모두 철제도구를 사용할 줄 알았으며 토착 세력에게 적지 않은 영향을 미쳤다. 결국, 신라의 건국 설화는 우수한 철기를 가진 박혁거세의 이주민 집단이 경주의 토착 세력인 6촌 집단을 지배하면서 국가로 성장한 것을 반영하고 있다.[14]

사로국은 여기에 동해안 지역에서 진출해온 석탈해 세력과 김알지 세력이 지배 세력에 가담하면서 박·석·김의 3대 세력이 초기 지배층을 형성했다. 이 과정에서 사로국은 주변의 소국들을 병합하거나 정복하면서 발전했다. 신라는 먼저 동남해안에 있던 울산과 동래 지역의 소국들을 정복하고, 중국과 일본으로 연결되는 뱃길을 열 수 있었다. 다음으로 신라는 동해안 지역과 낙동강 유역으로 진출했으며, 2세기 중반쯤에는 낙동강 동쪽, 소백 산맥 남쪽, 동해안의 강릉 남쪽에 존재하던 소국들을 대부분 복속시켰다. 이러한 기초 위에서 신라는 4세기 말부터 급속히 발전하기 시작했다.

신라의 왕위는 박·석·김의 세 성씨가 돌아가면서 차지했다. 이는 초기 여러 세력이 연합해서 이루어졌기 때문에 불가피한 일이었다. 또한, 신라는 이와 함께 독특한 신분제도인 골품제를 마련하여 지배층의 권위를 보장했고, 국가의 중대한 일들은 왕족들의 회의인 화백和白에서 결정했다. 13대 미추 왕은 알지의 후손으로 김 씨로서는 처음으로 왕위에 올랐고, 17대 내물 왕 다음부터는 김 씨가 계속 왕위를 이어갔다.

신라는 4세기 말 내물 마립간 때부터 낙동강 동쪽의 진한 지역을 차지하면서 빠르게 발전하기 시작했다. 이때부터 왕에 대한 칭호도 대장군을 뜻하는 마립간으로 바꾸고 고구려와 백제, 그리고 화북 지역의 전진과 교류하면서 본격적으로 국제무대에도 얼굴을 내밀었다. 하지만 400년 신라를 공격해온 백제-왜 연합군의 침략을 막는 과정에서 구원군을 보내준 고구려 광개토대왕의 군대가 신라에 주둔하는 상황이 빚어졌다. 이후 신라는 한동안 고구려의 속국 노릇을 해야 했고, 많은 부분에서 간섭을 당해야 했다. 경주 호우총에서 발견된 호우라는 그릇에는 광개토대왕의 이름이 새겨져 있어서[*] 당시 이 같은 고구려의 영향력을 확인시켜 주고 있다.[15]

힘이 미약했던 신라는 고구려와 왜에 인질을 보내는 등 초기에 적지 않은 고초를 겪어야 했다. 내물 왕 때에는 셋째 아들 미해를 왜왕의 요청으로, 눌지 왕 때에는 동생 보해를 고구려 장수 왕의 요청으로 인질로 보내야 했던 것이다. 이들은 몇십 년씩 붙잡혀서 고향으로 돌아오지 못했으나 박제상의 지혜와 용기로 가까스로 돌아올 수 있었다. 하지만 6세기가 되면서 신라의 사정도 달라지기 시작했다. 6세기 초 지증 왕 때에는 농업생산이 크게 발전했는데, 이는 농사기구의 개량과 소를 이용한 우경이 큰 역할을 했다. 농업생산의 발전과 함께 순장도 금지되었고, 수도인 경주에서는 시장도 열렸다. 503년 나라 이름도 신라新羅[**]로 바꾸었으며, 이를 계기로 왕권도 강화했다. 왕의 칭호도 중국식의 '왕'으로 바뀌었다. 우산국울릉도을 비롯한 주변 지역의 정복도 진행되었다.

법흥 왕 때에는 율령을 반포하고 중앙집권국가로서의 체제를 정비

---

[*] 호우명(壺杆銘) 그릇은 경상북도 경주시 호우총에서 발견된 청동 그릇이다. 정식 명칭은 '광개토대왕공적기념호우(廣開土大王功績紀念壺杆)'다. 1946년 발견되었으며, 이 그릇 밑바닥에는 '을묘년 국강상 광개토지호태왕'이라는 글씨가 새겨져 있어서 당시 신라와 고구려의 관계를 알 수 있게 해준다.

[**] 503년 겨울 10월에 여러 신하가 아뢰기를 "시조께서 나라를 창업하신 이래로 국호가 정해지지 않아 혹은 '사라(斯羅)'라 일컫고, 혹은 '사로(斯盧)'라 일컬었으며, 혹은 '신라(新羅)'라고도 하였습니다. 저희는 '신'이라는 글자는 덕업이 날로 새로워진다는 뜻이고, '나'라는 글자는 사방을 망라한다는 뜻으로 생각해온즉, 이를 나라 이름으로 삼는 것이 좋을 듯합니다. 또 예로부터 나라를 가진 이들을 보면 모두 '제(帝)'나 왕(王)'을 일컬었거니와, 우리 시조께서 나라를 세워 지금에 이르기까지 22세 동안 단지 방언으로만 왕호를 일컫고 존귀한 칭호를 바로잡지 못했습니다. 이제 여러 신하가 한뜻으로 삼가 '신라 국왕'이라는 칭호를 올리나이다." 라고 하니, 왕이 그대로 좇았다. (김부식 지음, 『삼국사기』 본기, 위키 백과 재인용)

했으며, 귀족들의 반대를 무릅쓰고 불교를 공인하여 국가적인 사상통일을 도모했다. 다음 진흥 왕이 등장하면서 신라는 활발한 정복 활동을 벌이기 시작했다. 가야 연맹을 정복함으로써 낙동강 유역을 확보했으며, 백제와 연합하여 고구려로부터 한강 상류의 10개 군을 빼앗았다. 그다음에는 다시 백제가 차지하고 있던 한강 하류 지역을 빼앗아 한강 유역을 독점했다. 신라는 한강 유역을 장악함으로써 중국과의 교류도 원활하게 하는 길을 열었다. 신라는 또한 북쪽으로 공격방향을 돌려 강원도와 함경도 해안지방까지 진출했다. 진흥 왕이 정복한 지역에는 순수비를 세워서 그들의 위세를 과시했다.[16]

오늘날까지 남아 있는 창녕비, 북한산비, 마운령비, 황초령비, 적성비 등의 진흥 왕 순수비는 그 시기 신라의 정복 활동의 위업을 상징적으로 보여주고 있다. 진흥 왕은 국력 팽창에 힘입어 자신을 제왕이라고 부르고 독자적으로 '개국'이라는 연호도 사용하면서 자부심을 나타내 보였다. 또한, 진흥 왕은 15~16세의 귀족 자제들 가운데 뛰어난 인재들을 뽑아 화랑으로 부르고 그 밑에 많은 청소년을 모아 산천을 널리 유람하면서 심신을 단련하게 했다. 이렇게 시작된 화랑도의 전통은 삼국 간의 패권을 둘러싼 전쟁과 통일 과정에서 중요한 몫을 하게 된다.[17]

고구려와 수·당의 전쟁

삼국 중에서 고구려는 가장 강성했지만 상대해야 할 적 또한 가장 많고 강했다. 남쪽으로는 백제와 신라가 있었고, 북쪽으로는 부여, 말갈이 있었고, 북서쪽으로는 거란을 비롯한 북방의 여러 민족과 중국^중원 국가들이 있었다. 한반도 내의 힘 관계로만 놓고 본다면 백제나 신라는 고구려의 상대가 될 수 없었다. 한때 백제가 고구려를 쳐서 고국원왕을 죽이는 일까지 있었고, 신라가 한강 유역을 빼앗고 고구려의 영역을 상당 부분 차지하기도 하지만 세 나라만을 놓고 본다면 백제와 신라는 고구려의 상대가 아니었다. 고구려는 남쪽의 두 나라보다는 북쪽과 북서쪽의 여러 세력과 나라들, 특히 중원 국가와의 관계가 가장 중요했고 많은 신경을 썼던 곳이다.

중원 국가들과 북방 유목국가들의 국력이나 힘은 한반도 내의 신라나 백제와는 비교되지 않는 규모였고, 그들을 상대하는 고구려 역시 객관적인 전력에서 한반도 내의 국가와는 비교되지 않는 규모였다고 보는 것이 타당할 것이다. 중원의 통일 제국이었던 진·한 제국과 수·당 제국, 그리고 이들과 자웅을 겨루었던 북방 유목 제국들인 흉노와 돌궐, 몽골을 생각하면 금방 그걸 알 수 있다. 나중에 흥기하는 거란^요이나 여진^금 또한 그 위세가 막강하지만, 당시에는 그렇게 위력적인 힘을 갖지는 못했다.

사실 고구려가 4세기부터 국력을 크게 신장할 수 있었던 것은 중국의 정세 변화와 깊은 관련이 있다. 후한 제국이 멸망한 뒤 중국은 위진남북조 시대의 분열기를 거친다. 고구려를 비롯한 삼국의 성장은 대부분 이 시기에 이루어졌다. 중국이 분열되어 있고, 북방의 유목민족이 중원에 대한 침입을 계속하던 시기에는 중국의 힘이 만주와 한반도에 영향을 미치는 데 한계가 있었던 것이다. 그러한 조건에서 삼국은 비교적 중국의 간섭을 덜 받으면서 주변의 소국들을 병합해 성장할 수 있었고, 그를 바탕으로 한반도 내에서 주도권 다툼을 벌였다. 그러한 사정은 고구려 또한 크게 다르지 않았다. 하지만 아무리 중국이 분열되어 있어도 중원 국가들의 힘이나 국력, 군사력 규모는 한반도 내의 국가들과는 달랐다. 그런 점에서 고구려는 역시 강국이었다.

220년 후한의 멸망 후 짧은 삼국 간의 쟁패 다툼 뒤 위魏 나라를 계승한 진晉이 282년 중국을 통일하지만 그다지 오래가지 못한다. 진 나라는 팔왕의 난291~306년으로 혼란에 빠지고 뒤이어 한족 왕조인 남조와 북방 여러 민족이 차지한 북조로 분열되었던 것이다. 이후 고구려와 밀접한 관련이 있는 북조의 경우 이른바 5호16국 시대를 연출하며 안정되지 못한 채 혼돈을 거듭한다. 이러한 중국의 분열 시대는 고구려의 발전에 중요한 기회가 되었다. 3세기 말까지 중국 세력의 침공으로 거듭해서 당하기만 하던 고구려는 302년에서 314년 사이에 한사군을 공격하여 중국 세력을 만주와 한반도 일대에서 배제한다.

5호16국 시대가 연출되는 동안 고구려는 요서 지역의 선비족 모용 씨와 맞서며 일진일퇴를 거듭했다. 그러다가 전진前秦이 북중국 일대를 거의 장악했다가 무너지는 370년에서 383년 사이에 전진과의 관계 증진을 통해 불교 도입, 태학 설립, 율령 반포 등으로 국가체제를 발전시켰다. 그 뒤 모용 씨와의 대결에서 고구려는 우세한 위치에 서게 된다. 383년 전진이 무너지고 북위北魏에 의해 북중국이 통일되는 430년대 사이에 고구려는 가장 결정적인 도약의 기회를 갖게 된다. 광개토왕391~412년 재위은 바로 이 기회를 이용해 요동을 확보하고 부여 계열의 여러 세력을 흡수하는 등 고구려 최대의 판도를 키운다. 이러한 기세

는 494년 부여의 합병을 통한 고구려의 만주 지역 패권 완성까지 이어 진다.[18]

430년대 북위가 중국의 북조를 차지한 이래 1백여 년간 북중국 세력이 고구려에 미치는 압력은 일정한 수준을 유지했다. 고구려로서는 충분히 감당할 수 있는 수준이었다. 530년대 이래 중국의 북조가 분열되면서 고구려에는 좀 더 유리한 상황이 조성된다. 하지만 580년대 수 나라가 등장해서 중국의 남북조를 통일하는 순간 전혀 새로운 상황이 펼쳐지게 된다. 수 나라와 그 뒤를 이은 당 나라는 통일제국으로서의 거침없는 기세로 주변 세력들을 제압하려 들었다. 중원 바깥에 있는 존재들 가운데 돌궐과 고구려가 중국 문명을 상당한 수준까지 섭취하고 소화한 가운데 중원 제국의 바로 바깥에 웅거하고 있는 형국이었다. 수와 당이 볼 때 이들 제국 바깥의 오랑캐 국가들은 언제든지 중국을 공략할 수 있는 존재들이었다. 수와 당으로서는 이를 그냥 두고 볼 수 없었다. 중원의 통일 제국 천하를 뒤흔들 가능성이 있는 존재들이었기 때문이다.[19]

고구려와 수 나라의 전쟁은 고구려가 먼저 시작했다. 598년 고구려 영양 왕은 말갈군 1만 명을 이끌고 요서를 공격하여 기선을 제압하고 나섰다. 이에 자극받은 수 문제는 30만 대군을 보내 육지와 바다로 쳐들어왔다. 그러나 수 나라 군사들은 요하를 건너지도 못한 채 질병과 기근에 시달리다 되돌아가고 말았다. 이때 수 나라 군사들 10명 중 7~8명이 죽었다고 할 정도로 엄청난 타격을 입었다. 그래서 당시 수 나라에서는 "요동에 가서 개죽음당하지 말자."는 노래가 유행했다고 한다.

문제의 뒤를 이어 양제가 즉위했다. 다시금 동아시아에 전쟁의 유령이 몰아쳤다. 양제는 즉위하자 바로 황하와 양자강을 잇는 대운하를 완성하고 북쪽 경계에는 장성을 쌓았으며, 남으로는 남월과 대만을 정벌하는 등 안팎으로 거대한 토목사업과 정벌전쟁을 벌였다. 612년 수 양제는 113만 명의 대군을 동원하여 직접 고구려 정벌에 나섰다.* 이때 고구려가 손잡으려 했던 돌궐은 이미 수 나라에 꼬리를 내린 뒤였고, 백제는 사태의 추이만 지켜보았고 신라는 고구려 정벌을 요청하는 '걸사표乞師表'를 올리고 있었다. 고구려는 거대한 힘 앞에서 위축되지 않을 수 없는 상황이었다.

그러나 고구려는 위축되지 않고 만반의 준비를 했다. 고구려는 서쪽 국경인 요하의 방어진지를 더욱 튼튼히 하고 요동성을 비롯한 여러 성의 방어준비에 만전을 기했다. 고구려군은 산악지대에 숨어 있다가 침략군이 깊숙이 쳐들어오면 적당한 시기에 나가서 싸워 물리치기로 작전계획을 세웠다. 요하를 넘어온 수 나라 군대에 맞서 고구려군과 백성은 용감히 싸웠다. 그러나 워낙 숫자가 많았기 때문에 아무리 물리쳐도 수 나라 군대는 계속 몰려들었다. 고구려군은 요동성과 건안성 등에서 농성하면서 수 나라 군대와 싸웠다. 수 나라 군대는 고구려군의 방어선을 뚫기 위해 수십만의 군대로 요동 지역을 에워싸고 계속해서 공격했다. 하지만 고구려군과 백성은 끈질기게 방어하며 버텼다.

---

* 중국의 『자치통감』에는 수 나라의 대군은 "무릇 113만 3천 8백 명인데, 2백만이라고 불렀으며, 그 군량을 운반하는 사람은 이 숫자의 배였다."라고 기록되어 있다. 이것이 사실이라면 단일 전쟁 사상 최대의 군대를 동원한 것이 될 것이다. 그러나 아마도 이는 과장되었을 것이다. 아무리 중국이 거대 국가이고 당시의 인구 또한 수천만 명에 이르렀다고 하지만 1백만 대군을 동원하는 것은 현실적으로 어려웠을 것이다. 그러나 아무튼 이때 엄청난 대군이 동원된 것은 분명하다.

그러자 지친 수 나라 군대는 전쟁을 빨리 끝내기 위해 별동대 30만을 동원해서 고구려 깊숙이 쳐들어왔다.

을지문덕 장군은 적군의 수가 많기는 하지만 식량도 없고 사기도 떨어진 것을 알고 이들을 깊숙이 들어오도록 해서 물리칠 계책을 세웠다. 우선 적군이 쳐들어오는 길가의 백성을 모두 가까운 성으로 옮기고 식량도 감춘 뒤에 우물마저 메워버렸다. 수 나라 군대는 고구려 땅 깊숙이 들어왔지만 물 한 모금 마실 수 없게 되면서 지쳐서 더 이상 진격하지도 돌아가지도 못하는 상황에 빠지고 말았다. 그런데도 고구려군은 싸우는 척하다가 도망가곤 하면서 계속 물러났다. 수 나라 군대는 더 이상 진격할 수 없다는 것을 알고 후퇴를 결정했다. 기회를 엿보던 고구려군은 적군이 살수^{지금의 청천강}에 이르렀을 때 총공격을 개시했다. 수 나라 군대는 강을 건너는 도중에 고구려군의 기습공격을 받았고, 그 바람에 몰살당하고 말았다. 30만 명의 대군 가운데 겨우 수천명이 살아갔을 뿐이라고 하니 어느 정도였는지 짐작할 수 있겠다.[20]

그 뒤에도 수 나라는 여러 차례 무모한 공격을 시도했으나 번번이 실패하고 말았다. 결국, 고구려 정복에 실패하고 과도한 토건사업 등으로 백성의 원성을 받던 끝에 수 나라는 2대 38년 만에 생명을 다하고 말았다.

수 나라가 멸망한 뒤 당 나라가 들어섰다. 당 나라는 수 나라보다 훨씬 강한 국가였다. 당태종은 국내를 평정한 다음, 동돌궐을 제압하였으며 서역을 정벌하는 등 주변의 이민족 세력을 제압해 나갔다. 고구려 또한 당의 침략에 대비하여 천리장성을 쌓는 등 대비책을 강구했다. 이런 가운데 642년 당에 대한 유화책에 반대하던 연개소문이 정변을 일으켜 전권을 장악하는 일이 발생했다. 연개소문은 중앙귀족들과 영류 왕까지 죽인 뒤, 보장 왕을 왕위에 앉히고 당에 대한 강경책을 고수했다. 그는 대막리지가 되어 전권을 장악하고 독재정치를 펼쳤다.

당 태종은 이를 이유로 645년 고구려에 대한 침략전쟁을 시작했다. 당 나라군은 육군과 수군으로 양쪽에서 공격을 개시했다. 당 나라 군대는 오랫동안 전투경험을 가진 강군이었다. 당군은 먼저 국경의 가장 요충지인 요동성을 집중적으로 공략해 함락시켰고, 이어서 개모성과 비사성도 점령했다. 이제 서쪽 국경의 핵심 요새로는 안시성이 남았다. 고구려는 안시성을 지키기 위해 총력을 다했다. 당군은 수십만의 군대를 동원하여 안시성을 밤낮으로 공략했다. 고구려는 고연수와 고혜진에게 15만의 군사를 주어 안시성을 지원하도록 했다. 그러나 이들은 당의 유인전술에 말려들어 기습을 당해 크게 패하고 말았다. 이제 안시성은 적군에게 완전히 포위당하고 말았다.[21]

그러나 안시성은 끝까지 버티었다. 후에 안시성주로 알려진 양만춘楊萬春*의 지휘 아래 군과 민이 일치단결하여 당군의 공격에 맞섰다. 당군은 성보다 더 높은 토성을 쌓아서 성을 공략하려 했지만, 토성이 무너지는 바람에 실패하는 등 숱한 방법을 동원했지만 끝내 함락시키지 못했다. 나날이 당군의 사상자만 늘어갈 뿐이었다. 9월에 접어들자 요동에는 벌써 찬바람이 불기 시작했다. 게다가 군량미마저 바닥나 당군은 퇴각을 서두르지 않을 수 없게 되었다. 당군의 모습은 비참했다.

---

* 고구려 보장 왕 때 안시성(安市城)의 성주(城主)로 알려져 있다. 고구려와 당의 전쟁 때 활약하였으며 생몰연대는 미상이다. 정사에서는 전하지 않고 송준길(宋浚吉)의 『동춘당선생별집(春堂先生別集)』과 박지원(朴趾源)의 『열하일기(熱河日記)』 등에만 그 이름이 나온다. 양만춘(梁萬春)으로도 쓴다. (위키 백과 참고)

퇴각하는 당군의 참담한 모습을 중국 역사서 『자치통감』에서는 이렇게 묘사했다.

요수에 이르자 온통 진흙 수렁에 막혀 수레나 말이 나아가지 못하였다. 군사들이 나무를 베어 길을 만들고 수레를 연이어 다리를 놓았다. 태종도 나무를 지고 섶을 묶어 이들을 도왔다. 강을 건너자 이제는 눈보라가 몰아쳤다. 군사들의 옷이 젖어 얼어죽는 자가 많았으므로 길에 불을 피워 눈이 녹기를 기다려 나아갔다.[22]

중국사에서 '정관의 치'라는 명성으로 이름난 천하의 명군이자 전쟁 영웅이었던 당 태종도 고구려 정복에는 실패했다. 당 태종은 패배의 쓰라림을 맛보고 물러났지만, 그 뒤에도 당은 고구려 정벌의 꿈을 버리지 않았다. 당 나라는 그 후 대규모 전쟁이 아니라 계속된 소모전을 통해 고구려의 국력을 소진시키는 전략을 선택한다. 그리고 그의 아들 당 고종에 이르러 고구려 정복에 성공한다. 물론 혼자의 힘만으로 이룬 것은 아니었다. 신라라는 보조 동맹자가 있었다.

신라 · 당 연합과 백제, 고구려 멸망

지금 이런 사실들은 한국인이라면 알고 있을 것이다. 젊은 세대의 한국사 실력은 여러 면에서 부족한 점이 많지만 적어도 40대 이상 기성세대의 경우 한국사 실력은 상당하다. 단편적인 암기 중심의 지식이기는 해도 구체적인 사실에 대해 잘 알고 있는 편이다. 아마도 이는 모두 한국의 시험제도 덕분이라고 해야 할 것이다. 어쩌면 자국의 역사에 대한 지식이라는 측면에서는 세계 어느 나라와 비교해도 뒤떨어지지 않을 것이다. 아마 중국과 비교하면 밀릴지도 모르겠다. 대체로 자기 나라에 대한 역사 지식은 그 나라의 정치체제와 깊은 관련이 있기 때문이다. 한국의 경우도 역설적이지만 한국사 지식이 있는 세대는 권위주의 시절에 학창시절을 보낸 사람들이다.

어쨌든 중국은 아직도 정치체제 면에서 민주주의가 덜 발전했으며, 국가주의 또는 중화민족주의가 강조되는 시대이다. 동양과 서양의 공부에 대한 태도를 비교한 한 텔레비전 다큐멘터리 프로그램을 본 적이 있는데, 거기에 등장한 중국 대학생이 공부를 열심히 하는 이유를 말하는 대목이 인상적이었다. "고생하시는 부모님과 국가를 위해서" 내가 중고등학교에 다니던 70년대에 우리는 모두 그렇게 이야기했다. '국가와 민족을 위해서'라는 애국심도 빼놓지 않고 이야기하는 필수 부분의 하나였다. 그때는 국사라고 했던 한국사 공부가 모든 시험에서 필수였다. 대학시험, 공무원 시험, 공기업을 비롯한 많은 입사 시험조차도 국사 시험을 보던 시절이었다.

내가 이런 이야기를 하는 것은 혹시라도 이 글을 읽는 사람 가운데 지금 이런 역사적 사실들을 모르는 사람이 있을지도 모르겠다는 희망 섞인 바람 때문이다. 그런 사람이 있다면 굳이 하지 않아도 될 고생을 해가면서 왜 '누구나 다 알고 있는 한국 고대사의 역사적 사실들을 정리하느냐'는 핀잔 섞인 질책을 듣지 않을 수도 있을 것이라는 생각을 해본다. 그렇더라도 다음의 이야기는 좀 간단히 하는 것이 좋겠다. 이

제 하려고 하는 이야기는 바로 고구려와 당, 고구려와 신라, 신라와 백제, 신라와 당의 관계이다. 이것은 고구려, 신라, 백제라는 한국사의 세 나라와 당이라는 세계 제국 또는 동아시아 질서의 중심국가와의 관계를 중심으로 한 7세기 말엽의 역사적 사건이다.

이를 무엇이라고 불러야 할지 통일된 역사의 용어 정립이 아쉽다는 생각이 든다. 나 또한 적정한 말을 찾지 못해서 이렇게 이야기를 돌리고 있다. 그것이 포함하고 있는 내용은 고구려와 당의 전쟁, 신라와 당의 연합에 의한 백제와 고구려의 멸망, 그리고 신라와 당의 전쟁 등이다. 이를 뭉뚱그려 '삼국통일전쟁'이라고 부르는 사람도 있다.[23] 하지만 신라의 '삼국통일'이 아니라 '이국 통일'이라고 폄하하는 사람들이 많은 형편이다. 사실상 신라는 통일 과정에서 고구려를 배제했다는 것이다. 어쩔 수 없는 신라의 힘의 한계 때문에 일어난 일이었지만, 한국인들로서는 아쉬움을 토로할 수밖에 없는 일이다.

고구려에 대한 대규모 정벌에 실패한 뒤 당 나라는 전략을 바꾸었다. 그러나 당의 입장에서 보면 645년 이 전쟁이 반드시 실패한 것만은 아니었다. 당은 10개의 성을 함락시키고 7만 명의 고구려 주민들을 당에 편입시켰기 때문이다. 646년 2월 당 태종은 고구려와의 전쟁을 회고하면서 전술적 실책을 점검했다. 그러면서도 고구려 공략을 포기하지는 않는다. 다만 당 태종은 사망할 때까지 대규모 군대를 동원하는 것은 하지 않는다. 그 대신 '소규모 병력으로 고구려군을 피곤하게 만들면 민심이 고구려 조정에서 이탈하여 압록강 이북의 땅을 쉽게 얻을 수 있을 것'이라는 중신들의 진언을 받아들인다. 소모전인 것이다. 지금 말로 하면 '저강도 전쟁Low-Intensity War' 전략이라고 할 수 있다. 이에 따라 당군은 647년부터 요하를 건너 고구려 경내로 들어와 1백여 차례 교전했으며 동시에 큰 배 수백 척을 건조하면서 수군 1만 명으로 바다를 건너 침공하는 작전을 편다. 고구려는 힘겨운 방어전을 펴야 했다. 당의 소모전 전략이 먹혀들고 있었다.[24]

당의 이러한 전략에 고구려는 외교적인 유화책을 모색한다. 고구려는 사절을 보내 '사죄하며' 당의 원정을 무마하려 애쓴 것이다. 하지만 당은 고구려의 '사죄를 받아들여 용서하지만' 결코 소모전은 멈추지 않았다. 이는 당의 의도가 단순한 고구려 길들이기가 아니라 멸망에 있다는 사실을 말해준다. 어쩌면 당 태종의 개인적인 복수심이 발동한 것이라고도 말할 수 있을지도 모르지만 단순히 그런 차원이 아니다. 당으로서는 천하 질서 바깥에서 지역의 중심으로 고구려가 남아 있는 한 안보적 불안감을 떨쳐버릴 수가 없었다. 그런 점에서 전략적으로 반드시 소멸시켜야 하는 존재인 것이다.[25]

사실 아무리 고구려가 강국이라고 해도 당과 같은 세계 제국의 계속되는 공세를 막아내기란 여간 힘든 일이 아니다. 강대국과 약소국 간의 소모전은 약소국의 국력을 소진시켜서 결국에는 고사시킨다. 당 태종은 단기간이 아니라 장기적으로 고구려의 목줄을 서서히 죄는 전략을 선택한 것이다. 그러나 당 태종은 649년 4월 사망하면서 유조遺詔로써 고구려 원정을 그만두라고 한다. 그럼에도 당은 18년 후 다시 고구려를 쳐서 기어코 멸망시키고 만다. 이는 어쩌면 제3차 포에니 전쟁을 앞두고 로마 원로원이 '카르타고가 존재하는 한, 로마는 평온할 수 없으니 반드시 멸망시켜야 한다.'는 입장을 천명한 것과 유사하다고 말할 수 있을 것이다.

당의 소모전 전략은 661년과 662년에도 계속된다. 소정방이 이끄는 당의 수군이 패강에서 고구려군을 격파하고 평양성까지 포위한 것이다. 소정방의 군대는 눈이 내리는 등의 악조건으로 회군하게 되지만, 이 과정에서 고구려군은 3만 명의 병사를 잃는 등 적지 않는 타격을 입는다. 고구려는 당 나라의 끊임없는 공격을 막아내지만, 내적으로 피폐해지고 기력이 쇠잔해졌던 것이다. 그리고 그 최후의 일격을 맞아 결국 668년에 무너지고 만다.[26]

고구려가 당 나라에 무너진 원인은 이 같은 당 나라와 고구려 사이의 엄청난 국력의 차이 외에도 다른 요인들이 작용했다고 볼 수 있다. 고구려 내적으로는 계속되는 전쟁 과정에서 민심의 동요가 있었을 것이다. 또한, 결정적으로는 연개소문의 죽음과 그의 아들 사이의 후계자 다툼이 고구려 멸망을 앞당기는 한 요인으로 작용했을 것이다. 큰 아들 연남생과 두 동생 남건, 남산 사이의 갈등과 권력 투쟁으로 연남생이 당에 투항하는 일이 벌어졌던 것이다. 한 나라가 멸망하는 최후 순간에는 거의 모든 경우 지도부 내부의 균열이 나타나게 된다. 연남생은 고구려 멸망 뒤 당으로부터 작위를 받고 안동도호부에서 살다가 생을 마감한다. 형제들의 분열에 실망한 연개소문의 아우 연정토 또한 신라에 항복함으로써 고구려는 자멸의 길을 걷게 된다.

그러나 고구려의 멸망에는 고구려 내적인 요인뿐만 아니라 외적인 요인도 작용했다. 바로 660년에 일어난 백제의 멸망 사건이다. 사실 백제의 멸망에는 신라의 대당 외교적 성공이 자리를 잡고 있다. 7세기 중반 신라는 백제의 계속되는 공격에 심각한 위기로 내몰렸다. 642년 백제의 공격으로 신라는 대야성지금의 경남 합천을 빼앗겼으며 서부의 요충지를 유린당했다. 백제는 648년에는 신라의 10여 개 성을 함락시킨 데 이어 경주 인근의 옥문곡까지 기습하는 등 신라를 거세게 몰아붙였다. 이러한 위기 속에서 신라는 김춘추를 당에 파견하여 필사적으로 매달렸다. 그 전 김춘추는 고구려에 도움을 요청했으나 냉담한 반응을 보였던 것이다. 신라로서는 당에 매달리는 것밖에 다른 구원의 길이 없었던 것이다. 이렇게 해서 맺어진 신라와 당의 관계는 "본질적으로 동맹이 아니라 복속관계였다."[27]

그런데 이때 신라의 생존이 당 나라의 고구려 평정에 필요했다는 사실이 중요하다. 백제의 공략에서도 당의 역할이 결정적이었다. 신라는 단지 보조적인 역할을 했을 뿐이다. 그러나 당은 백제와 고구려를 공략하기 전, 신라에 백제의 땅을 넘겨주겠다고 약속했다. 이처럼 신라는 절체절명의 위기 속에서 내부적으로 김춘추와 김유신이 연합하여 정치와 군권을 장악하면서 백제를 멸망시킬 준비에 몰두했던 것이다. 반면, 백제의 의자 왕은 신라를 압도한 국력에 자만한 나머지 신라와 당의 움직임에 관심을 두지 않았다. 게다가 의자 왕은 내부의 반대파 귀족들을 무자비하게 숙청하고 자신의 아들들에게 최고 관직인 좌평에 임명하고 식읍까지 나누어 주었다. 내부 결속이 약화될 수밖에 없는 상황이었다. 이 같은 의자 왕의 결정으로 백제의 중앙군은 약화되었고, 지방에 과다한 군대가 배치되는 상황이 벌어졌다.

그렇게 해서 660년 백제가 멸망했다. 백제가 멸망한 뒤 고구려의 멸망 또한 기정사실로 굳어지고 있었다. 당 나라는 고구려를 치면서 신라에 여러 가지 요구를 하지만, 신라는 당의 요구를 제때 시행하지 않는다. 백제가 무너진 뒤에는 당과 신라의 이해관계가 일치하기 어려웠던 것이다. 결국, 고구려도 668년 당에 의해 무너졌다. 이때 신라의 역할은 군량미를 공급해주는 정도에 그쳤다. 그 뒤 당은 백제의 옛 땅에는 웅진도독부를, 고구려의 옛 땅에는 안동도호부를 설치했다. 그리고 신라마저 계림도독부를 설치해 확실하게 지배하려 했다. 신라로서는 더 이상 당의 요구를 그대로 수용할 수는 없었다.

신라가 먼저 고구려와 백제 유민들을 설득하여 당에 대항하기 시작했다. 670년경 당은 토번吐蕃*과의 전쟁에서 크게 패배하면서 더 이상 신라에 대한 압박을 강화할 수 없음을 깨닫게 된다. 그렇게 해서 당은 백제에 대한 지배권을 포기했고, 신라가 그것을 접수했다. 하지만 675년 당은 토번과의 전쟁에서 여유를 갖게 되자 다시 신라를 공격하기 시작했다. 신라는 백제 유민과 고구려 유민을 포섭하여 군사를 늘리고, 넓어진 영토에서 확보한 경제력과 강한 정신력을 바탕으로 당과 맞설 준비를 해왔다. 신라는 675년 9월 임진강 하구에서 당 나라를 함대를 격파하고, 이어 벌어진 매소성 전투에서 당 나라의 20만 대군을 격파했다. 676년에는 기벌포 해전에서 당 나라 해군을 또다시 격파했다. 당은 그 뒤에도 신라를 공격하려 했으나 토번과의 전쟁이 재개되는 바람에 끝내 신라를 공격하지 못했다.[28]

이렇게 해서 신라는 대동강과 원산만 이남의 당 나라 군대를 몰아내고 삼국을 통일할 수 있었다. 신라의 통일은 영토나 인구, 문화 등 여러 가지 측면에서 고구려의 모든 것을 통합하지 못한 한계를 갖고

---

* 지금의 티베트 지방에 있던 강저계 부족의 연합왕국이다. 토번 왕국은 통일 왕국을 건설한 뒤 강성해져 당과 물고 물리는 접전을 벌이게 되며 이는 당의 신라 정벌을 힘들게 만드는 요인으로 작용한다.

있다. 그러나 세계 제국으로서의 위용을 떨치며 천하를 평정해가고 있던 당과 맞선 신라의 역량은 높이 평가되어야 할 것이다. 고구려의 멸망과 함께 사실상 우리의 역사 무대는 한반도로 위축되었지만, 한국인의 정체성은 더욱 강화되었다. 멸망한 고구려 땅에는 안동도호부가 만들어져 관리받았지만, 당의 통치력이 약화된 틈을 타서 고구려 계승을 천명한 발해가 건국되어 새로운 주인이 된다.

토번과 당의 관계가 미친 영향

신라의 통일 전쟁을 둘러싼 국제관계를 이해하기 위해 토번 왕국과 당과의 관계를 간단히 살펴보고 넘어가는 것이 필요하겠다.

티베트 왕조가 언제 시작되었으며 그 원류는 어디인가에 대한 정확한 정보는 없다. 다만 기원후 4세기경에는 이미 토번의 선조격인 정치집단이 등장하여 서서히 중앙 티베트에서 영향력을 확장하고 있었다. 티베트 고원지대에 부족단위로 분산되어 있던 강저계羌氐系 인구들이 6세기 말, 7세기 초에 토번이라는 하나의 왕조에 의해 통일적으로 지배되기 시작했는데, 이 통일 왕조의 건설자가 송첸감포松贊干布, Songtsen Gampo, 630~649년 재위라는 영웅이었다. 사실상 티베트 역사의 시작이라 할 수 있다. 송첸감포는 633년 티베트의 여러 유목민을 평정하고 통일한 후, 수도를 라싸Lasa, 拉薩로 정하고 토번 왕국을 건설했다.

634년 송첸감포는 당에 사신을 보내 예물을 교환했으며, 토번의 남쪽에 있는 네팔의 릿체비 왕조에도 사자를 보내 브리쿠티 데비赤尊公主

를 왕비로 맞이했다. 636년, 당태종에게 당의 황녀를 왕비로 맞이하고 자 사자를 보냈지만, 토번이 당의 속국인 토욕혼을 위협한다는 이유로 거절당한다. 그러자 송첸감포는 20만의 군사를 일으켜서 토욕혼을 정벌하고 백란 등의 강족 마을까지 공략한 후, 송주현 ^{쓰촨성 쑹판현}을 위협 했다. 토번의 상승세에 위축된 당은 641년 문성공주文成公主를 송첸감 포 왕에게 시집보냄으로써 긴장관계를 완화시켰다.

문성공주와 송첸감포의 결혼의 성격을 두고 현재 중국과 티베트는 논쟁이 벌어지고 있다. 문성공주와의 결혼 이후 송첸감포는 친당 정 책을 펴서 당과 교역하였으며, 인도에 사신을 파견하는 일도 도와주었 다. 문성공주 또한 티베트의 문화발전에 많은 도움을 주었고, 티베트 가 당의 문물을 받아들이는데 가교 역할을 했다. 그러나 송첸감포 사 후 양국 간의 관계는 다시 긴장관계로 바뀌었다. 당시 토번 왕국은 명 신 가르통첸祿東贊의 개혁과 지도력을 바탕으로 국력은 극에 달했고, 토번은 669년 안서 사진安西四鎭을 공격하여 함락시켰던 것이다. 아무 리 당이 강국이라 해도 토번, 신라라는 두 개의 전선을 감당할 수는 없 었다. 신라는 통일전쟁과 당의 축출 전쟁에서 토번 왕국의 도움을 크 게 받은 셈이다.

당은 토번을 공략하기 위해 나섰지만 큰 성과를 거두지 못했다. 그 러나 토번 왕국 또한 내분에 휩싸이면서 당에 더 이상의 위협을 가하 지 못했으며, 710년 토번의 치데추쿠찬 왕과 당의 금성공주의 혼인으 로 일시적으로 화평관계가 유지되었다. 하지만 715년경부터 당은 토 번에 대공세를 가해 토번의 영향력을 점차 조금씩 감소시키기 시작했 고 고선지의 원정으로 그 성과는 극에 달했다. 그러나 고선지 역시 탈라스 전투에서 아바스 왕조 군대와의 전투에서 패하게 되자 당의 빈자리는 다시 토번이 차지하게 되었다. 당은 토번에 매년 공물을 바치며 이들을 달래고자 했다.

하지만 토번의 정복 활동은 계속되어 왕국의 힘은 8세기 후반 더욱 확장되었다. 토번은 파키스탄 북부와 네팔, 인도 북부는 물론 중국의 간쑤성甘肅省과 쓰촨성四川省 지방을 점령하고 실크로드를 장악해서 거대한 국가로 발돋움했다. 또한, 763년 당이 안녹산의 난으로 혼란에 빠지자 공물을 보내지 않는 것을 빌미로 20만 대군을 몰고 가서 당군을 격파하고 당의 수도인 장안을 점령했다. 그러나 791년 토번 또한 서역 전역에서 위구르에게 패배하면서 조금씩 영향력이 줄어들었다. 800년대 초반부터는 아바스 왕조와의 대결로 국력을 소모하게 되고 위구르와의 전쟁에서도 큰 성과를 얻지 못하면서 결국 당과의 화친을 도모하는 것으로 방향을 선회했다.[29]

당과 토번은 이처럼 전쟁과 화의를 반복했고 모두 8차례에 걸쳐 화맹和盟, 즉 정전 협정을 맺었다. 이는 당과 토번이 팽팽한 접전을 벌이며 전쟁을 계속했다는 것을 의미한다. 821년 토번과 당은 최종적으로 협정을 맺고 국경선을 확정함으로써 향후 무력충돌을 피하기로 합의했다. 이때 맺은 조약은 티베트의 수도 라싸의 조캉 사원 앞에 '당번회맹비'라는 내용으로 세워져 내려왔다. 여기에는 "이 비문이 세워진 날부터 토번인은 토번인의 땅에서 당은 당 나라의 땅에서 각자 영원히 행복하게 살 것이다."라고 쓰여 있었다. 그러나 1959년 중국은 티베트를 침공하여 강제로 중국에 편입시켜 '시장 티베트 자치구'로 만들었고, 그에 따라 티베트는 독립국의 위상을 잃어버렸다.

오늘날 티베트의 독립론과 종속론의 다툼은 바로 이 토번과 당의 관계에 관한 논쟁에서부터 시작된다. 양측은 모두 토번이 티베트의 최초 통일 국가였고, 토번과 당의 관계가 티베트와 중국의 역사적 관계를 형성한 첫 번째 단계라는 사실에 동의한다. 그러나 이 시기 8차에 걸친 화맹의 반복과 두 차례의 당 공주의 출가 등을 쟁점으로 당시의 관계에 대한 해석에서는 차이를 보이고 있다. 당시의 토번과 당의 관계에 대한 티베트의 입장은 분명하다. 그것은 양국관계가 전쟁이 주조를 이룬 긴장관계였으며 대등하고 독립된 관계였다는 것이다. 반면 중국의 논객들은 당 왕조가 송첸감포에게 작호爵號를 준 것과 송첸감포가 당 황제를 칭송한 것, 토번과 당 사이에 사절단이 매우 빈번하게 왕래한 일 등을 들어 당시의 당과 토번의 관계가 상하관계였다고 주장하고 있다.[30]

중국은 티베트와 관련된 역사 논리를 정교하게 정리하고 티베트를 중국 역사에 포함하기 위해 '서남공정西南工程'을 진행했다. 고구려사를 중국사에 편입시키기 위해 동북공정을 진행한 것처럼. 그러나 당과 토번의 관계에 대한 중국의 주장은 서구의 학자들에 의해서도 대부분 비판받고 있다. 하지만 중국은 아랑곳하지 않는다. 현재 중국 내에 존재하는 티베트이므로 당연히 토번 또한 중국사의 일부라고 주장하는 것이다. 이는 선후가 뒤바뀐 주장이지만 중국은 계속 그렇게 밀고 가고 있다.

발해의 건국과 성쇠

고구려가 멸망한 뒤 당은 옛 고구려 지역을 통치하기 위해 안동도호부를 설치했다. 안동도호부는 668년 처음 설치된 후 758년 최종적으로 철폐될 때까지 90여 년간 존속했다. 안동도호부는 처음 평양에 설치되었으나 고구려 유민의 저항과 신라의 압력을 견디지 못하고 만주 지역으로 이동, 여기저기를 전전해야 했다. 당 나라는 고구려의 옛 땅에서 이민족 통치를 위한 기미부주羈縻府州[*]를 안정적으로 구축하는 데에도 실패했다. 그 때문에 고구려가 멸망하고 얼마 되지 않아서 만주 중부와 북동부, 한반도 북부 지역은 힘의 공백상태로 남게 되었다. 당은 고구려를 멸망시킨 뒤 재기를 불가능하게 하려고 고구려 중심부에 거주하던 유력민 2만 8천 2백여 호를 중국 각지로 강제 이주시켰다. 그 뒤 중국에 거주하던 고구려인 상당수가 만주지역으로 환송되었다가, 다시 중원 지역과 하서河西, 황하 서쪽의 변방지역, 막북漠北, 현재의 몽골 지역, 한반도 북부 등으로 분산 배치되었다. 그러다 보니 만주지역은 소수의 인구만 잔류한 황무지처럼 변했다.[31]

---

[*]　기(羈)는 말의 굴레를, 미(縻)는 쇠고삐를 뜻한다. 따라서 '기미'란 말 고삐에 묶인 말처럼 속박되고 얽어매는 견제와 통제 상태를 의미한다. 그래서 당 나라가 외부의 이민족을 장악, 통제한 방식을 '기미정책'이라고 불렀다. 전형적인 형태는 당 나라 전기에서 볼 수 있다. 명목상으로는 군현제(郡縣制)를 채택하여 부주현(府州縣)을 두고, 외족(外族)의 왕·추장을 도독(都督)·자사(刺史)·현령(縣令) 등에 임명하여 자치에 맡기고, 보호령으로서 도호부(都護府)등을 두어 감독하게 했다. 번창할 때는 기미부주가 856개나 되었다고 한다. 북서의 돌궐·위구르, 북동의 거란, 중앙아시아의 여러 오아시스로부터 남서의 티베트와 먀오족(苗族)의 땅까지 이런 식으로 통치했다. 독립국으로 인정할 수도 없고, 직할령으로 만들 수도 없는 주변 민족들에 대해서 취해진 정책으로, 세계 여러 나라를 지배하는 데 중요한 역할을 했다. 당은 고구려를 멸망시킨 뒤 이곳에 안동도호부를 설치하고 기미부주를 만들어 안정적으로 관리하려 했으나 실질적으로 실패했다.

이처럼 만주의 요서 지역에 대한 당의 지배력이 크게 흔들리는 기회를 틈타 이 지역에서 말갈족이 중심이 되어 당에 반기를 들고 일어섰다. 걸걸중상乞乞仲象*과 대조영大祚榮 등이 지도하는 말갈과 고구려 유민이 연합한 이들 세력은 영주에서 봉기한 다음, 자신들을 추격해오는 당군을 천문령지금의 길림 근방에서 크게 격파했다. 그 뒤 이들은 지금의 길림성 돈화현 동모산 기슭의 목단강 유역에 도읍을 정하고 발해를 건국했다.** 고구려가 멸망한 지 30년 뒤인 698년의 일이었다. 발해는 926년 거란에 의해 멸망될 때까지 230년 가까운 기간 동안 만주와 연해주 일대에 이르는 광대한 지역을 지배했다. 발해는 처음 진국振國, 또는 震國이라고 했으나 713년 당으로부터 발해군왕으로 책봉되면서 발해渤海로 고쳐 불렀다. 발해는 일본의 역사서와 목간, 고문서 등을 통해 고려라는 칭호를 사용한 것을 알 수 있고, 여러 곳에서 고구려 계승 의식을 보여주고 있다.[32]

발해가 어떤 나라인가에 대해서는 동아시아 주변 국가들이 각기 다

---

*　대중상(大仲象) 혹은 걸걸중상은 고구려의 장수이자 고구려의 부흥을 이끈 지도자이다. 발해(渤海)의 시조인 대조영과 대야발 형제의 부친이다. 대당 항쟁 때, 그는 속말말갈의 지도자인 걸사비우와 동맹을 맺은 고구려유민의 지도자였으며, 측천무후로부터 진국공(震國公)에 봉작되었으나 거절했다. 대조영 등과 함께 발해 건국을 주도했으나 발해가 건국되는 것을 보지 못하고 사망했다. 한편, 걸걸중상과 대조영의 관계에 대해서 중국과 한국, 일본의 학자들이 여러 가지 의견을 제시하고 있다. 특히 당 나라의 측천무후가 걸걸중상에게 내린 벼슬인 진국공이라는 직임은 곧 발해의 실질적인 왕이라는 의미가 있기 때문에, 발해의 시조가 대조영이 아닌 걸걸중상이라고 주장하는 의견도 있다. 한편, 구당서에는 대조영과 동일인물로 보았다.

**　발해는 후에 상경용천부로 도읍지를 옮겼는데, 이곳은 당의 수도 장안을 본떠서 건설되었다. 발해는 상경용천부(지금의 동경성) 외에도 중경현덕부(지금의 화룡), 동경용원부(지금의 훈춘) 등의 주요 도시가 있었다.

른 입장을 보이고 있다. 중국은 발해는 말갈인들이 세운 말갈 국가로서 당의 지방정권으로 보고 있다. 당연히 한국사와는 아무런 관계가 없다고 보는 것이다. 일본은 당에 조공한 국가로 파악하고 있으며, 러시아는 발해를 독립적인 정권으로 파악하고 있다.

물론 우리의 입장은 고구려를 계승한 국가로서 한국사의 한 부분이라고 보고 있다. 사실 발해사는 한국인의 관심에서 한동안 떨어져 있었으나 조선 후기 유득공 등의 실학자들이 관심을 둔 이래 신채호 등의 민족사학자들에 의해 한국사의 일부로 주장되었다. 지금은 한국사를 전공하는 많은 학자가 통일신라와 함께 남북국 시대로 파악하는데 동조하고 있다.

그러나 발해 역사는 여전히 논란이 될 수밖에 없다. 발해의 건국자이자 태조가 된 대조영의 출신에 대해 중국의 자료는 각기 다른 내용을 담고 있기 때문이다. 『구당서舊唐書』에는 "대조영은 본디 고구려의 별종이다."라고 되어 있는 반면, 『신당서新唐書』에서는 "대조영은 본디 속말갈갈인인데 고구려에 붙었다."라고 되어 있다. 대조영의 출신에 대해서는 여러 가지 의견이 있지만, 대조영이 고구려 출신이라고 하더라도 고구려의 중심에 있었던 인물은 아니라는 데 대체로 동의하고 있다.

한국에서 〈대조영〉이란 드라마가 제작 방영되어 인기를 끈 적이 있는데, 여기서는 고구려의 중심인물인 것처럼 설정해놓았다. 하지만 드라마는 드라마일 뿐이다. 발해를 구성한 주요 민족 또한 고구려 유민보다는 말갈인이었다는 것이 대체적인 학계의 통설이다. 그래서 요동^{만주} 지역의 역사를 객관적으로 연구했다고 평가받는 김한규 교수는 이렇게 말하고 있다.

발해는 고구려 유민, 즉 예맥계와 말갈 즉 숙신계가 함께 힘을 모아 건
립한 전형적인 요동 국가였다. 그러나 발해는 예맥계가 참여해 건립한
마지막 국가가 되었다. 그 까닭은 발해를 건립, 운영한 주도적 힘은 예
맥계가 아니라 숙신계에서 나왔기 때문이다. 고구려 유민과 말갈이 발
해라는 국가를 통해 융합함으로써, 발해 시대는 예맥계가 그 역사공동
체로서의 정체성을 상실해간 시기가 되었고, 동시에 숙신계가 그 역사
공동체적 정체성을 강화해간 시기였다. 그러나 발해는 그 자체가 한 국
가의 이름이었지만, 또 다른 한편으로는 예맥계와 숙신계가 융합하여
이루어낸 제3의 또 다른 역사공동체의 이름이기도 했다. 그것은 국가로
서의 발해가 패망한 뒤에도, 요대와 금대를 거치면서도 '발해인'이라는
이름은 계속 살아남은 것으로 보아도 알 수 있다. 따라서 발해 시대는
예맥계가 소멸해간 시기이기도 하지만, 동시에 발해라는 새로운 역사공
동체가 성립, 형성해간 시기이기도 했다.[33]

발해가 고구려와 연관되어 있다는 점은 영토, 인구, 문화의 측면에
서 확인된다. 발해는 고구려가 전성기에 확보했던 대부분의 강역을 지
배했을 뿐만 아니라 지금의 러시아 극동 지역까지 그 영역으로 다스렸
다. 또한, 발해를 건국한 집단 속에 고구려 유민이 다수 포함되었을 뿐
만 아니라 발해는 문화적으로도 고구려의 많은 것을 이어받았다.

구당서에서는 "발해의 풍속은 고구려와 거란과 같다."고 했으며, 발
해인은 고구려인이 가졌던 천손의식도 갖고 있었다. 발해는 스스로 자

신이 고구려 계승국가임을 자처했을 뿐만 아니라 이웃 국가들도 그렇게 인식하고 있었다. 하지만 발해에는 말갈의 여러 부족이 참여하는 등 고구려에서 발견되지 않는 다른 요소들도 많이 포함되어 있으며, 새롭고 독자적인 문화적 내용도 발견된다. 따라서 발해의 고구려 계승은 상당히 제한된 수준으로 이루어졌다는 점을 인식하는 것도 필요하다.[34]

한국의 고대사, 특히 고구려사와 발해사를 둘러싸고 한국과 중국은 서로 다른 입장을 갖고 있으며, 각기 자기들의 역사라고 주장하고 있다. 냉정하게 살펴보면 두 나라의 입장에 각각의 근거가 있다. 한족이 대다수이기는 하지만 다민족국가인 중국*의 입장에서는 현재의 영토 범위 안에 존재하는 모든 과거의 역사와 민족들을 자신의 역사로 보려고 하는 것은 어쩌면 당연한 일일 수도 있다.

한국 또한 마찬가지이다. 발해는 약간 거리감이 있지만, 고구려는 명백히 한국사의 중요한 부분으로 오랫동안 유지되어 왔고, 그 영역 또한 한반도의 일부를 점하고 있다. 오랫동안 고구려의 수도였던 평양을 비롯한 고구려의 유적과 유물들이 한반도 곳곳에 존재하고 있다. 발해 또한 영토의 한 부분을 한반도에 걸치고 있었고, 우리의 역사인 고구려 계승국가였다는 점에서 결코 우리와 떨어질 수 없는 부분이다. 닫힌 민족주의나 자민족중심주의를 고집해서는 안 되겠지만 정당

---

* 중국은 모두 56개 민족으로 구성된 다민족국가다. 그 중 한족이 절대다수인 92퍼센트를 점하며, 나머지 55개 소수민족이 8%를 점한다. 중국인구가 공식적으로 13억인 점을 감안할 때 8%의 소수민족도 절대적인 수에서 결코 작은 수가 아니다. 1억 이상이나 되는 셈이다. 또한, 몇 개 소수민족의 경우는 독립 국가를 세워도 별로 부족하지 않은 많은 인구를 갖고 있다. 중국이 민족문제에 민감할 수밖에 없는 이유가 있는 것이다.

한 자신의 몫을 남에게 넘겨주는 것도 제대로 된 독립국가가 할 일이 아니다. 따라서 한국과 중국의 역사를 둘러싼 갈등과 투쟁은 오랫동안 계속될 수밖에 없다.

10. 고려

세계에 코리아의 존재를 알린 다원적인 통합 국가

국제적이며 다원적인 통합 왕조

신라의 통일이 불완전한 측면을 안고 있었다는 점은 누구든 인정할 수 있는 부분이다. 애초 신라가 당과 연합한 가장 주요한 목적은 백제를 멸망시키는 것이었다. 물론 당의 목적은 고구려 평정에 있었다. 그런데 백제와 고구려의 멸망 후 당은 백제 땅조차 신라에 넘겨주지 않았고, 신라는 수십 년간의 투쟁을 통해 겨우 한반도의 상당 부분을 통일할 수 있었다. 그러니까 일부에서 이야기하는 것처럼 신라는 애초 '삼국통일 전쟁'을 생각해본 적이 없었던 것이다. 그러나 신라의 삼국에 대한 애착은 고구려와 백제의 멸망 뒤 당 나라와의 항쟁 과정에서 싹텄다고 봐야 할 것이다. 그렇지만 신라는 당과의 전쟁 중에는 고구려의 옛땅을 전혀 넘보지 못했다. 그러다가 당 나라가 발해 건국, 토번과의 전쟁 등으로 사실상 고구려 옛땅에 대한 경략을 포기한 735년에 이르러서야 고구려 고토의 남쪽 끝자락인 지금의 황해도 지역을 겨우 차지할 수 있었다.[1]

9세기가 끝나갈 무렵 신라 왕국은 사실상 와해상태에 놓이게 된다. 중앙의 지방 통제력이 상실된 지는 이미 오래되었고, 각 지방에서는 호족들이 할거하다가 드디어 중앙정부에까지 대항할 수 있는 세력이 등장한다. 900년 백제 왕을 자처한 견훤과 901년 고구려라는 국호를 사용하며 왕을 자처한 궁예였다. 그렇게 해서 후삼국 시대가 열렸다. 후삼국의 세력판도는 처음 견훤의 후백제 쪽으로 기우는 듯했다. 그러다가 918년 궁예를 밀어내고 도읍을 송악으로 옮기고 국호를 고려로 바꾼* 왕건 쪽으로 쏠렸다.

왕건은 한때 견훤의 공세에 밀려 고전했으나 930년 고창^{지금의 안동} 전투에서 큰 승리를 거두면서 전세를 뒤집을 수 있었다. 935년 6월 후백제는 후계를 둘러싼 내분으로 분열되었고, 같은 해 10월 신라의 경순왕이 왕건에게 항복함으로써 형세는 고려 쪽으로 급격히 기울었다. 다음 해 왕건은 후백제와의 결전에서 승리하고 수도 완산주를 점령함으로써 통일 위업을 달성한다.[2] 고려는 신라가 이루지 못한 실질적인 통합을 이룬 첫 왕조였다.

이렇게 후백제를 재통일한 고려는 적극적인 북진 정책을 통해서 신라가 꿈도 꾸지 못했던 고구려의 이름과 그 핵심 지역을 되찾았다. 고려라는 이름은 장수 왕이 평양으로 천도하면서 사용한 명칭이기도 하다.** 그러나 고려가 고구려의 후예를 자처했다고 해서 고구려의 모든

---

* 처음 '고구려'로 국호를 정했던 궁예는 그 뒤 '태봉'으로 바꿨다. 그런데 궁예가 예측 불가능한 행동으로 사람들의 신임을 잃자 송악(개성)을 중심으로 성장한 왕건이 추대되어 고려가 건국되기에 이른다.

** '고구려'라는 이름에서 원래의 고유명사는 뒤의 '구려'이고 앞의 '고'는 미칭으로 덧붙여진 것이라고 한다. 그것은 '아름다운', '위대한', '숭고한' 등의 의미로 볼 수 있을 것이다. '구려'

유산이 넘어왔다고 말할 수는 없었다. 훨씬 더 많은 고구려의 유산을 갖고 있던 발해가 있었고, 그 발해는 거란에게 멸망해 역사에서 사라졌기 때문이다. 고구려의 후예를 자처한 고려는 발해가 멸망한 뒤 유민을 적극 받아들이고, 고구려의 옛 수도였던 평양을 살려 서경으로 이름하며 적극적인 북방 정책을 펼쳤다. 물론 고려는 만주지역에서 흥기한 거란의 힘에 눌려 북방으로의 영토적 확장을 크게 이루지 못하지만, 그 정신만은 적극 받아들였던 것이다.

고려는 이러한 입장에 서 있었기 때문에 거란과의 관계에서도 조금은 강한 자세를 견지할 수 있었다. 중국이 5대10국의 혼란기로 접어들면서 중원에 강력한 통일 왕조가 등장하지 않은 것도 고려가 대외 정책에서 강한 자주성과 북방 정책을 펼 수 있는 조건이 되었다. 또한, 고려는 북방 정책과 더불어 거란이 흥기하면서 북방 지역을 장악하기 시작하자 이에 대해 적극적인 대비책을 준비했다. 그러나 물리적인 측면에서 본다면 고려는 급작스럽게 성장하며 만주지역과 중국 북부지방을 장악한 거란의 상대가 되지 못했다. 군사력의 절대적인 열세에도 고려가 서희의 담판을 통해 강동6주를 확보한 것은 적극적인 북방정책과 대외관계의 힘의 균형 상태를 정확히 간파한 결과였다.

993년 거란의 소손녕이 대군을 이끌고 처음 고려를 침략했을 때, 거란의 목적은 송과 싸우는 입장에서 배후에 있는 걱정거리를 제거하기 위한 것이었다. 거란이 고려를 침략한 것은 고려의 영토가 목적은

는 여러 계통 알타이어에서 '성읍(城邑)'을 의미하는 '홀(Khor)', '골(Kor)', '구루(Kuru)' 등의 말에서 나온 것으로 본다. 우리말의 '고을'도 이와 통하는 말이라고 한다. 고려는 고구려의 줄임말이거나 '구루'에 대한 한자식 표기로 볼 수 있을 것이다.

아니었던 것이다. 이러한 상황을 정확히 간파한 서희는 거란의 약점을 찌르며 오히려 큰소리치며 강하게 나갔다. 그러면서도 그는 적절한 외교술을 구사함으로써 거란의 양보를 얻어내는 지혜를 발휘했다. 거란은 고려에 거란과 조공관계를 맺고 송을 돕지 않으며 여진을 견제하라고 요구했다. 고려는 이 조건을 받아들이는 대신 거란으로부터 오히려 강동6주江東六州*를 확보할 수 있었다.

그러나 그 뒤 고려 내정이 흔들리면서 거란의 2차 침입을 당했고, 수도 개경까지 위험에 빠지는 등 큰 피해를 입어야 했다. 이때에도 고려는 완강한 저항과 협상을 통해 거란군을 물리치는 데 성공했다. 그 후 다시 거란이 송과의 단절, 강동6주의 반환 등을 요구하며 3차 침입을 해왔다. 그러나 이때에도 고려는 강감찬을 내세워 귀주대첩에서 크게 승리함으로써 거란의 기세를 꺾을 수 있었다. 이처럼 고려는 고구려의 후예를 자처하며 북방 정책을 과감하게 펼치면서도 적절한 외교술을 구사하여 북방의 강한 세력과도 맞서 싸울 수 있었고, 이를 통해 강한 자주성과 고려의 정체성을 확보할 수 있었다.

오늘날 한국을 지칭하는 코리아Korea** 라는 말이 고려에서 나왔다는 것은 누구나 알고 있는 사실이다. 고려 시대 개경의 상인들과 접촉했던 아라비아의 상인들에 의해 고려라는 이름이 세계적으로 알려지면

---

*   993년(고려 성종 12년) 요 나라의 제1차 침입 때 서희가 요 나라 장수 소손녕과 담판하여 얻은 고려 서북면의 영토이며, 군사상·교통상의 요지였던 이곳은 여진족이 거주하여 고려의 북방 진출에 큰 장애가 되었다. 이 땅은 압록강 동쪽 280여 리, 곧 흥화진(의주), 용주(용천), 통주(선천), 철주(철산), 귀주(구성), 곽주(곽산)이며, 이 강동 육주의 북쪽 국경에 쌓은 장성이 고려의 천리장성이다.

** 본래 영문 스펠은 Corea이었는데, 일제에 의해 Korea로 바뀌었다고 해서, 본래대로 돌아가야 한다는 주장이 제기되고 있다.

서 코리아로 불리게 되었다고 한다. 이처럼 고려는 한국이라는 정체성을 만든 국가였고, 실질적인 의미에서 첫 통합 왕조였다. 그 때문인지는 몰라도 의외로 한국인들에게 고려는 우리 역사의 가장 자랑스러운 부분으로 알려져 있다. 박종기 교수는 대학 수험생들에게 "우리 역사에서 가장 기억에 남는 사건이나 자랑스러운 부분을 들어 설명하라."고 했더니 대부분이 고려 시대 역사를 예로 들어 설명했다고 말하고 있다. 구체적으로는 윤관의 여진정벌·무인정권의 대몽 항쟁 등 이민족에 대한 저항과 정벌의 역사를 이야기하거나 청자·팔만대장경·금속활자 등을 예로 들었다고 한다.[3]

조선 시대는 시간적으로 공간적으로 현재와 가장 가깝고 이야기할 것은 많지만, 너무 사대주의에 찌들었던데다가 임진왜란과 병자호란이라는 치명적인 재앙을 당한 탓에 자랑스럽다는 생각은 별로 들지 않는 모양이다. 또한, 고려 이전 시대는 시간·공간적으로 거리감도 있고 한국사의 정체성 측면에서 일정하게 한계가 있는 듯하다.

반면 고려는 지금의 한국인과 한국사의 정체성도 명확하고 대외 관계에서 자주적인 면도 강했으며, 문화적인 측면에서도 팔만대장경이나 금속활자, 고려청자 등 세계적인 수준에서 자랑할 만한 것들이 적지 않다. 고려는 대외관계에서 강한 자주성을 표방하면서도 개방적이고 역동적인 국제성 있는 나라였다. 고려는 공식적인 외교관계를 넘어서 상인들의 무역 활동이 활발하게 전개된 해상국가이기도 했다. 또한, 내적으로는 불교와 더불어 유교·도교·풍수지리 등 다양한 사상이 공존했으며, 삼국의 문화 예술 양식이 함께 어우러진 다양성을 바탕으로 한 다원적인 성격의 사회였다.[4]

왕건의 통합 정책과 훈요십조

시작이 반이라는 말이 있다. 역사에서도 한 왕조의 시작이 그 왕조의 성격을 거의 결정짓는다고 말할 수 있다. 왕조를 창건한 인물이 어떤 사람이며, 그가 어떤 이념과 정신으로 나라를 이끌고자 했는지가 왕조의 후대 통치에도 큰 영향을 미치지 않을 수 없기 때문이다. 그런 점에서 고려 왕조가 어떤 성격의 왕조인지를 파악하기 위해서는 그 창건자인 왕건이란 인물과 그의 개국 정책을 살펴보는 것이 중요하다.

왕건이 송악의 호족이었던 왕륭과 그 부인 한 씨 사이에서 난 아들이라는 것 외에는 별로 알려진 사실이 없다. 그러나 궁예를 밀어내고 왕이 되는 과정이나 통일 전쟁 과정에서 보인 왕건의 이미지는 화합과 통합에 능한 인물이라는 것이다. 우리가 잘 아는 사실 가운데 왕건의 비가 모두 29명이나 되었다는 점은 그의 이 같은 성격을 잘 보여주는 것 가운데 하나이다. 신라 말기 통치구조가 무너지면서 각 지역에는 유력한 인물을 중심으로 호족 세력이 형성되었는데 왕건은 이들의 통합을 위해 적극적인 결혼 정책을 폈고, 그 바람에 부인이 29명이나 되었던 것이다. 그 때문에 고려 왕조는 초기 호족 연합 정권의 성격을 갖게 되었고 이를 격파하고 중앙집권 국가의 면모를 확실하게 갖추는데 일정한 노력이 요구되었다. 이러한 중앙집권체제의 기반을 마련한 것은 4대 왕인 광종 때 가서였다.

고려는 신라가 이루지 못한 내적 통합을 위한 방안으로 본관제를 실시했다. 본관제란 고려 왕조가 통일 전쟁 후 각 지역을 장악한 다음 그 지역의 토지와 민적을 작성하고 그 지역의 유력한 세력에게 성씨를 부여함으로써 국가의 지배 질서 속에 통합시킨 정책을 말한다. 이를 보통 '토성분정土姓分定 정책'이라고 한다. 이 정책을 계기로 오늘과 같은 성씨 사용이 점차 보편화했다. 여기서 '토'는 지역·지연의 의미이고, '성'은 혈연이란 뜻이다. 즉, 전국의 주요한 지방 세력들에게 성씨를 나누어 주면서 성씨를 받은 지배 세력의 거주지와 영역에 대한 지배를 인정해 준 것이다.[5]

이러한 토성정책은 고려의 성립 과정에서 나타난 특성을 감안하여 구현된 정책이라 할 수 있다. 고려 왕조의 탄생을 주도한 것은 신라 시대 권력에서 배제된 지방 세력이었다. 고려 왕조는 이들을 하나로 통합하면서도 일정하게 지방에 대한 지배권을 인정해 줄 필요가 있었다. 그런 점에서 본다면 본관제는 중앙 권력자가 일방적으로 권력을 독점하지 않고, 상호공생하고 의존하는 타협적 관계를 모색한 것이라고 말할 수 있다. 반면 이러한 본관제는 일반 백성에 대해서는 또 다른 억압 기구로 작용한 측면도 있었다. 그 점에서 양면성을 갖고 있다고도 볼 수 있다.

이러한 본관제는 신라와 조선 시대의 중간 지점에 있는 고려 사회의 특성을 보여주고 있다는 점에서도 흥미롭다. 통일 신라는 진골 귀족이 정치와 경제력을 철저히 장악하고 있었던 매우 폐쇄적인 사회였다. 그에 비해 조선 사회는 신흥사대부들이 왕조를 건국하기는 했지만 실제로 양인 신분을 가진 모든 사람에게 지배층이 될 기회를 부여했다는 점에서 매우 경쟁적이고 개방적인 체제였다. 이에 비해 고려 왕조는 통일신라 사회의 폐쇄성을 극복하고 그동안 소외되었던 광범위한 지방 세력을 축으로 성립되었고, 신라 말기에 계속된 분열상을 극복하고 새로운 사회통합을 이뤘다는 점에서 발전적인 측면이 있었다. 그러나 지방의 유력 세력에게만 지배층에 편입될 기회를 제공한 점에서는 조선 사회에 비해 덜 개방적인 사회였던 것도 분명하다.[6]

왕건 고려 왕조가 어떤 이념을 갖고 나라를 통치하고자 했는지를 알기 위해서는 그가 남겼다는 훈요십조訓要十條를 살펴보는 것도 의미가 있을 것이다. 그는 통치의 기틀을 완전히 세우지 못한 상태에서 병상에 눕게 되자 후손들에게 통치의 기본방향을 제시하기 위하여 이걸 남겼다고 한다. 그것을 간략히 요약하면 이런 내용이다.

첫째, 불교를 진흥시키되 승려들의 사원 쟁탈을 금할 것. 둘째, 사원의 증축을 경계할 것. 셋째, 서열에 관계없이 덕망이 있는 왕자에게 왕위를 이을 것. 넷째, 중국풍습을 억지로 따르지 말고, 거란의 풍습과 언어를 본받지 말 것. 다섯째, 서경평양에 1백 일 이상 머물러 왕실의 안녕을 도모할 것. 여섯째, 연등회와 팔관회 행사를 증감하지 말고 원래 취지대로 유지할 것. 일곱째, 상벌을 분명히 하고 참소를 멀리하며 간언에 귀를 기울여 백성의 신망을 잃지 말 것. 여덟째, 차령 산맥 이남 공주강금강 외곽 출신은 반란의 염려가 있으므로 벼슬을 주지 말 것. 아홉째, 백관의 녹봉을 증감하지 말고, 병졸들의 사기진작을 위해 매년 무예가 특출한 사람에게 적당한 벼슬을 줄 것. 열 번째, 경전과 역사서를 널리 읽어 옛일을 교훈 삼아 반성하는 자세로 정사에 임할 것.[7]

그런데 일부에서는 이 훈요십조가 조작되었다는 주장이 제기되기도 한다.[*] 여기서 알 수 있듯이 왕건의 고려 왕조는 귀족이 지배하던 통일신라와는 달리 백성의 생활 안정을 위해 많은 노력을 기울였다. 특히 왕건은 호족들의 과다한 세금 징수를 규제했고, 춘궁기에는 곡식을 주고 추수기에 갚게 하는 흑창을 설치하기도 했다.

고려 초기의 통치체제 정비

왕건 사후 왕자들과 외척들 사이에 왕위 계승을 둘러싼 분쟁이 발생했다. 결혼 정책의 후유증일 수도 있었다. 2대 혜종이 독자적인 지지 기반을 얻지 못한 채 2년 만에 죽자 왕건의 사촌 동생 왕식렴의 지지를 받는 정종과 외척인 왕규가 대립했다. 정종은 서경에서 군대를 이끌고 온 왕식렴의 도움을 받아 왕규 일파를 제거하고 왕위에 올랐다. 그는 왕권을 위협하는 세력을 견제하기 위해 서경 천도를 계획했으나 실현하지 못했다. 그는 호족의 군사력을 중앙정부로 흡수하기 위해 광군사를 설치하고 전국적인 군사조직인 광군을 육성했다.

정종의 뒤를 이은 광종은 호족들이 불법으로 소유한 노비들을 양인

[*] 훈요십조 가운데 제8조가 조작되었다는 것이다. 일본의 이마니시 류는 태조 대에 후백제 출신들이 많이 등용된 것을 근거로 제8조항이 후대인에 의해 조작되었다고 주장했다. 이러한 주장에 영향을 받은 일부 국내 학자들은 후백제 지역 사람들이 태조 때부터 별다른 차별 없이 등용되었음이 확인되기 때문에 제8조항의 내용은 그 일부가 조작되었을 것으로 보기도 한다. 그러나 제8조에서 말하는 '차현 이남'과 '공주강 외(外)'를 원문 그대로 인정하여 차현(차령산맥) 이남, 공주강 밖 사람들이 차별을 받았다고 보는 것이 일반적인 견해이다. 이러한 지역적 범위에 대해 후백제 전체 지역으로 보는 견해, 후백제 중심지였던 전주 권역으로 보는 견해, 후백제와는 무관한 공주 · 청주 일대로 한정하여 보는 견해도 있다. (정학수 지음, 『한국민족문화대백과사전』 참고)

으로 해방하는 노비안검법을 시행함으로써 그들의 경제적, 군사적 기반을 크게 약화시켰다. 또한, 그는 후주에서 귀화해온 쌍기의 건의를 받아들여 과거제를 실시했다. 이를 통해 고려는 유교적 학식과 능력을 갖춘 인재들을 두루 등용함으로써 왕권을 강화할 수 있었다. 광종은 북방 개척을 위해 개경을 황도로 삼고 서경을 서도로 삼아 북방 지역에 여러 성을 쌓기도 했다. 그는 자신의 개혁에 반대하는 공신과 호족 세력들을 제거하는 대대적인 숙청작업도 진행했다. 하지만 외척과 호족들의 발호는 쉽게 근절되지 않았다. 과거제를 통해 귀족들의 정계 진출을 억제하려 했지만, 그들은 음서제蔭敍制*를 통해 고위관직으로 진출했으며 점차 왕권을 위협하는 문벌귀족으로 변해갔다.[8]

고려 왕조의 왕권은 6대 성종 때에 비로소 안정을 찾았다. 성종은 시무 28조를 올린 최승로를 중용하여 유교 정치 사상을 기반으로 국정을 운영했다. 성종 이후 고려의 통치조직은 유교 정치에 입각한 모습으로 바뀌기 시작했다. 983년에는 주요 지방에 12목을 설치하고 지방관을 파견했으며, 의학박사, 경학박사 등을 보내어 지방 교육을 강화했다. 또한, 고려는 당 나라의 정치제도를 받아들여 중앙 정부조직을 3성 6부제로 개편했다. 지방통치제도가 크게 정비된 것은 제8대 현종 때였다. 현종은 나라 전체를 북쪽의 변경지대, 수도 개경과 그 부근

---

* 고려와 조선 시대에 중신과 양반의 신분을 우대하여 친족과 처족을 과거가 아니라 출신을 고려하여 관리로 등용하는 제도이다. 음보(蔭補), 문음(門蔭), 음사(蔭仕), 음직(蔭職)이라고도 하며, 음덕(蔭德)으로 표현하기도 한다. 고려 성종 대에 당 나라, 송 나라의 음보제(蔭補制)를 들여와 5품 이상의 관직에 있는 중신의 아들에게 관직을 제수하면서 시작되었다. 지배층의 관인 지배체제를 굳건히 하게 되면서 과거에 급제하여 벼슬을 하는 비율보다 음서로 인한 관직 진출이 더 많아졌다.

인 경기, 그 밖의 지역 등 세 부분으로 나누었다. 개경과 경기는 왕과 문벌귀족들이 살고 그들의 토지가 많은 곳으로 가장 중요한 지역이었다. 또한, 북쪽 변경지대는 외적이 침입하는 곳으로 군사적인 방어가 가장 중요했다. 이곳에 양계^{북계와 동계}를 설치하고 군사지휘관인 병마사를 파견하고 그 밑에는 여러 군사지휘관을 두어 방비를 튼튼히 했다.[9]

이 두 지역 외에는 도를 두었는데, 5도가 되기도 하고 6도, 7도, 8도가 되기도 했다. 도에는 관리가 파견되지 않고 1년 중 몇 개월 동안만 안렴사, 관찰사가 파견되어 이곳저곳을 돌며 관리들을 감시했을 뿐이었다. 도 밑에는 호부, 목, 경 등이 있었다. 지방에는 군·현이 설치되어 모든 일반 행정업무는 중앙정부와 군·현 사이에 직접 이루어졌다. 세금과 특산물을 거두고 노동력을 동원하여 중앙으로 보내는 것은 모두 군·현이 맡아서 했다. 그러나 모든 군·현에 지방관이 파견된 것은 아니었고, 따라서 지방관이 파견되지 못한 곳은 속군, 속현이라고 해서 지방관이 파견된 주변 현의 통솔을 받았다.[10]

지방의 행정실무는 그 지역의 토착 세력인 향리들이 맡았다. 향리들은 지방제도에 말단으로 편입되었지만, 그 지역에서는 여전히 막강한 힘을 갖고 있었다. 한편 고려는 외적의 침입을 물리치고 백성을 지배하기 위한 군사력을 갖추었다. 중앙에는 왕을 호위하고 수도를 방어하는 2군 6위가 있었으며, 변경지대인 양계에는 주진군을, 지방에는 주현군을 두어 외적과 도적 떼, 농민 봉기에 대비했다. 고려는 초기 정치체제 정비과정을 통해 왕과 문벌귀족을 중심으로 한 체제를 구축했다. 왕은 귀족 가운데 최고의 존재로서 막강한 권력을 행사했고, 문벌귀족들도 많은 권력과 특권을 행사했다.

문벌귀족 사회와 이자겸 · 묘청의 난

거란의 3차 침략을 물리친 뒤 고려는 약 1세기 동안 평온했다. 그러나 11세기 말 여진이 크게 성장하면서 고려의 평화도 깨지기 시작했다. 발해가 멸망한 뒤 압록강과 연해주 일대에 흩어져 살고 있던 여진족*은 11세기 고려가 북쪽 변경지대에 신경을 쓰지 못하고 거란이 약해진 틈을 타서 차츰 거란을 통합하면서 세력을 키우기 시작했다. 그 중 완안부 세력을 중심으로 고려의 동북지대를 위협했다. 이에 고려는 임간과 윤관을 파견하여 이 지역을 평정하려 했으나 쉽지가 않았다. 고려는 윤관의 건의에 따라 별무반을 조직하고 군사조직을 정비했다. 1107년 윤관은 정비된 군사력을 바탕으로 여진 정벌에 나섰다. 고려군은 여진족을 동북 변경지대에서 몰아내고 그곳에 9개의 성을 쌓아 백성을 옮겨 땅을 개간하고 농사를 짓도록 했다.[11]

그러나 쫓겨간 여진족들이 다시 쳐들어와서 이곳을 돌려달라고 청원했다. 고려 조정에서는 여러 차례의 논쟁 끝에 결국 9성을 다시 돌려주기로 결정했다. 동북의 9성은 성 사이의 거리가 멀어서 지키기 어렵고 개경에서 멀리 떨어져 있어 관리하기 어렵다는 것이 그 이유였다. 이때 고려는 이미 문벌 귀족들이 정권을 좌우하면서 안일한 사고에 젖어들어 외세의 침략을 적극 막으려는 사고가 사라지고 있었다. 그 뒤 몇 년 동안 여진족은 고려에 조공을 바치는 등 아무 일이 없었

---

* 이들은 고조선 시기에는 숙신으로 불리다가 고구려와 발해 때는 물길, 말갈로, 고려 시대에는 다시 여진으로 불렸다. 이들은 후에 조선 시대 주변부족들을 통합하여 청 나라를 세운 만주족으로 이어진다.

다. 하지만 완안 아구타가 등장하여 여진족을 통합하고 세력을 크게 키운 다음, 1115년 마침내 금을 건국하기에 이르자 동북아 사정이 완전히 급변했다.[12]

금은 중국 북부에 있던 요거란를 멸망시킨 뒤 송으로 쳐들어가 수도인 개봉카이펑을 함락했다. 송은 양자강 이남으로 밀려났으며 임안지금의항저우에 수도를 정하고 남송을 세웠다. 금은 이와 함께 고려에 대해서는 군신관계를 요구하며 압박했다. 고려 내부에서는 이에 반발하는 세력이 없지 않았으나 당시 권력을 잡고 있던 이자겸 일파는 이를 받아들였다. 그 때문에 고려는 금의 침략을 당하지는 않았지만, 초기의 강력한 자주성이 위축되는 손상을 입었다. 고려가 금의 압력에 쉽게 굴복한 것은 힘의 열세를 인정한 탓도 있었지만, 이자겸 일파가 이를 수용하는 것이 자신들의 세력을 유지하는데 유리하다고 판단했기 때문이다.

고려 성종 때 중앙집권체제가 확립되면서 새로운 지배층이 등장하기 시작했다. 이들 중에서 여러 대에 걸쳐 고위 관료를 배출하며 왕실의 외척이 되어 권력을 좌우하는 문벌귀족이 생겨났다. 대표적인 문벌귀족으로는 경원인주 이 씨, 안산 김 씨, 경주 김 씨, 해주 최 씨, 청주 이 씨, 광양 김 씨, 수주 최 씨, 이천 서 씨, 남평 문 씨, 파평 윤 씨, 평산 박 씨, 경주 최 씨, 영광 김 씨 등이 있었다. 그중에서 경원 이 씨는 이자연-이호-이자겸의 3대에 걸쳐 문종, 순종, 선종, 예종, 인종에 이르는 80여 년 동안 5명의 왕에게 10명의 왕비를 들여보내 고려 최고의 외척 가문이 되었다. 이들은 왕위 계승에도 관여하며 정치권력을 독점하려 함으로써 왕실과 다른 귀족들과 자주 충돌을 일으켰다.[13]

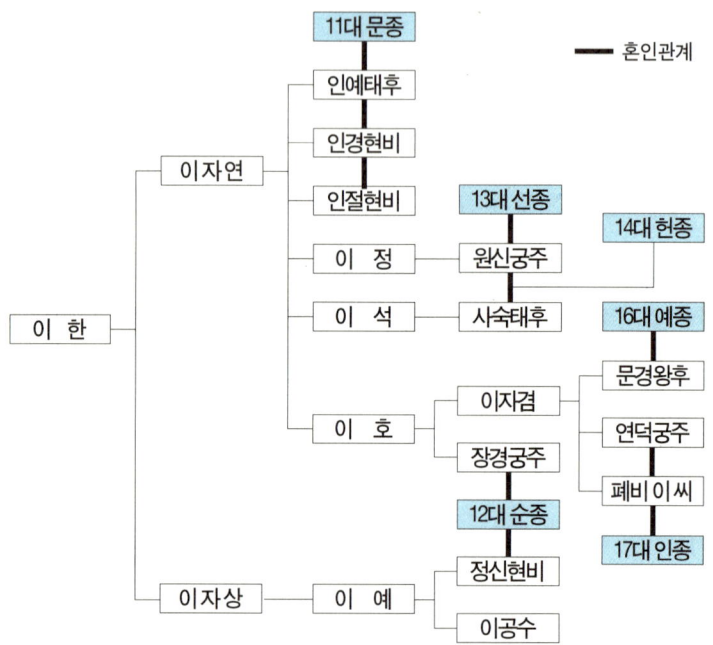

이자겸 가문과 왕실

송찬섭 · 홍순권 지음, 『한국사의 이해』, 한국방송통신대학교출판부, 110쪽 참고

이자겸은 예종이 죽자 자신의 집에서 자란 14세의 어린 외손 인종을 왕위에 올렸으며, 자신의 두 딸을 연이어 인종의 비로 들여보냄으로써 권력을 독점했다. 이렇게 경원 이 씨가 권력을 독점하며 전횡을 부리기 시작하자 인종과 다른 문벌귀족들이 불만을 품고 이자겸을 제거하기 위해 움직이게 되었다. 1126년 인종의 측근인 김찬, 안보린, 지연록 등은 이자겸과 그의 측근인 척준경을 제거하기 위해 나섰으나 실패했다. 이에 이자겸과 척준경은 반격에 나서 궁궐을 불태우고 반대파를 제거했으며, 인종마저 제거하려 했다. 그러나 이자겸과 척준경이

서로를 배신하며 권력을 독점하기 위해 반목하는 바람에 이들의 기도는 실패로 돌아가고 말았다. 이자겸과 척준경 일파가 제거된 다음에는 김부식으로 대표되는 경주 김 씨가 정국의 주도권을 장악했다.[14]

그런데 이자겸의 난이 진압되고 김부식 일파가 권력을 장악하고 얼마 지나지 않고 묘청의 난이 일어났다. 이자겸의 난으로 민심이 흉흉해지면서 서경 출신의 승려 묘청 등이 왕도의 기운이 다한 개경에서 서경으로 도읍을 옮기고 국가의 중흥을 꾀해야 한다는 풍수도참설을 유포하면서 반란을 일으킨 것이다. 이들은 금에 대한 조공책봉 관계를 반대하면서 황제의 연호를 사용하고 북쪽으로 금을 공격해야 한다고 주장했다. 이러한 주장 때문에 근대의 민족주의 역사학자 신채호는 묘청의 난을 '조선역사 1천래 제1대 사건'이라고 높이 평가했다. 묘청의 난에는 묘청 외에도 서경 출신인 정지상, 백수한 등도 가세했다. 그러나 개경귀족들은 이들의 주장을 혹세무민의 재앙이라고 주장하며 이들을 잡아 죽여야 한다고 나섰다. 묘청 일파는 자신들의 의도대로 일이 진행되지 않자, 무력으로 직접 그 일을 실행에 옮기려 했다.[15]

1135년 묘청 일파는 서경을 중심으로 난을 일으켜 나라 이름을 대위국, 연호를 천개라고 하면서 황제국을 선포했다. 개경귀족들은 김부식을 토벌군 총대장으로 삼아 묘청의 난을 진압했다. 먼저 개경에 있던 정지상, 백수한 등을 죽이고, 서경으로 진격했다. 김부식은 문재가 뛰어났던 정지상에 대한 질투심으로 그를 묘청과 엮어 죽였다고 한다. 개경귀족들의 진압군에 대항하여 서경 백성들도 적극 맞서 싸웠다. 그렇게 해서 개경귀족과 서경 백성 사이의 전쟁이 되고 말았다. 묘청의 난은 1년에 걸친 저항 끝에 마침내 무너졌다. 묘청의 난은 결국 진압되었고, 무자비한 살육이 뒤따랐다. 하지만 내전에 가까운 이러한 싸움은 그 뒤 개경귀족에 대한 농민과 노비들의 반란과 항쟁*의 시발점이 되었다.[16]

이자겸의 난이나 묘청의 난은 고려를 소수의 문벌귀족이 독주하면서 왕권이 약화한 가운데 발생한 사건이었다. 이자겸의 난은 특정 문벌귀족의 독주에 대해 다른 귀족 세력과 왕이 반발하면서 일어난 사건이고, 묘청의 난은 개경의 문벌귀족과 서경 출신의 신진 관료들 사이의 대립으로 일어난 사건이다. 이는 고려 사회가 문벌귀족 사회로 바뀌면서 그 폐해가 심각하게 나타나고 있었음을 말해준다. 그럼에도 이러한 문제를 개혁하려는 내부적인 노력이나 시도는 일어나지 않고 있었다. 결국, 그 때문에 고려는 무신의 난이라는 사회 전체를 뒤흔드는 새로운 사건을 불러오게 된다.

무신의 난과 최 씨 일가의 장기집권

고려는 문신이 중심이 된 문벌귀족 사회였다. 문신들은 높은 벼슬자리와 특권을 독점했고, 군대의 지휘권까지 장악했다. 거란과 여진을 물리치는 데 큰 공을 세운 서희와 강감찬, 윤관 등도 모두 문신이었다. 그러다 보니 무신들은 차별대우를 받지 않을 수 없었다. 무신들은 문

---

*　고려 시대의 대표적인 농민과 노비의 항쟁으로는 1172년의 창주, 성주, 철주의 농민반란, 1176년 공주 명학소의 반란, 1178년의 망이·망소이의 난, 1182년 전주 농민과 관노들의 반란, 1193년 경상도 운문사를 중심으로 한 김사미의 난, 1198년 최충헌의 노비 만적의 난 등이 있었다.

벌귀족에 끼지 못할 뿐만 아니라 벼슬도 최고직인 대장군이 겨우 3품에 불과했다. 전쟁터에서도 지휘관은 문신이었고, 무신은 문신을 보좌하는 전투기술자에 불과했다. 그 때문에 벼슬등급이 문신보다 높아도 그에 합당하는 대우조차 받지 못했다. 심지어 직업군인들에게 주는 땅까지 빼앗아 문신들에게 나누어주는 형국이었다. 그러니 고위직 무관뿐만 아니라 하급병사들조차도 불만의 목소리가 높아지지 않을 수 없었다.[17]

거란을 물리친 다음 전쟁이 거의 없자 무신들은 문신귀족들의 호위병 신세가 되고 말았다. 그들은 문신귀족들이 왕과 어울려 잔치를 벌이고 놀 때, 시종 노릇을 하면서 때로는 칼춤을 추는 등 재주꾼 노릇까지 해야 했다. 심지어 문벌귀족 집안의 새파란 젊은 관료에게 노 장군의 수염이 쥐어뜯기며 농락당하는 일도 벌어졌다. 1170년 가을 의종이 문벌귀족들과 함께 개경 근처의 보현원으로 놀러갔다가 드디어 사단이 나고 말았다. 그때 무신들은 '5인 수박희'라는 경기로 문신귀족들의 흥을 돋우었다. 그런데 이 경기에서 나이 많은 대장군 이소응이 지자 젊은 문신 한희가 이소응의 뺨을 때리는 일이 벌어졌다. 무신들이 분노했다. 그 이전 이미 정중부, 이의방, 이고 등은 난을 일으킬 계획을 세우고 있는 터였다. 저녁 일행이 보현원에 도착하자마자 무신들이 칼을 빼들었다. 그들은 한희는 물론이고 그 자리에 있던 문신들을 모조리 죽였으며, 그 길로 개경에 돌아와서 다른 문신들도 닥치는 대로 죽여버렸다. 무신들은 의종을 왕위에서 폐위하고, 그의 동생 명종을 새로 왕으로 앉혔다. 그와 함께 고위 관직들도 무신들이 모두 차지했다.

무신의 난이 일어나자 문벌귀족들의 재산을 숨겨둔 사원 세력들이 계속해서 들고 일어났다. 1173년 명종 3년 동북면 병마사 김보당이, 다음 해에는 서경 유수 조위총 등이 군사를 일으켰다. 그러나 이들의 기도는 금방 진압되었고, 따라서 고려는 무신들의 세상이 되었다. 정중부, 이의방, 이고 등 무신 지도부는 중방重房* 을 중심으로 모든 정치를 관장했다. 그러나 무신들도 고려 사회를 진정으로 개혁할 생각은 없었고, 서로 더 큰 권력을 차지하기 위한 투쟁에 몰두했다. 정중부는 비교적 온건하고 합리적이었으나 이의방과 이고는 난폭해서 문신들을 닥치는 대로 마구 죽였다. 이고가 이의방을 몰아내려다 살해되었고, 이의방 또한 권력을 독차지하기 위해 자기 딸을 태자비로 들여보냈다가 정중부에게 제거되고 말았다.[18]

그러나 정중부 또한 권력을 독점하자 불법과 전횡을 일삼았다. 정중부의 아들은 결혼한 상태에서 다시 공주에게 장가를 가려고 했다. 당연히 불만이 생기지 않을 수 없었다. 이때 청년장군 경대승이 등장해 정중부 일당을 몰아내고 의종을 죽인 이의민까지 경주로 내쫓았다. 경대승은 문신을 우대하면서 새로운 정치를 펴려 하자 다른 무신들은 정중부를 찬양하면서 그에게 적의를 내보였다. 경대승은 위협을 느끼

---

*　중방은 현종 때 처음 설치된 것으로 추측되지만, 기록상 의종 21년(1167년)에 처음으로 나타난다. 중방은 무신의 권력기관으로서, 문신들의 도당과 대조가 되지만 문신들이 정권을 잡고 권세를 부리고 있을 때는 별다른 영향력이 없었다. 그러나 정중부가 중심이 되어 무신의 난이 일어난 후 기능이 확대되어 무인 정치의 핵심조직이 되었다. 그리하여 한때는 최고 행정 기관이 되어 군사는 물론 경찰·형옥(刑獄) 등 모든 일을 주관, 처리했다. 중방은 왕의 동정을 감시하는 한편, 왕과의 연락을 긴밀히 하는 역할도 담당했다. 무인 정치는 곧 '중방 정치'라고 할 정도로 무신 정권 시기 중방은 모든 정치의 중심이 되었다. 초기 무인 정치에서는 여러 무장이 서로 어울려 세력을 떨쳤으므로 재래의 중방이 그들의 막부(幕府)로 남아 있었다. 그러나 최충헌의 집권 뒤 정치기구에도 큰 변화와 발전을 보게 되면서 중방은 점차 권세를 잃어 군사에 관한 직무만을 관장하게 되었다. 이후 교정도감(敎定都監)이 중방이 하던 역할을 담당하며 정치의 중심으로 자리를 잡았다.

고 도방都房이라는 사병집단까지 두면서 권력을 유지하려 했으나 집권 4년 만에 병으로 죽고 말았다. 경대승 사후 이의민이 다시 권력을 장악했다. 이의민도 전횡을 일삼기는 마찬가지였다. 뇌물을 받고 벼슬을 주기 예사였고, 백성의 집을 빼앗아 호화 저택을 짓고 남의 땅과 노비를 빼앗아 세력을 넓히는 데 여념이 없었다. 1196년 이의민 또한 최충헌 형제에게 제거당하고 말았다.[19]

최충헌은 무신들의 분쟁을 지켜보면서 권력을 유지하기 위한 여러 방안을 고민했다. 그는 이의민을 죽이기 전에 미리 여러 대비책을 세워 놓았으며, 능력 있는 무관, 문신들과도 관계를 맺었다. 권력을 장악한 최충헌은 왕에게 '봉사십조奉事十條'라는 사회 개혁방안을 올렸다. 그 주요 내용은 불필요한 기관을 줄이고, 향리의 세도를 견제하며, 관리들의 기강을 확립한다는 것 등이었다. 하지만 그 또한 자신의 입맛대로 정치하는 방안을 마련하는 데 골몰했고, 그에게 대항할 수 있는 자들은 모조리 숙청했다. 1197년에는 명종을 내쫓고 신종을 세웠으며, 자신의 동생 충수마저 죽이고 1인 독재제체를 구축했다.

최충헌은 사병私兵집단인 도방을 강화해 자신의 호위를 책임지도록 했다. 문무의 고위직은 혼자 차지했으며, 교정도감教定都監이라는 기구를 만들어 나라 안의 모든 정보를 수집하고 인사관리와 세금까지 처리했다. 또한, 그는 흥녕부興寧府라는 사설관청까지 만들어 개인 재산을 관리하도록 했다. 그렇게 해서 고려 안에 그의 땅이 없는 곳이 없게 되었으며, 그의 집은 궁궐보다 더 컸다. 최충헌의 뒤를 이은 것은 최우였다. 그는 처음 아버지의 재산을 국가에 되돌려주는 척하면서 선심을 썼다. 그러나 곧 그 또한 사유지를 넓히고 고리채를 써서 엄청난 재물

을 끌어모았다. 심지어는 백성의 집을 수백 채나 헐어버리고 그 자리
에 격구장을 만들기도 했다.[20]

최우는 사병집단을 늘렸으며, 삼별초三別抄*라는 특별부대까지 조직
했다. 정방政房이라는 새로운 관청을 자기 집안에 설치해 인사 문제
를 처리했다. 서방書房이라는 기구도 집안에 두고 유능한 학자들을 모
아 정치를 자문하게 했다. 최 씨 정권은 1230년 몽골군이 침략하자 강
화도로 도읍을 옮겨 계속 권력을 유지했다. 하지만 최 씨 정권도 최우
가 죽으면서 서서히 무너지기 시작했다. 최후의 뒤를 이어 최항과 그
의 아들 최의가 계속 권력을 이어받았으나 몽고와의 전쟁이 계속되는
가운데 1258년 김준, 임연 등에 의해 권좌에서 쫓겨나면서 4대 60년에
걸친 최 씨 일가의 집권도 끝나고 말았다. 그 뒤 김준, 임연, 임유무 등
의 무신들이 차례로 정권을 잡았다. 하지만 1270년 원과 화의를 맺은
왕과 문신들이 임유무를 몰아냄으로써 무신 집권 1백 년도 막을 내리
고 말았다.

정중부에 의해 시작된 무신 정권은 고려 성립 이래 2백 년간 진행되
어온 문신권력체제에 종지부를 찍었다. 권력에서 소외되었던 무신들
이 전권을 장악함으로써 국왕과 그 이전의 모든 '큰손 권력집단'이 무

＊   좌별초·우별초·신의군(神義軍)의 3개 별초군(別抄軍)의 총칭이다. 고종 때 최우(崔瑀)
가 도적을 잡기 위해 용맹한 자를 뽑아 야별초(夜別抄)를 설치했는데 뒤에 그 군사가 많아
지자 좌·우별초로 나누었고, 몽골의 고려 침입 때 몽골에 잡혀갔다가 탈출해온 군사와 장
정들을 모아 부대를 창설하여 신의군이라 불렀다. 별초군은 최우 집권기에 중요한 구실을
하며, 특히 대몽항전기에 큰 활약을 했다. 삼별초는 경찰·전투의 임무 외에 도성의 수비와
친위대로서의 임무도 수행했다. 삼별초는 고려의 정규군인 2군6위의 활약이 눈에 띄지 않
는 가운데, 1232년 고려 정부가 강화로 천도한 뒤 대몽항전에서 가장 강력한 전투력으로
활약했다. 자주 강화도에서 나와 전국 각지에서 몽골군과 싸워 큰 전과를 올려 경별초(京
別抄)로 불리기도 했다. (브리태니커 백과사전 참고)

력화되었다. 무신정권은 초기부터 많은 시행착오를 거쳤고 내부의 권력 다툼이 끊이지 않는 등 많은 문제가 있었지만 나름대로 새롭게 평가할 부분도 있다. 무신정권에서도 가장 안정적인 통치체제를 구축한 것은 최충헌이 1209년 교정도감을 설치하면서라고 할 수 있다. 교정도감의 설치 이후 권력 내부의 동요도 더 이상 없었고 민중들의 항쟁도 사라졌던 것이다. 여러 가지 점에서 살펴보아야 할 것이 있지만, 최충헌이 안정시킨 무신정권체제는 "이전에 비해 저비용 고효율의 권력 구조였다."고 볼 수 있는 부분이 있다.[21]

또한, 고려 무신정권의 성립과 비슷한 시기에 일본에서 막부체제가 구축되었다는 점도 흥미롭다. 1185년에 성립된 일본의 가마쿠라鎌倉 막부와 1209년에 설치된 고려의 교정도감은 무신 집단이 왕권과 귀족을 배제하고 최고 권력을 장악했다는 점에서는 공통점을 가진다. 하지만 일본에서는 전국적 기반이 있던 무사집단 내의 봉건체제가 고려에는 없었다는 점에서 차이가 있다. 가마쿠라 이전의 일본에 비해 무신 집권 이전의 고려에서는 중국식의 문민체제가 훨씬 더 진전되어 있었고, 그 때문에 무신 집단과 지방 세력 사이의 연결이 약했던 것이다. 그러나 사회적인 여건이 크게 다름에도 12세기 고려와 일본의 무신정권이 상당한 유사성을 보여주고 있다는 것은 흥미로운 일이다. 그런 점에서 '파행'으로만 치부되어온 고려 무신정권의 성격에 대해서도 새롭게 조망해볼 필요가 있다는 지적은 일리가 있어 보인다.[22]

대몽골 항쟁과 그 결과

13세기 초 몽골 초원에서 테무친이 여러 부족을 통일하면서 세계 지도가 바뀌기 시작했다. 1206년 '사해의 군주'를 뜻하는 칭기즈칸이 된 테무친은 서쪽으로 서하를 공격하고 북중국 금 나라를 공격했다. 금 나라는 혼란에 빠졌으며 곳곳에서 반란과 폭동이 일어났다. 1213년 야율유가는 금의 지배를 받던 거란족의 반란을 주도하며 '대요수국'을 세웠다. 1216년 8월, 몽골과 금의 공격을 받은 거란이 고려로 쳐들어왔다. 이때 고려는 거란을 쉽게 물리쳤지만, 거란의 공격은 그 뒤에도 계속되었다. 몽골도 거란군을 공격했으며, 고려에 연합작전을 제의했다. 고려는 몽골의 제의를 받아들여 거란군을 무너뜨렸다.[23]

이 과정에서 몽골과 고려는 거란을 사이에 두고 처음 마주쳤으나 더 이상의 일은 발생하지 않았다. 몽골은 이때 고려와 '형제의 맹약'을 맺고 그냥 돌아갔다. 아직은 때가 아니라고 보고 다음을 기약했던 것이다. 그러나 시간이 흐르면서 몽골의 위력은 나날이 더해갔다. 몽골은 금을 무너뜨렸고, 중앙아시아와 서아시아, 나아가 동유럽으로까지 영역을 확대해갔다. 그런데 1225년 몽골의 사신 저고여가 고려를 방문하고 돌아가는 길에 압록강변에서 사망하는 사건이 발생했다. 압록강 주변은 여러 세력이 뒤섞여 살고 있어서 누가 죽였는지 알 수 없었지만, 몽골은 고려가 한 짓이라고 단정하고 국교를 일방적으로 끊어버렸다.[24]

1231년 몽골이 고려를 침략해왔다. 압록강을 건넌 몽골군은 순식간에 의주와 철주성을 함락시키고, 귀주성을 향해서 진격했다. 장군 박서와 김경손이 지휘하는 고려군은 귀주성에서 몽골군을 저지하며 버텼다. 몽골군은 결국 귀주성을 내버려두고 남하해서 개경을 포위하고 청주, 충주를 향해 계속 진격했다. 몽골군의 공격에 무신정권은 속수무책으로 당하기만 했다. 이때 각지의 군대와 농민들이 힘을 합쳐 몽골군에 대항했다. 특히 충주성은 지방관리와 세력가들이 모두 도망갔으나 백성이 중심이 되어 노비와 천민까지 합세해서 몽골의 침략을 끝까지 막아냈다. 몽골군은 더 이상 남쪽으로 진격할 수가 없었다. 몽골군은 고려에게 많은 공물을 받는다는 조건으로 타협하고 철수했다. 이때 몽골은 서북지방 40여 개 성에 지방행정을 감독하는 다루가치 Darughachi* 72명을 남겨두었다.

몽골의 침략을 경험한 무신 정권은 1232년 강화 천도를 결정했다. 몽골의 침략에서 개경을 지켜낼 힘도 자신도 없었고, 왕이 몽골과 결탁하여 자신을 몰아낼 것도 걱정되었다. 강화로 천도한 무신정권은 몽골의 침략에 대비하면서도 자신들의 권력을 지키는 데에 많은 노력을

---

* 고려에도 몽골이 침입한 초기부터 배치되었다. 처음 배치된 것은 제1차 몽골침입이 있었던 1231년(고종 18년)이다. 몽골의 총지휘관인 살리타이(撒禮塔)가 철군하면서 서경(西京, 지금의 평양) 등 북계(北界, 지금의 평안도)에 배치했다. 『원사(元史)』「고려전」에 의하면, 이때 72명의 다루가치가 40여 개 성에 배치되었는데 이듬해 모두 고려인에게 사살되었다고 기록되어 있다. 그러나 일부에서는 다루가치가 배치된 성이 실제로는 14개였고 다루가치의 수도 훨씬 적었을 것으로 보며, 모두 살해되었다는 것도 당시 상황으로 믿기 어렵다고 주장한다. 이때 배치된 다루가치는 북계의 각 성(城)에 따로 두었던 것 같다.
고려가 몽골에 항복하고 개경으로 환도하는 것이 결정되고 난 다음부터 몽골은 고려 왕경(王京)에 고려국사 전체에 간여하는 다루가치를 파견했다. 1270년(원종 11년) 다루가치는 부(副)다루가치와 함께 파견된 이래 일정한 임기를 두고 계속 파견되었다. 이들은 원 나라가 고려를 통제하고 감독하기 위해 파견한 관리였다. 따라서 원 나라의 명령에 따라 내정간섭을 했으며, 고려에 나와 있는 원 나라 관원과 고려인 사이에 일어나는 분쟁을 해결하기도 했고, 원 나라에 죄를 지은 고려인을 처단하기도 했다. 1278년(충렬 왕 4년)에 폐지되었다. (브리태니커 백과사전 참고)

기울였다. 최우 정권은 권력기반이 어느 정도 안정되었다고 판단되자 서북지방에 남겨둔 몽골의 다루가치들을 살해하거나 잡아 가두었다. 이는 몽골과의 전쟁을 각오한 조치였고, 몽골은 다시 2차 침입을 감행했다.

1232년 몽골군은 고려에 강화도에서 나와 항복하라고 요구했으나 따르지 않자 육지 곳곳을 유린하며 약탈했다. 백성은 곳곳에서 살육당하고 약탈당했으며 험준한 산성이나 섬으로 숨어들어 겨우 목숨을 부지했다. 한편, 몽골군의 주력부대는 처인성^{지금의 용인}에서 크게 패배했다. 이 싸움에서 승려 김윤후가 쏜 화살에 적장 살리타가 쓰러지면서 몽골군은 퇴각하고 말았다. 그러나 1235년 몽골군은 더 많은 병력을 이끌고 3차 침입을 강행했다. 강화의 무신 정권은 전국을 지휘하는 데 한계가 있었지만 백성들과 지방군대는 스스로 힘을 모아 강력히 저항하며 몽골군을 격퇴했다. 특히 죽주성^{지금의 경기도 안성} 전투가 빛났다. 일찍이 몽골의 1차 침입 때 귀주성 전투에 참가했던 방호별감 송문주의 지휘 아래 적의 공격을 막아냈다. 몽골군은 15일이나 공격을 감행하고도 함락시키지 못하자 무기를 불태우고 물러났다.[25]

몽골군의 3차 공격도 실패로 끝났다. 당시 세계를 석권하며 천하무적을 자랑하던 몽골군은 별로 크지도 않은 땅덩어리의 고려에서 번번이 실패를 맛보아야 했다. 몽골군은 무력으로 고려를 점령하기가 쉽지 않다는 사실을 깨달았다. 일단 몽골은 외교적 압박을 가해왔다. 고려 왕이 직접 몽골로 와서 항복하라는 것이었다. 무신 정권은 항복 요구에는 응하지 않으면서도 공물을 바침으로써 몽골의 요구를 무마하려고 했다. 그러면서도 무신정권은 몽골의 침략으로 국토가 유린당하고 백성의 삶이 피폐해지자 자신들의 권력이 무너질까 봐 조바심을 내면서 내부 단속에 적지 않은 신경을 썼다.

몇 년간의 평화가 찾아왔다. 몽골 내부에서 대칸 자리를 놓고 권력 투쟁이 벌어지는 바람에 대외정복에 신경을 쓸 여력이 없었던 것이다. 하지만 내분이 어느 정도 수습되자 1246년 몽골은 다시 제4차 침략을 감행했다. 그런데 이번에는 몽골의 대칸이 사망하면서 군대가 곧 철수했다. 몽골은 다시 고려에 사신을 보내 수도를 개경으로 옮기고 항복하라며 압력을 가해왔지만 고려는 계속 버텼다. 그러자 1253년 다시 몽골이 제5차 침략을 해왔다. 몽골군은 가는 곳마다 살육과 방화, 약탈을 저질렀다. 고려의 산천은 쑥대밭이 되었다. 그런 중에도 별초군을 비롯한 지방의 군인과 백성은 용감하게 싸웠다. 특히 충주성 백성은 김윤후의 지휘 아래 힘을 모아 싸웠고, 70여 일 동안 양식마저 다 떨어진 상황에서도 끝까지 성을 지켜냈다.[26]

1254년부터 6년 동안 몽골군은 네 차례나 더 고려를 침략했다. 이 과정에서 고려는 엄청난 피해를 입었다. 어떤 해에는 수십만 명에 이르는 백성이 몽골군에 잡혀가야 했으며, 전쟁으로 인한 피해와 흉년이 겹치면서 수많은 사람이 굶어 죽었다. 몽골은 멀리 합천까지 내려왔으며 강화로 가는 뱃길을 끊으려고도 했다. 그럼에도 백성과 지방의 야별초군들은 힘을 합쳐 거듭되는 몽골의 침략에 맞섰다. 백성이 육지에서 하루하루를 연명하며 몽골군과 처절한 투쟁을 벌이고 있을 때 강화에서는 지배자들이 권력 투쟁에 정신이 없었다. 고려는 나날이 피폐해졌고, 백성은 고통 속에서 헤맸다. 이제 고려도 더 이상 버틸 수 없는 상황이 되었다.

고려 내부의 권력관계에도 변화가 일어나고 있었다. 더 이상 최 씨의 무신정권에 의지해서 고려를 끌고 갈 수 없다는 문제의식이 나타나기 시작했고, 최 씨 정권이 무너지고 김준이 권력을 장악하게 되었다. 이를 기회로 왕과 문신들의 협력관계가 구축되면서 몽골과의 강화를 추진하게 되었다. 몽골은 태자가 직접 칸을 방문하라는 조건을 내놓았다. 1259년 고려 태자는 40명의 사절단을 이끌고 가서 몽골의 대칸이자 원의 세조가 되는 쿠빌라이를 만났다. 몽골은 이때 몽케 대칸이 죽고 다음 대칸 자리를 놓고 다투던 때로, 쿠빌라이가 남송 정벌을 멈추고 회군하고 있던 도중이어서 경황이 없었다. 이런 상황에서 고려가 항복한다고 했으므로 비교적 관대한 조건으로 처리될 수 있었다.

쿠빌라이도 고려의 항복이 기뻤든지 이렇게 말했다고 한다. "고려는 만리萬里의 나라로서 당 태종이 친정親征하고도 굴복시키지 못했는데, 이제 그 세자가 내귀來歸하였으니, 이는 하늘의 뜻이로다." 그래서 고려의 항복 조건은 고려의 풍속을 바꾸지 않을 것, 몽골군이 모두 철수할 것, 다루가치를 두지 않을 것 등 고려의 요구 조건이 반영되었다. 이는 몽골의 정복전쟁에서는 이례적으로 너그러운 것이었다. 이러한 강화 조건은 몽골 내의 세력관계가 한지파漢地派가 본지파本地派를 누르고 우위를 확립한 시점에서 이루어졌기에 고려에 유리하게 작용한 결과이기도 했다.* 또한, 이것은 1231년부터 1259년까지 30여 년에 걸친 고려의 끈질긴 대몽 항쟁이 가져온 성과이기도 했다. 사실 고려처럼 작은 나라가 유라시아 대륙을 휩쓴 몽골의 공격에 그처럼 오랫동안 버

---

* 1259년 몽케 대칸의 사망 이후 몽골 내부에서는 파괴 위주의 정복사업을 추진한 본지파와 조공책봉 관계의 중국식 천하 질서를 추구한 한지파 사이에 노선 싸움이 벌어졌다. 권력투쟁 끝에 몽골의 대칸이면서 원元의 세조가 되는 쿠빌라이는 몽골의 중국 지배를 전면적으로 중국화한 인물이었던 것이다.

틴 예가 없었던 것이다.[27] 몽골도 고려의 실력을 인정해주어 일정하게 대접했던 것이다.

고려는 1259년 몽골에 항복하고도 한동안 강화에서 나오지 않고 버텼다. 무신정권 내부에서는 몽골과의 강화를 아예 인정하지 않으려는 주장도 제기되었다. 하지만 1270년 고려 원종이 무신정권을 최종적으로 무너뜨리면서 개경으로 돌아오게 되었다. 이로써 몽골과의 전쟁은 완전히 끝났으나 고려는 원의 간섭 아래에 놓이게 되었다.

몽골과 권문세가들의 횡포

1270년 강화에서 개경으로 환도한 후 고려는 원의 간섭 아래서 국정을 운영하게 되었다. 고려는 어느 정도 주권을 인정받았으나 몽골원의 속국이었다. 고려 세자는 소년기를 몽골 조정에서 지내고 몽골 공주와 결혼했다. 세자가 귀국해서 고려의 왕으로 즉위하면 몽골 조정에서 그를 수행하던 신하들이 따라와 권력을 장악했다. 고려 국왕들의 시호에는 '충忠'이라는 글자가 붙었다. 몽골원 대칸황제에게 충성하는 신하 국가임을 의미한다. 자신을 고려의 왕보다는 원의 신하로 여긴 왕들도 있었다. 그럼에도 몽골의 고려 지배는 당시의 원 지배체제 속에서는 가장 관대한 것이었다. 1309년의 고려의 기록에도 "지금 천하에서 자기 백성과 사직을 가지고 왕위를 누리는 나라는 오직 고려뿐"이라고 했다.[28]

그러나 몽골의 고려 지배는 한국 역사에서 볼 때 엄혹한 시련기였음이 분명하다. 원의 지배 아래서 고려 왕실의 호칭과 관제가 모두 바뀌었다. 왕의 시호에 중국식의 '조'나 '종'을 붙이지 못하고 '왕'을 붙여야 했으며, 충성 '충' 자로 시작해야 했다. 정부의 관제와 호칭도 3성6부에서 1부4사 체제로 바뀌었다. 또한, 일본을 정벌하기 위해 설치했던 정동행성을 폐지하지 않고 그대로 두어 고려 내정을 지배하려 했다. 하지만 고려의 적극적인 반대로 정동행성의 실질적인 통치기구화는 실현되지 않았다.* 그리고 원은 만호부를 설치해 고려의 군사조직에 대한 영향력을 행사했다. 또한, 쌍성총관부를 설치하여 철령 이북 지역을 직속령에 포함했으며, 자비령 이북 지역 땅을 빼앗아 1270년 서경[평양]에 동녕부를 설치했다. 1273년에는 제주도에 탐라총관부를 두어 목마장을 경영했다. 동녕부와 탐라총관부는 1290년과 1294년에 돌려받았지만, 쌍성총관부는 1356년 공민 왕이 무력으로 회복할 때까지 남아 있었다.[29]

몽골 지배 아래서 고려가 입은 물질적 피해도 컸다. 원은 각종 명목으로 많은 조공 물품을 요구했는데, 금, 은, 모시, 가지에서 인삼과 잣, 곰 가죽, 호랑이 가죽, 매에 이르기까지 다양한 물품이 있었다.

고려는 공녀貢女도 보내야 했다. 공녀는 몽골이 제1차 침입 직후인 1232년에 왕족과 대관의 동남·동녀 각 5백 명과 공장工匠·자수부인刺繡婦人을 바치라고 요구한 것이 그 시초이다. 원에서 공녀 문제로 사신이 다녀간 것은 1355년[공민 왕 4년]까지 50여 차례에 달하고, 공납한 처녀는

---

* 분명 몽골 조정의 확고한 통제 아래 있었던 다른 행성들과는 다른 점이 있었다. 그래서 이를 20세기 후반 남한의 한미연합사와 비슷한 것으로 인식하며 비유하는 사람도 있다. (김기협 지음, 『밖에서 본 한국사』, 돌베개, 156쪽 참고)

150명이 넘었다. 이들은 대부분 원 나라 궁중에서 급사나 시녀가 되었다. 공녀 중에는 중국이나 몽골 황제의 눈에 띄어 후궁이 되거나 비빈으로 간택되는 경우도 있었다. 고려 출신으로 세조 쿠빌라이의 총애를 받은 이 씨, 인종 때에 영비 달마홀도, 원말의 기황후[*]가 대표적인 경우다.[30]

이렇게 공녀 출신이 황후나 후궁이 되면 고려에 있던 그의 친정은 상당한 혜택을 보았다. 기황후의 친족인 기철, 기원 5형제가 그러한 본보기라 할 수 있다. 그 외에도 원에 빌붙어 정치적 힘을 행사하려는 부원 세력이 적지 않았다. 이를테면 몽골어 통역관 출신 조인규에서 비롯된 평양 조 씨 가문과 응방鷹坊[**]을 통해 출세한 윤수에서 비롯된 칠원 윤 씨 가문이 있었다.[31]

원의 지배가 지속되면서 이들 부원 세력 외에도 권력을 장악한 세력이 있었는데 이들을 권문세가權門勢家라고 불렀다. 이들 권문세가에는 여러 부류가 있었다. 먼저 이전부터 문벌귀족의 후손으로서 무신 정권 시기 왕실과 무신 권력자들과 혼인관계를 맺어 끝까지 세력을 유지한 사람들이었다. 정안 임 씨, 경주 김 씨, 파평 윤 씨가 그러한 경우이다. 또한, 잦은 정변과 몽골과의 긴 항쟁 과정에서 대부분의 무신이

---

[*] MBC 드라마 〈기황후〉는 공녀에서 원 나라 마지막 황제의 제1황후 지위에까지 오르는 기황후가 주인공이지만, 그 내용은 역사적 사실과 많은 차이를 보이고 있다. 역시 드라마는 드라마로 보아야지 역사로 읽어서는 안 된다는 것을 잘 보여주는 경우다.

[**] 고려 시대와 조선 시대에 매의 사육과 매 사냥을 맡은 관청이다. 응방의 제도는 몽골(원)에서 들어왔으며, 충렬 왕 때 설치되어 백성을 몹시 괴롭혔다. 이 응방의 경영을 위해서는 몽골의 매 부리는 기술자인 응방자(鷹坊子)가 필요했다. 응방은 개경을 중심으로 지방의 역(驛)과 외군(外郡)에도 설치했다. 응방심검별감이 착응별감이 파견되어 응방의 검열과 매를 잡게 했으며, 몽골에서도 착응사(捉鷹使)가 건너왔다. 1283년(충렬 왕 9년) 응방도감이 설치되어 이를 관할했고, 충목 왕 때 폐지되었다가 공민 왕 때 다시 설치되었다.

몰락했으나 끝까지 세력을 유지한 자들도 있었다. 최충헌의 후손 우봉 최 씨와 거란 침입 시에 활약한 김취려의 언양 김 씨가 대표적이다. 무신 집권기 글재주가 뛰어나거나 행정실무에 밝아 관리가 된 자 가운데 권문세족이 된 경우도 있었다. 여기에 부원 세력 등이 합쳐져 고려 말의 권문세족들이 생겨났다.

권문세족들의 경제적 기반은 토지였다. 몽골과의 긴 전쟁으로 백성이 고향을 버리고 떠나면서 수많은 토지가 황무지로 변했고, 토지대장이 불타 누가 주인인지 알 수 없게 된 땅이 여기저기 널려있었다. 권문세족들은 백성을 강제로 동원해 황무지를 개간하여 자기 땅으로 만들고 다른 사람들의 땅을 빼앗았다. 나라에 특별한 공이 있는 경우 '사패賜牌'란 것을 받았는데, 이는 일정한 지역의 토지와 백성을 지배할 수 있는 권리를 말했다. 권문세족들은 사패를 받지 않고서도 받은 것처럼 꾸며서 백성을 괴롭히고 세력을 넓혔다. 왕실과 사원, 관청도 마찬가지였다.[32]

권문세족들은 소유토지에 대해서 절대적인 지배권을 행사했다. 그들은 나라에 세금도 내지 않았으며, 자기 땅에서 일하는 농민들을 부역에 동원하지도 못하게 했다. 이러한 권문세족의 토지를 '농장'이라고 부르는데, 그 영역이 산과 강을 경계로 하고 몇 개의 고을에 걸쳐 있기도 했다. 그러니 백성들의 고통이 얼마나 자심했을 것인가. 이 시기 고통받는 백성의 처지를 한 고려말의 문인 윤여형은 이렇게 노래했다.

나는 촌 늙은 농군더러 물었다.
정녕히 그는 대답한다.
요즈음 권세를 가진 자 백성의 논밭을 빼앗아

산과 내를 경계로 논뀌 밭뀌를 만드나니

밭 하나에 주인은 몇씩이나 나타나

앗아가고 앗아가고 쉴 사이 없이 앗아가며

그나마 홍수와 가뭄으로 흉년조차 들어

논밭엔 갈수록 쓸쓸한 잡초만 우거지는데

살을 벗기고 골수를 긁어가

땅을 쓴들 낟알 한 톨 안 걸리니

관가의 조세는 무엇으로 바치오리까

장정들은 몇천 명이나 어디로 간지도 모르게 흩어지고

빈방만 홀로 지키니

차마 구렁에 굴러 숨겨두기 기막혀

호젓한 산등성이에 올라 도토리를 줍나이다.[33]

    권문세가들이 농장을 늘리고 하나의 토지에 여러 명이 주인이라고 행세하며 조租를 거두어 농민들은 도토리나 주워 먹으며 살아야 했던 비참한 상황이 잘 묘사되어 있다. 이러한 일은 꼭 몽골元의 지배 결과라기보다는 왕조의 말기적 증상이라고도 말할 수 있다.

    그런데 거시적 관점에서 본다면 원의 고려 지배가 반드시 부정적인 측면만 있었던 것은 아니었다. 무엇보다 원蒙古은 세계 제국이었고, 당시로써는 가장 높은 문명 수준을 흡수하고 있었다. 원의 중국 지배도 몽골의 문명 수준을 높이는 중요한 기반이었다. 당연히 고려는 중국 문명을 통째로 흡수한 원과 직접적인 교류를 했고, 그것도 시차 없이 바로 받아들일 수 있었다. 고려는 상당한 규모의 왕실과 귀족층 사람들이 원 나라 황도에 참여하면서 원中國의 최첨단 문화를 그대로 받아들였을 뿐만 아니라 그 문화를 발전시키는 데 직접 참여하기도 했다.[34]

당연히 고려는 원과의 문화 교류를 통해 원의 풍속과 문화를 받아들였을 뿐만 아니라 고려의 풍습과 문화를 전파하기도 했다. 이를 몽고풍蒙古風과 고려양高麗樣이라는 말로 표현하는데, 현재로 말하자면 세계 제국인 미국의 문화를 받아들여 우리 방식으로 소화해서 세계에 내보내는 '한류' 현상과도 비교할 수 있을 것이다. 한국이 20세기 후반 미국의 절대적인 영향력 아래서도 나름대로 정치, 경제, 사회, 문화적인 발전을 지속할 수 있었던 것처럼 몽골 지배 아래서 고려도 나름대로 발전을 이루고 있었던 것은 아닐까?

그렇다면 몽골 간섭기의 고려는 어떤 면에서 20세기 후반의 한국 상황과 유사한 측면을 가진 것은 아닐까? 일제 강점기는 국가 주권이 완전히 사라진 상태였다는 점에서 비교 대상이 될 수 없을 것이다. 하지만 몽골 간섭기의 고려는 종속적이지만 국가적 독립성과 영토의 유지, 정치, 경제, 문화적 독자성을 어느 정도는 확보하고 있었던 시기였다. 그런 점에서 몽골 간섭기의 고려에 대해서는 좀 더 폭넓은 시야를 갖는 것도 필요할 것이라는 생각이 든다. 또한 20세기 후반 이후 한국 사회와 대비하여 살펴보는 것도 의미가 있을 것이다.

공민 왕의 개혁 정책과 고려의 종언

1351년 22세의 공민 왕이 10년간의 원 나라 체류를 마치고 귀국해서 고려 국왕이 되었다. 그는 즉위와 함께 원의 간섭에서 벗어나 자주성을 되찾는 것을 일차적인 목표로 삼았다. 그러나 그가 즉위할 때만 해도 원 나라의 쇠퇴가 눈에 확연히 드러나는 상황이 아니었다. 그런 점에서 공민 왕의 반원 정책은 놀라운 것이었다. 폐위와 죽음을 무릅쓴 결단이 없고서는 그런 일이 절대로 가능하지 않았다. 공민 왕은 홍건적이 대두하고 지방에서 할거 세력들이 등장하더니 1355년에는 황제를 칭하는 자까지 나타나는 것을 보면서 원의 위세가 내리막길로 접어들었다고 판단했다. 마침내 공민 왕은 1356년부터 행동에 나섰다. 기철 일당을 처단하고 연호와 관제 등 원 나라가 정해준 제도를 철폐했다. 그리고 쌍성총관부를 공격해서 되찾았다. 원 나라는 이에 반발했지만, 효과적인 제압 방법이 없었다.

원의 무력 개입과 같은 극단적인 고비를 넘긴 공민 왕은 그 뒤 내정 개혁에 착수했다. 전민변정도감을 설치하고 승려인 신돈을 등용하여 개혁 작업을 진행했다. 권문세족의 불법적인 농장을 혁파하고 땅을 농민들에게 돌려주었으며, 억울하게 노비가 된 자들을 양인으로 해방했다. 성균관을 통해 유학 교육을 강화하고 과거제를 통해 신진 관료들을 대거 등용하여 자신의 친위 세력으로 삼았다. 정도전, 조준, 권근 등 나중에 조선 왕조의 실질적인 주역이 된 신흥사대부는 공민 왕의 개혁 산물이라고 할 수 있다. 이색의 정통계보를 잇는 정몽주는 끝까지 조선 왕조 개창에 반대함으로써 정도전과는 다른 길을 걸었지만, 고려 말의 부패와 권문세가의 횡포에 저항하며 성리학적 세계관에 기초해서 나라를 부흥시키려 했다는 점에서는 같았다.

그러나 이들 신진 사대부의 성장은 고려에는 양날의 칼이 되었다.

고려의 개혁을 추구했지만, 그것이 불가능하다고 판단하자 그들은 새로운 왕조의 문을 여는데 나섰기 때문이다. 공민 왕은 고려 왕조의 부흥을 위해 개혁 정책을 폈지만, 결과적으로는 조선 왕조의 기초를 닦아준 꼴이 되고 말았다. 역사의 아이러니가 아닐 수 없다. 우리가 알다시피 공민 왕은 자제위子弟衛 출신의 홍륜에 의해 비명에 감으로써 그의 개혁을 완수하지 못한다. 물론 그 전에 신돈의 처형 때부터 공민 왕의 개혁은 비틀거리기 시작하지만, 결정적으로는 그의 비극적인 죽음과 함께 모든 것이 끝나고 말았다.

공민 왕의 개혁이 실패한 원인은 무엇일까? 구체적으로 찾는다면 여러 가지 원인이 있겠지만, 보다 거시적인 차원에서 찾는다면 '권문세가의 저항'이 누적된 결과라고 보는 것이 타당할 것이다. 신돈의 과도한 야심이라든지, 공민 왕의 정신착란 등의 이야기는 충분한 근거가 있는 주장이라고 보기는 어려울 것이다. 조선 왕조를 개창한 사람들이 자신들의 명분을 찾기 위해서는 무언가 구실이 필요했을 것이다. 공민 왕이 살해되는 구체적인 과정이나 내용은 적지 않은 부분 수수께끼로 남아 있다. 신돈의 죽음으로 수세에 몰린 개혁 세력과 공민 왕이 이를 다시 만회하기 위해 설치한 것이 자제위였다고 한다면, 기득권 자제들을 모아 개혁의 친위대를 만들려고 했다는 것은 아무래도 무리였을 것으로 추측해 볼 수 있다. 결국, 그 무리가 왕 자신의 죽음으로 연결된 것이 아니었을까?[35]

공민 왕 사후 고려의 정치를 좌우한 인물은 권문세족 출신의 최영과 신진 무장출신의 이성계였다. 최영은 이성계에 앞서 여러 전투에서 공을 세워 문하시중에 오른 인물로 우 왕을 보필하며 고려의 중요 정

공민왕릉(恭愍王陵) | 개풍군 해선리에 있는 봉명산의 무선봉 중턱에 자리한 2기의 무덤으로, 서쪽 것이 고려 31대 공민 왕의 무덤인 현릉(玄陵)이며, 동쪽 것이 왕비 노국공주의 무덤인 정릉(正陵)이다.

책을 결정했다. 반면 동북면의 한미한 집안에서 태어난 이성계는 홍건 적과 왜구와의 싸움에서 뛰어난 활 솜씨로 전공을 세우며 역사의 전면에 등장했다. 이성계는 결국 최영을 물리치고 권력을 장악해 새 왕조인 조선의 태조가 되었다. 이성계가 역사의 주인공으로 등장할 수 있었던 것은 신진 사대부인 정도전과의 만남 때문이었다. 신진 사대부는 새로운 학문인 성리학으로 무장한 지방 향리 출신으로 중앙 정계에 진출했지만, 권문세족의 위세에 눌려 자신들의 이상을 펴지 못하고 있었다. 당시 고려는 권문세족의 권력 독점으로 관리들에게 지급할 토지가 부족했고, 급료인 녹봉도 제대로 주지 못할 형편이었다. 정도전은 이 같은 문제를 해결하기 위해 강력한 군사력을 가진 이성계와 손잡고 새로운 세계를 건설하기 위해 나서게 된다.[36]

이성계가 권력을 탈취하는 직접적인 계기는 위화도 회군이다. 중국에 새로 들어선 명 나라는 고려에 대해 친원 정책을 포기할 것을 요구하며 갖가지 요구를 해온다. 심지어 명은 원이 이전에 설치했던 동녕부와 쌍성총관부 지역인 철령 이북 땅을 회수해 그곳에 철령위를 설치하겠다고 한다. 이에 최영은 북원 정벌로 인해 명 나라가 요동 지방을 방비할 틈이 없는 것을 기회로 요동 정벌을 주장하고 나선다. 이성계는 이를 반대했지만, 최영은 이성계의 반대를 무릅쓰고 요동 정벌을 강행한다. 마지못해 우군도총사가 되어 압록강 가운데에 있는 위화도까지 갔던 이성계는 좌군도총사 조민수를 설득한 뒤 군사를 되돌려 개경을 점령하고 권력을 장악했다.

그 뒤 조민수와의 권력 투쟁에서 승리한 이성계는 전권을 장악한다. 1388년 우 왕을 폐하고 그 아들 창 왕을 옹립했다. 이때 이성계 일파는 토지 개혁을 실시했는데, 그 주된 내용은 권문세족이 소유하고 있던 토지를 모두 몰수해서 신진 사대부들에게 나누어 주는 내용이었다. 과전법으로 불리는 조선 개국을 위한 토지 개혁은 1391년에야 마무리된다. 이러한 개혁에 반발한 권문세족들이 우 왕·창 왕을 중심으로 결집하여, 반격을 가하려 하자 이성계 일파는 우 왕과 창 왕을 살해하고 유배되어 있던 최영마저 사형에 처한다. 이로써 권문세족의 힘은 완전히 제거되었으며, 이성계 일파는 멀리 신종의 7대손을 왕으로 추대하니 그가 바로 고려의 마지막 왕인 공양 왕이다. 마침내 1392년 공양 왕 4년 조선 왕조 개창에 반대하는 정몽주마저 제거한 뒤, 이성계가 새 왕조의 왕위에 오른다.

KBS드라마 〈정도전〉은 정도전을 중심으로 고려말의 정치상황과 조선의 개국 과정을 재미있게 그리고 있다. 다른 사극에 비해 역사적 사실과도 부합한다는 평가를 받고 있다. 드라마의 주인공 정도전은 조선의 실질적인 설계사로 평가된다. 조선 왕조의 중요한 밑그림이 정도전에 의해 그려졌다는 것이다. 당연한 일이다. 이성계를 중심으로 한 무장 세력들은 새로운 왕조 국가의 틀과 내용을 확보하기 어려웠다. 이는 지식인, 즉 신진 사대부들에 의해 만들어질 수밖에 없었다.

성리학을 공부한 정도전이 생각한 것은 성리학적 이상 국가였다. 그것은 왕 한 사람에 의해 모든 것이 결정되는 전제 군주국가와는 다른 것이었다. 그의 관점에서는 왕이란 사대부의 대표일 뿐이고 따라서 조선의 통치를 책임지는 것은 사대부들이었다. 그런 사대부들이 여러 다양한 체제와 장치들을 통해 의견을 통합 조정하면서 펼치는 신권臣權 국가가 새 왕조 조선이었던 것이다. 어찌 보면 그의 이상은 입헌군주제적 성격에 가까운 내용이었다. 하지만 그의 이상은 전제군주적 왕권국가를 지향한 이방원조선 태종에 의해 꺾이고 만다. 그럼에도 그의 사상은 조선 왕조의 통치 구조와 운영 원리 곳곳에 살아남았다. 이것은 고려를 극복한 조선의 모습이며 역사의 발전적 측면이다. 물론 부정적 측면도 있었을 것이다. 어쩔 수 없는 현실적 측면이 반영된 결과이기는 하지만 조선의 사대주의 외교노선에는 그러한 부정적 요소가 반영되어 있다.

주석

수·당 제국

1) 이희진 지음, 『옆으로 읽는 동아시아 삼국지 1』, 동아시아, 211쪽

2) 위키 백과 참고

3) 이희진, 위의 책, 213쪽

4) 이희진, 위의 책, 213쪽

5) 김상훈 지음, 『통아시아사 1』, 다산에듀, 264쪽

6) 김희영 편저, 『이야기 중국사 2』, 청아출판사, 260쪽

7) 김희영, 위의 책, 260쪽

8) 김상훈, 위의 책, 266쪽

9) 이희진, 위의 책, 216쪽

10) 김희영, 위의 책, 279쪽

11) 이희진, 위의 책, 219~220쪽

12) 멍셴스 지음/ 김인지 옮김, 『정관의 치』, 에버리치홀딩스, 198쪽

13) 멍셴스, 위의 책, 219~236쪽

14) 멍셴스, 위의 책, 251쪽

15) 멍셴스, 위의 책, 259쪽 재인용

16) 김상훈, 위의 책, 268쪽

17) 이희진, 위의 책, 221쪽

18) 이희진, 위의 책, 222쪽

19) 이희진, 위의 책, 222쪽

20) 이희진, 위의 책, 223쪽

21) 레이황(황인우) 지음, 『허드슨 강변에서 중국사를 이야기하다』, 푸른역사, 253쪽

22) 레이황(황인우), 위의 책, 254쪽

23) 레이황(황인우), 위의 책, 263쪽

24) 이희진, 위의 책, 225쪽

25) 레이황(황인우), 위의 책, 262쪽

26) 이희진, 위의 책, 268쪽

27) 김희영, 위의 책, 332~333쪽

28) 김희영, 위의 책, 333~334쪽

29) 레이황(황인우), 위의 책, 272쪽

30) 레이황(황인우), 위의 책, 272~283쪽

31) 레이황(황인우), 위의 책, 291~293쪽

32) 이희진 , 위의 책, 281쪽

33) 엔하위키 미러 참고

송 나라

1) 레이황(황인우) 지음, 『허드슨 강변에서 중국사를 이야기하다』, 푸른역사, 339쪽

2) 엔하위키 미러 참고

3) 엔하위키 미러 참고

4) 레이황(황인우), 위의 책, 340쪽

5) 레이황(황인우), 위의 책, 343쪽

6) 레이황(황인우), 위의 책, 340쪽

7) 김희영 편저, 『이야기 중국사 2』, 청아출판사, 406~407쪽

8) 김희영 , 위의 책, 407쪽

9) 레이황(황인우), 위의 책, 384쪽

10) 레이황(황인우), 위의 책, 388쪽

11) 허탁운 지음/ 이인호 옮김, 『중국 문화사-하』, 천지인, 14~15쪽

12) 김희영, 위의 책, 412~415쪽

13) 레이황(황인우), 위의 책, 357쪽

14) 박한제 · 김형종 외 지음, 『아틀라스 중국사』, 사계절, 94~95쪽

15) 박한제 · 김형종 외, 위의 책, 95쪽

16) 박한제 · 김형종 외, 위의 책, 96쪽

17) 박한제 · 김형종 외, 위의 책, 96~97쪽

18) 김희영, 위의 책, 425~426쪽

19) 레이황(황인우), 위의 책, 371쪽

20) 레이황(황인우), 위의 책, 376~377쪽

21) 박한제 · 김형종 외, 위의 책, 102쪽

22) 박한제 · 김형종 외, 위의 책, 96~97쪽

23) 김희영, 위의 책, 430쪽

24) 박한제 · 김형종 외, 위의 책, 103쪽

25) 이근명 외 지음, 『인물로 본 문화』, 한국방송대학교출판부, 101쪽

26) 이근명 외, 위의 책, 102~105쪽

27) 이근명 외, 위의 책, 105~106쪽

28) 이근명 외, 위의 책, 109쪽

29) 이근명 외, 위의 책, 110쪽

30) 이근명 외, 위의 책, 113~114쪽

31) 이근명 외, 위의 책, 114~115쪽

32) 박한제 · 김형종 외, 위의 책, 110쪽

33) 박한제 · 김형종 외, 위의 책, 111쪽

34) 레이황(황인우), 위의 책, 397~398쪽

돌궐 제국, 거란, 여진

1) 김상훈 지음, 『통아시아사 1』, 동아시아, 214쪽

2) 위키 백과 참고

3) 르네 그루쎄 지음/ 김호동 외 옮김, 『유라시아 유목제국사』, 사계절, 139쪽

4) 고마츠 히사오 외 씀/ 이평래 옮김, 『중앙 유라시아의 역사』, 소나무, 79쪽

5) 고마츠 히사오 외, 위의 책, 79~80쪽

6) 르네 그루쎄, 위의 책, 152쪽

7) 르네 그루쎄, 위의 책, 155쪽

8) 고마츠 히사오 외, 위의 책, 82쪽

9) 고마츠 히사오 외, 위의 책, 85~86쪽

10) 위키 백과 참고

11) 정병준 · 권은주 외,『중국학계의 북방민족 · 국가 연구』, 동북아역사재단, 13쪽

12) 정병준 · 권은주 외, 위의 책, 14쪽 재인용

13) 정병준 · 권은주 외, 위의 책, 15쪽

14) 김한규,『요동사』, 문학과지성사, 270쪽

15) 동북아역사재단 엮음,『동아시아의 역사 1』412~413쪽

16) 동북아역사재단, 위의 책, 415~416쪽

17) 김한규, 위의 책, 423쪽

18) 김한규, 위의 책, 425쪽

19) 위키 백과 참고

20) 박한제 · 김형종 외 지음,『아틀라스 중국사』, 사계절, 92쪽

21) 김한규, 위의 책, 450쪽

22) 박한제 · 김형종 외, 위의 책, 93쪽; 위키 백과 참고

23) 정병준 · 권은주 외, 위의 책, 27~28쪽

24) 정병준 · 권은주 외, 위의 책, 35쪽

25) 박한제 · 김형종 외, 위의 책, 102쪽

26) 박한제 · 김형종 외, 위의 책, 108쪽

27) 박한제 · 김형종 외, 위의 책, 108쪽

칭기즈칸

1) 데이비드 O. 모건 지음/ 권용철 옮김,『몽골족의 역사』, 모노그래프, 35쪽

2) 김운회, '〈기황후〉, 한 · 몽 관계를 왜곡하다 1~10',《프레시안》, 2013년 12월 17일~
   2014년 2월 26일

3) 데이비드 O. 모건, 위의 책, 67쪽

4) 데이비드 O. 모건, 위의 책, 80쪽

5) 데이비드 O. 모건, 위의 책, 81쪽

6) 라시드 앗 딘 지음/ 김호동 역주, 『칭기스칸기-라시드 앗 딘의 집사 2』, 사계절, 125~12쪽

7) 라시드 앗 딘, 위의 책, 97~100쪽

8) 데이비드 O. 모건, 위의 책, 93쪽

9) 데이비드 O. 모건, 위의 책, 91~92쪽

10) 데이비드 O. 모건, 위의 책, 97쪽

11) 데이비드 O. 모건음, 위의 책, 97~98쪽

12) 브리태니커 사전 참고

13) 데이비드 O. 모건음, 위의 책, 101쪽

14) 박한제 · 김형종 외 지음, 『아틀라스 중국사』, 사계절, 114쪽

15) 데이비드 O. 모건, 위의 책, 104~105쪽

16) 데이비드 O. 모건, 위의 책, 106쪽

17) 데이비드 O. 모건, 위의 책, 109~110쪽

18) 르네 그루쎄 지음/ 김호동 외 옮김, 『유라시아 유목제국사』, 사계절, 361쪽

19) 위키 백과 참고

20) 라시드 앗 딘, 위의 책, 386쪽

21) 김호동 지음, 『몽골제국과 세계사의 탄생』, 돌베개, 95쪽

22) 레이황(황인우) 지음, 『허드슨 강변에서 중국사를 이야기하다』, 푸른역사, 426쪽

23) 김호동, 위의 책, 103쪽

24) 레이황(황인우), 위의 책, 427~428쪽

25) 레이황(황인우), 위의 책, 428쪽

26) 레이황(황인우), 위의 책, 428~429쪽

27) 데이비드 O. 모건, 위의 책, 114~118쪽

28) 김호동, 위의 책, 116쪽

29) 김호동, 위의 책, 119쪽

30) 김호동, 위의 책, 120~130쪽

31) 김호동, 위의 책, 245쪽

몽골 제국과 원

1) 데이비드 O. 모건 지음,『몽골족의 역사』, 모노그래프, 160쪽

2) 라시드 앗 딘 지음/ 김호동 역주,『칭기스칸기-라시드 앗딘의 집사 2』, 사계절, 112쪽

3) 라시드 앗 딘, 위의 책, 113쪽

4) 라시드 앗 딘, 위의 책, 113~114쪽

5) 김호동 지음,『몽골제국과 세계사의 탄생』, 돌베개, 121~123쪽

6) 김호동, 위의 책, 123~124쪽

7) 데이비드 O. 모건, 위의 책, 165쪽

8) 르네 그루쎄 지음/ 김호동 외 옮김,『유라시아 유목제국사』, 사계절, 397쪽

9) 레이황(황인우) 지음,『허드슨 강변에서 중국사를 이야기하다』, 푸른역사, 436쪽

10) 위키 백과 참고

11) 레이황(황인우), 위의 책, 431쪽

12) 레이황(황인우), 위의 책, 432쪽

13) 데이비드 O. 모건, 위의 책, 177~178쪽

14) 레이황(황인우), 위의 책, 433쪽

15) 김상훈 지음,『통아시아사 1』, 동아시아, 349쪽

16) 레이황(황인우), 위의 책, 457쪽

17) 레이황(황인우), 위의 책, 455쪽

18) 레이황(황인우), 위의 책, 460~461쪽

19) 레이황(황인우), 위의 책, 463~464쪽

20) 데이비드 O. 모건, 위의 책, 177~178쪽

21) 데이비드 O. 모건, 위의 책, 180쪽

22) 데이비드 O. 모건, 위의 책, 183쪽

23) 고마츠 히사오 외 지음/ 이평래 옮김,『중앙유라시아의 역사』, 소나무, 229~230쪽

24) 고마츠 히사오 외, 위의 책, 231쪽

25) 고마츠 히사오 외, 위의 책, 231~132쪽

26) 데이비드 O. 모건, 위의 책, 185쪽

27) 고마츠 히사오 외, 위의 책, 233쪽

칸의 후예국들

1) 고마츠 히사오 외 지음/ 이평래 옮김, 『중앙 유라시아의 역사』, 소나무, 235~236쪽

2) 고마츠 히사오 외, 위의 책, 236쪽

3) 고마츠 히사오 외, 위의 책, 237쪽

4) 르네 그루쎄 지음/ 김호동 외 옮김, 『유라시아 유목제국사』, 사계절, 370쪽

5) 엔하위키 미러 참고

6) 위키 백과 참고

7) 고마츠 히사오 외, 위의 책, 227쪽

8) 김상훈 지음, 『통아시아사 1』, 동아시아, 351쪽

9) 위키 백과 참고

10) 데이비드 O. 모건 지음/ 권용철 옮김, 『몽골족의 역사』, 모노그래프, 166쪽

11) 위키 백과 참고

12) 데이비드 O. 모건 , 위의 책, 207쪽

13) 위키 백과 참고

14) 데이비드 O. 모건, 위의 책, 216쪽

15) 데이비드 O. 모건, 위의 책, 225~226쪽

16) 데이비드 O. 모건, 위의 책, 230~231쪽

17) 르네 그루쎄, 위의 책, 368~369쪽

18) 데이비드 O. 모건, 위의 책, 188~189쪽

19) 르네 그루쎄, 위의 책, 369쪽

20) 데이비드 O. 모건, 위의 책, 191~192쪽

21) 데이비드 O. 모건, 위의 책, 195쪽

22) 데이비드 O. 모건, 위의 책, 197~198쪽

23) 위키 백과 참고

24) 고마츠 히사오 외, 위의 책, 223~224쪽

티무르 제국

1) 고마츠 히사오 외 지음/ 이평래 옮김, 『중앙유라시아의 역사』, 소나무, 238쪽

2) 고마츠 히사오 외, 위의 책, 239쪽

3) 르네 그루쎄 지음/ 김호동 외 옮김, 『유라시아 유목제국사』, 사계절, 581쪽

4) 르네 그루쎄, 위의 책, 582쪽

5) 고마츠 히사오 외, 위의 책, 241쪽

6) 고마츠 히사오 외, 위의 책, 243쪽

7) 고마츠 히사오 외, 위의 책, 245쪽

8) 고마츠 히사오 외, 위의 책, 246~247쪽

9) 고마츠 히사오 외, 위의 책, 247쪽

10) 고마츠 히사오 외, 위의 책, 248~249쪽

11) 르네 그루쎄, 위의 책, 625~626쪽

12) 르네 그루쎄 , 위의 책, 635쪽

13) 고마츠 히사오 외, 위의 책, 250쪽

14) 정수일 지음, 『실크로드 문명기행』, 한겨레출판, 171쪽

15) 정수일, 위의 책, 173쪽

16) 고마츠 히사오 외, 위의 책, 252쪽

17) 정수일, 위의 책, 175쪽

18) 정수일, 위의 책, 175~176쪽

19) 엔하위키 미러 참고

20) 정수일, 위의 책, 174쪽

21) 엔하위키 미러 참고

22) 고마츠 히사오 외, 위의 책, 252 쪽

중세 일본

1) 일본사학회 지음, 『아틀라스 일본사』, 사계절, 31쪽

2) 일본사학회, 위의 책, 32쪽

3) 이혜령 · 윤혜영 외 지음, 『세계의 역사』, 한국방송통신대학교출판부, 131쪽

4) 이혜령 · 윤혜영 외, 위의 책, 131쪽

5) 일본사학회, 위의 책, 49쪽

6) 김희영 엮음, 『이야기 일본사』, 청아출판사, 63쪽

7) 일본사학회, 위의 책, 50~51쪽

8) 박전열 · 이영 지음, 『일본전통문화론』, 한국방송통신대학교출판부, 2~7쪽

9) 루스 베네딕트 지음/ 김윤식 · 오인식 옮김, 『국화와 칼』, 을유문화사, 알라딘 책 소개

10) 동북아역사재단 엮음, 『동아시아의 역사 2 : 북방민족-서민문화』, 동북아역사재단,
    108쪽

11) 동북아역사재단 엮음, 위의 책, 108쪽

12) 일본사학회, 위의 책, 56쪽

13) 동북아역사재단, 위의 책, 109쪽

14) 일본사학회, 위의 책, 58쪽

15) 동북아역사재단, 위의 책, 109~110쪽

16) 일본사학회, 위의 책, 60쪽

17) 일본사학회, 위의 책, 61쪽

18) 일본사학회, 위의 책, 62쪽

19) 일본사학회 지음, 위의 책, 62~63쪽

20) 동북아역사재단, 위의 책, 111쪽

21) 이혜령 · 윤혜영 외, 위의 책, 133쪽

22) 이혜령 · 윤혜영 외, 위의 책, 134쪽

23) 일본사학회, 위의 책, 64~65쪽

24) 이혜령 · 윤혜영 외, 위의 책, 134쪽

25) 이혜령 · 윤혜영 외, 위의 책, 134쪽

26) 일본사학회, 위의 책, 78~79쪽

27) 이혜령 · 윤혜영 외, 위의 책, 135쪽

28) 일본사학회, 위의 책, 82쪽

29 일본사학회, 위의 책, 87쪽

30) 이혜령 · 윤혜영 외, 위의 책, 136쪽

고구려, 백제, 신라, 발해

1) 김종성, '김부식은 왜 '오국시대'를 '삼국시대'라 속였나', 오마이뉴스, 2011년 1월 6일

2) 노태돈 지음, 『삼국통일전쟁사』, 서울대학교출판부, 제1부

3) 한영우 지음, 『다시 찾는 우리 역사』, 경세원, 85쪽

4) 김용만 · 김준수 지음, 『지도로 보는 한국사』, 수막새, 47쪽

5) 김용만 · 김준수, 위의 책, 47쪽

6) 아틀라스한국사편찬위원회 지음, 『아틀라스 한국사』, 사계절, 27쪽

7) 송찬섭 · 홍순권 지음, 『한국사의 이해』, 한국방송통신대학교출판부, 24쪽

8) 송찬섭 · 홍순권, 위의 책, 26쪽

9) 김기협 지음, 『밖에서 본 한국사』, 돌베개, 102~103쪽

10) 아틀라스한국사편찬위원회, 위의 책, 35쪽

11) 김용만 · 김준수 , 위의 책, 49쪽

12) 김용만 · 김준수, 위의 책, 67쪽

13) 아틀라스한국사편찬위원회, 위의 책, 41쪽

14) 송찬섭 · 홍순권, 위의 책, 30쪽

15) 김용만 · 김준수, 위의 책, 51쪽

16) 송찬섭 · 홍순권, 위의 책, 31쪽

17) 아틀라스한국사편찬위원회, 위의 책, 41쪽

18) 김기협 , 위의 책, 101쪽

19) 김기협 , 위의 책, 103쪽

20) 송찬섭 · 홍순권, 위의 책, 49쪽

21) 송찬섭 · 홍순권, 위의 책, 50~51쪽

22) 아틀라스한국사편찬위원회, 위의 책, 49쪽 재인용

23) 노태돈, 위의 책, 2부

24) 구대열 지음, 『삼국통일의 정치학』, 까치, 346~347쪽

25) 구대열, 위의 책, 347쪽

26) 구대열, 위의 책, 350쪽

27) 김기협, 위의 책, 112쪽

28) 김용만 · 김준수, 위의 책, 79쪽

29) 엔하위키 미러 참고

30) 김한규 지음, 『티베트와 중국』, 소나무, 35~49쪽

31) 김한규, 『요동사』, 문학과 지성사, 349~357쪽

32) 아틀라스한국사편찬위원회, 위의 책, 56쪽

33) 김한규, 위의 책, 348~349쪽

34) 김한규, 위의 책, 3373~377쪽

고려

1) 김기협 지음, 『밖에서 본 한국사』, 돌베개, 116쪽

2) 아틀라스한국사편찬위원회, 『아틀라스 한국사』, 사계절, 68쪽

3) 박종기 지음, 『새로 쓴 5백년 고려사』, 푸른역사, 23쪽

4) 박종기, 위의 책, 26~39쪽

5) 박종기, 위의 책, 137~138쪽

6) 박종기, 위의 책, 158~159쪽

7) 박영규 지음, 『고려왕조실록』, 들녘, 81~82쪽

8) 김용만 · 김준수 지음, 『지도로 보는 한국사』, 수막새, 133쪽

9) 송찬섭 · 홍순권 외 지음, 『한국사의 이해』, 한국방송통신대학교, 91쪽

10) 송찬섭 · 홍순권, 위의 책, 91쪽

11) 송찬섭 · 홍순권, 위의 책, 100쪽

12) 송찬섭 · 홍순권, 위의 책, 100~101쪽

13) 김용만 · 김준수, 위의 책, 139쪽

14) 아틀라스한국사편찬위원회, 위의 책, 81쪽

15) 아틀라스한국사편찬위원회, 위의 책, 81쪽

16) 송찬섭 · 홍순권, 위의 책, 111~112쪽

17) 송찬섭 · 홍순권, 위의 책, 112쪽

18) 송찬섭 · 홍순권, 위의 책, 113쪽

19) 송찬섭 · 홍순권, 위의 책, 113쪽

20) 송찬섭 · 홍순권, 위의 책, 114쪽

21) 김기협, 위의 책, 137쪽

22) 김기협, 위의 책, 137~138쪽

23) 송찬섭 · 홍순권, 위의 책, 118쪽

24) 아틀라스한국사편찬위원회, 위의 책, 84쪽

25) 송찬섭 · 홍순권, 위의 책, 121쪽

26) 송찬섭 · 홍순권, 위의 책, 122쪽

27) 김기협, 위의 책, 138~139쪽

28) 김기협, 위의 책, 152~155쪽

29) 김용만 · 김준수, 위의 책, 149쪽

30) 위키 백과 참고

31) 아틀라스한국사편찬위원회, 위의 책, 86쪽

32) 송찬섭 · 홍순권, 위의 책, 126쪽

33) 송찬섭 · 홍순권, 위의 책, 127쪽 재인용

34) 김기협, 위의 책, 158~159쪽

35) 김기협, 위의 책, 166쪽

36) 김용만 · 김준수, 위의 책, 157쪽

KI신서 5646

스토리 세계사 · 4

1판 1쇄 인쇄 2014년 8월 12일
1판 1쇄 발행 2014년 8월 25일

지은이 임영태
펴낸이 김영곤 **펴낸곳** (주)북이십일 21세기북스
부사장 임병주
출판사업본부장 주명석
책임편집 정지은 장보라 양으녕
마케팅 민안기 최혜령 이영인 강서영
영업본부장 안형태 **영업팀** 권장규 정병철
출판등록 2000년 5월 6일 제10-1965호
주소 (우 413-120) 경기도 파주시 회동길 201 (문발동)
대표전화 031-955-2100 **팩스** 031-955-2151
이메일 book21@book21.co.kr **홈페이지** www.book21.com
트위터 @21cbook **블로그** b.book21.com

ⓒ 임영태, 2014

ISBN 978-89-509-5588-5 13900
    978-89-509-5595-3 13900 (SET)

책값은 뒤표지에 있습니다.